魂断钓鱼城

白玉京 著

辽宁人民出版社

图书在版编目（CIP）数据

魂断钓鱼城 / 白玉京著．-- 沈阳：辽宁人民出版
社，2025．6． -- ISBN 978-7-205-11514-2

Ⅰ．K245.09

中国国家版本馆 CIP 数据核字第 2025KX9008 号

出版发行：辽宁人民出版社
　　　　　地址：沈阳市和平区十一纬路 25 号　邮编：110003
　　　　　电话：024-23284191（发行部）　024-23284304（办公室）
　　　　　http://www.lnpph.com.cn
印　　刷：河北朗祥印刷有限公司
幅面尺寸：160mm×230mm
印　　张：19.25
字　　数：251 千字
出版时间：2025 年 6 月第 1 版
印刷时间：2025 年 6 月第 1 次印刷
责任编辑：赵维宁
封面设计：东合社·安宁
版式设计：一诺设计
责任校对：郑　佳
书　　号：ISBN 978-7-205-11514-2
定　　价：79.80 元

在世界古代战争史上，有过这样一场战役。它不仅对 13 世纪的世界格局产生了深远影响，更因其英勇卓绝的抵抗精神而名垂青史。

这场战役，就是发生在 1259 年的钓鱼城之战。

钓鱼城，这座屹立于今天重庆市合川区东钓鱼山上的古城，在南宋末年风云变幻的历史中，扮演了至关重要的角色。

它以弹丸之地，顽强抵抗了蒙古大军长达 36 年之久，创造了世界军事史上的奇迹。

13 世纪初，蒙古铁骑在漠北草原上崛起，从此"一代天骄"成吉思汗的威名震撼了整个欧亚大陆。

然而，1259 年，蒙哥大汗亲率号称"上帝之鞭"的十余万精锐之师南下攻打至今重庆合川地区（南宋时为合州）时，却在钓鱼城下遭遇了前所未有的挫折，甚至最终连自己的性命也葬送在了钓鱼城。

当时，合州军民浴血奋战，以坚韧不拔的意志和顽强不屈的精神，坚持抵抗蒙古军队长达 36 年之久。

这不仅在中国古代城防战中写下了最为浓墨重彩的一笔，同时也是世界军事史上的一次奇迹。

这场战役的影响是广泛而深远的。

它不仅使南宋王朝得以续命，还改变了13世纪的世界格局。

蒙哥死后，忽必烈在与自己亲弟弟阿里不哥争夺汗位的战争中获胜，成为新一代的大汗。

他摒弃了蒙哥乃至前期几位大汗执政时期那种带有浓厚蒙古部族色彩且略有些落后于时代的游牧部落统治方式，大力推行中原化政策，改变了之前滥杀和酷烈的统治方式，从而为之后元、明、清三朝的民族融合起到了一定的积极作用。

反观钓鱼城之战，它不仅仅是一场军事上的较量，更是一场意志与信念的对决。

在这场战役中，我们看到了南宋军民的英勇抵抗，他们为了保卫家园，不惜付出巨大的牺牲。

他们的抵抗精神，成为中华民族不屈不挠的象征，激励着后人不断前行。

如今，钓鱼城已成为一处历史遗迹，它静静地矗立在那里，向人们诉说着曾经那段波澜壮阔的历史。

当我们这些后来人站在钓鱼城上，俯瞰着那片曾经的战场，心中不禁涌起一股感慨。

那是对历史的敬畏，也是对英雄的敬仰。

接下来，就让我们一起走进那段惊心动魄的历史，去感受自蒙古崛起到南宋灭亡那段风云变幻岁月的悲壮与惨烈，以及领略钓鱼城之战中南宋军民抵抗侵略时的英勇与无畏。

第八章

汗位落谁家

第九章

悬崖边上的稻草

第十章

流亡朝廷的悲壮

第十一章

最终落幕时

引　子

战场上，杀声震天动地，白骨层层堆叠，宛如人间炼狱。

此时，身为蒙古军至高统帅、全军灵魂支柱的蒙哥，却只能无奈地躺在床榻之上，动弹不得。

他的双眼仿若死鱼般呆滞，长时间凝视着床榻边上挂着的那把长弓，一动不动。

他的面色苍白如鬼魅，身体虚弱至极，呼吸微弱得仿佛随时都会断掉，还不时剧烈咳嗽，每一次咳嗽都会喷出浓稠刺鼻的鲜血，胸前的衣衫早已被鲜血染透，触目惊心。

他忍受着剧痛，痛得满头大汗，双眼布满血丝，内心甚至有过拿起腰刀给自己一个痛快的冲动，但他终究没有这么做。因为他深知，叫出声就意味着承认自己懦弱，而作为草原英雄成吉思汗的后裔，蒙古政权的汗王，他宁可战死沙场，也绝不容许自己表现出丝毫的怯懦。

王帐之中并非只有他一人，他的亲信与将领们此刻也都围聚在床榻四周。

众人沉默而悲伤地看着他，每个人心里都清楚地知道，上天留给他们这位汗王的时间已经所剩无几了。

蒙哥的眼神逐渐变得迷离恍惚，他的眼前忽然浮现出自己年轻时的飒爽英姿。

那时的他率领着蒙古铁骑纵横驰骋，征战四方，同时也回想起自己登上汗王之位时立下的宏伟志向——继承祖父成吉思汗的遗愿，将蒙古政权不断壮大，要让这世间每一个可以放牧的角落都纳入蒙古的版图。

然而，残酷的现实却摆在眼前，此时此刻的他，恐怕永远也无法等到实现梦想的那一天了。

在他的脑海中，那个出现在钓鱼城城楼上、身姿健壮挺拔、眼神如刀锋般锐利的南宋守军将领王坚，给他留下了极其深刻的印象。

就在一个时辰之前，当他被飞奔而来的巨石砸中，并从瞭望塔上跌落的那一瞬间，他与站在钓鱼城城楼上指挥宋军守城的王坚的眼神恰好碰撞在一起。

尽管只有短短的一刹那，但蒙哥却能从对方那锐利的眼神中感受到一种难以言喻的强大力量，这种力量强大到令人畏惧。

然而，蒙哥并未感到丝毫的恐惧，相反，他对王坚心生敬佩与欣赏。

他一生之中很少有真正欣赏的人，但王坚绝对是其中之一。

也许，这就是所谓的英雄惜英雄——这世间上最欣赏你的人往往并非你的朋友，而是你的对手。

朋友对一个人来说固然重要，但一个真正值得尊敬的对手往往比朋友更为珍贵。

可惜的是，对于蒙哥来说，这一切都已经太迟了。

他的生命即将走向终点，否则他必定会立刻起身，跨上战马，冲向钓鱼城，与那王坚酣畅淋漓地大战几个回合。"唉！"蒙哥忍不住长叹一声，心中充满了无尽的不甘与遗憾。然而，人生不就是如此吗？人生本就充满了遗憾。

这时，一位年轻的将领突然打破了沉默，"扑通"一声跪倒在地，泪流满面地对蒙哥说道："汗王，您是我们的领袖，是我们的信仰，我们一定会全力以赴地攻破钓鱼城，等破开城门之时，便一把火将城中所有人烧死，为您报仇雪恨！"话音刚落，其余的将士们也纷纷跪倒在地，向蒙哥表达他们的忠诚和决心。

蒙哥望向众人，眼神中充满了欣慰。

他缓缓说道："你们每一个人都是我大蒙古国的勇士，只要你们齐心协力，我相信你们一定能够攻破这钓鱼城，披荆斩棘，最终攻破宋国都城临安的大门……只是眼下我的时间已经所剩无几了，不能再与你们一起策马扬鞭，驰骋疆场；我的身体已经非常虚弱，非常疲惫，我即将永远地离开这个人世，但我的精神将永远与你们同在。你们也不用为我悲伤，将你们的悲痛转化为无穷的力量，去战场上与宋军奋勇搏杀，拿下钓鱼城，愿长生天保佑你们！……"

当他说到最后一个字时，他的眼睑缓缓地合上了。就在他合上双眼的刹那间，居然有一滴泪水从他的眼角悄然滑落。

随着大汗蒙哥的突然死去，蒙古最高权力中心又一次陷入长期分裂的内乱中，征服欧洲的宏伟计划也不得不再次搁浅。

然而正是因为当时的钓鱼城先后有余玠、冉氏兄弟以及后来的主帅王坚等人坚定的意志、顽强抵抗的精神，才终于保住了钓鱼城，阻止了蒙古人继续南下的脚步，使得摇摇欲坠的南宋朝廷无形中又延长了数年寿命。

不得不说，有的时候，人类的历史真的挺有意思，它的走向往往在必然之中又充满了很多偶然的因素。

第一章　草原上升起不落的太阳

一、蒙古乞颜部的崛起

长久以来，草原民族的社会都是以部落为单位，强大的部落吞并一个个小部落，从而形成最终的部落联盟。

自秦汉时期的匈奴、鲜卑，再到隋唐时期的突厥、契丹，一直周而复始，循环往复。

五代残唐时期，草原各部族由于亲缘的关系，纷纷臣服于由契丹人所建立的辽朝。

在契丹人的统治之下，各个部落过着简单而快乐的生活。

但快乐总是短暂的，契丹人所建立的辽朝也注定和之前其他草原政权一样，逃不过命运的轮回。

北宋宣和七年、辽朝保大五年（1125）是个非常特殊的年份。

因为在这一年，随着内部矛盾和外部压力的增加，曾经辉煌无限的辽朝迎来了自己最后的黄昏时光。

而一个来自女真部落名叫完颜阿骨打的男人借机统一了女真各部落并建立了金朝，定都会宁府（今黑龙江省哈尔滨市阿城区南郊）。

俗话说：不想当将军的士兵不是好士兵。

完颜阿骨打既然已经打开了这"潘多拉"的命运之盒，内在的野心自然也就会不断膨胀，又怎么会止步于此呢？

金朝刚建立的时候，辽朝最后一位君主天祚帝耶律延禧尚在人间。

这也就是说，此时的金朝在法理上并没有得到认可，辽朝依旧存在。

一山不容二虎，所以这时的完颜阿骨打的目的自然是让耶律延禧从这个世界上彻底消失，只有对方彻底消失，才意味着辽朝正式退出历史舞台，而要想让耶律延禧消失，光靠他完颜阿骨打自己的力量是绝对不够的。

完颜阿骨打明白"敌人的敌人就是朋友"这句话的含义，所以在建国之后，他立刻与北宋签订了双方一起对抗辽朝的协议，誓要让耶律延禧和辽这个政权从世界上彻底消失。

于是，在北宋宣和七年、辽朝保大五年（1125）年初的时候，一路躲避追兵，苟延残喘的耶律延禧经天德军（今内蒙古自治区呼和浩特市东）过沙漠，向西逃窜的路上已是断水断粮，狼狈至极，惨到只能吞咽地上的冰雪来维持自己的生命。

此时，任谁也不会想到，一个曾经高高在上的帝王，会落到如此地步。

转眼就来到了二月份，天气终于没有之前那么冷了，而耶律延禧也已逃到应州新城（今山西省怀仁市西）东六十里处。

但不幸的是，就在这时，他遇上了女真人的追兵，当场被金朝将领完颜娄室给抓住了。

可能从一开始，金朝人就是在利用北宋，外加与辽朝军队作战时北宋又暴露了不少缺点，打了几场败仗，彻底让女真人从里到外看清了北宋实力。

在天祚帝耶律延禧被俘之后，金朝便立刻翻脸，撕毁了双方之间的协议。

这举动很显然，金朝人是想一口气连北宋一起吃掉，获得更多的土地和人口。

为此，金人两度南下中原，并在北宋靖康二年、金朝天会五年（1127），立张邦昌为傀儡皇帝，将宋徽、钦二帝，赵氏皇子、皇孙、后妃、帝姬、宫女及大臣三千余人以及掠夺的大量金银财宝一同掳回了金朝，至此北宋灭亡，衣冠南渡，建立了南宋，定都临安（今浙江省杭州市）。

金朝人的这步棋不得不说非常高明，不仅解决了多年来因战争所消耗的资金短缺问题，同时也缓解了军队长期以来的粮食吃紧问题。

可是在当时，有这些问题的除了金朝外，生活在北方草原上、以游牧方式为生的各个部落也有同样的苦恼。

那些年，地球可能正值小冰河时期，气候总是很异常，夏天特别的热，冬天又特别的冷，这使得整个北方地区根本无法容纳很多的人口，不仅人吃不饱饭，就连牛、羊、马、驼这些牲口也很难存活。

极端的天气和严酷的生存空间导致各个部落间为了争夺优质的草场经常互相杀得是尸山血海，人口也迅速降了下来，萎缩到了原先的一半。

可即便如此，大家的日子还是很艰难。

在这种情况之下，有些靠近中原地区的部落就率先想到了解决办法。

那就是效仿他们的祖先到南方富裕的中原人那里弄一部分粮食回来应急。

人类与动物的最大区别就在于，简单有效的方法总是容易互相传播和学习。

很快，这种简单而有效的办法便在草原上传开，并成为当时草原民族解决粮食危机的唯一办法。

所以，在那个没有任何科技加持的岁月里，我们总能看到草原民族与南方的农耕民族间一次又一次地上演着相爱相杀的老套剧情。

可是这一次的情况略有些不同。

女真人与其他草原上纯以游牧为生的部落不同，他们是以渔猎和少量农耕为生的民族，所以对草原各部落的防范比起南方的中原人有过之而无不及。

他们担心草原各部落会在一次次的南下劫掠中变得强大，从而像历史上那样再一次成为一体，到那时他们就会像辽朝的契丹人一样，腹背受敌，一边要对付草原部落，一边又要防止南宋从背后捅自己一刀，而好不容易建立起的政权也会随时倒塌。

出于这种顾虑，金朝人便决定使用中原人兵书中的"离间计"，假意与草原上其中一个部落交好、拉拢，用数不尽的金钱与粮食作为诱饵，实则是为了达到分化挑拨草原各个部落的目的，使其最终无法整合在一起。

于是，从这一刻起，草原各部落再无宁静之日。

经过了几轮筛选之后，金朝人将目光投向了草原蒙古部落的可汗合不勒的身上。

那时候，恰逢金朝的军队正在与南宋作战，前方大军挥师南下，直捣临安，虽然前线捷报连连，但是战事紧急，精力全部集中在了一处，因此无暇顾及草原上的情况。

而就在这个时候，合不勒则乘机做大做强，拓土开疆，收编了不少周边小部落。

正是因为这个原因，金朝人才选择拉拢他。

一般小部落拉拢过来对金朝人也没有什么作用，只有像合不勒这种正在成长壮大，且还没有成一定气候的部落可汗对金朝才有用处，也更好把控。

于是，就在南宋建炎元年、金天会五年（1127）合不勒被各部落推举成汗之际，金朝的金太宗完颜晟立刻派来使者，邀请他入朝面圣。

虽然这是双方第一次见面，但是却都很默契没有表现出一丝生疏，两人就像多年未见的好友一般热情地问候，一起携手走进金太宗完颜晟提前为其设下的宴厅中。

当时金朝的国力正盛，贵族们也渐渐学会了享受生活。

而作为一国之君的金太宗完颜晟更是不例外。

金朝的宴席厅雕梁画栋，金碧辉煌，好似天上仙境一般，看得合不勒眼花缭乱，就像刘姥姥进了大观园一般。

而这还不算完，宴席开始后，所上的菜那也是合不勒见所未见、闻所未闻的，什么熊掌雁翅、龙肝凤胆，一道道以走马灯的形式由漂亮婀娜的宫娥们端上来，摆在合不勒的面前。

合不勒也不客气，撩开后槽牙，甩开腮帮子，把嘴里的套间都打开了，风卷残云般将面前的一百多道菜和几十坛酒瞬间一扫而光，看得在场的金太宗完颜晟及金朝的文武群臣呆愣了老半天，却说不出一个字。

他们没有想到合不勒的食量竟然大到如此惊人的程度。

这么能吃能喝的人，身体素质自然也是超出常人的，倘若每个草原人都如此，战斗力爆表，那金朝岂不是迟早都面临着亡国的危险？

殊不知，这一切都是合不勒有意演给金朝人看的。

他表面上大大咧咧，给人一种粗犷的假象，实则却是一个粗中有细的人。

他怕金太宗完颜晟毒害自己，在饭菜中下毒，所以特意吃得特别快、喝得特别多，而每喝完一坛酒，他就向金太宗完颜晟赔笑称要去"放水"，实则一到了茅房中，对准坑位，伸手一抠嗓子眼儿，便将刚在宴席中吃喝进肚子里的酒水饭菜全吐了出来，吐完之后再回去接着吃、接着喝。

合不勒自己是个有心眼的人，可与他一同前来的几名跟班却没有那么多心眼，而且一行人很明显之前也没有沟通好，一见到那么多好吃好喝的，几个跟班立刻玩了命地可劲儿造，生怕以后就再也吃不到、喝不到了。

合不勒一看跟班们吃了饭菜都没事，于是渐渐也就放下了戒备，开始正儿八经地吃喝。

北方民族大多热情奔放，能歌善舞，合不勒自然也不例外。

酒过三巡，菜过五味之后，放下戒备的合不勒与金太宗完颜晟聊得非常投机，大有相见恨晚之感，于是合不勒借着酒劲儿当场载歌载舞起来。

同是北方豪爽的民族，金太宗对合不勒的这种表现自然也是十分高兴，还亲自为其打起了拍子。

一时间，场面非常和谐，非常热闹。

但快乐总是短暂的，而合不勒与金太宗两人注定也不会成为朋友。

合不勒也许是当时喝的酒太多了，竟然跳着跳着就忘了自己与金太宗之间的身份距离。

众目睽睽之下，他连想都没想，伸出手去摸了一把金太宗完颜晟腮下五缕长须，并且还笑嘻嘻地对着金太宗完颜晟说道："你这胡子修剪得真好，太漂亮了！"

这一幕，可是瞬间就把在场的金朝文武群臣都惊掉了下巴，顿时宴会厅内鸦雀无声，安静得连根绣花针掉在地上都能听得清清楚楚。

此时，没有人敢吭声，似乎每个人都在等着金太宗震怒的那一刻。

要知道女真人虽然与草原民族有很多相似之处，性格也同样奔放豪爽，但此时的金朝已今非昔比。女真人多年来一直学习汉人的典章制度，遵奉孔孟，饱读诗书，早已不是当年那个穿着兽皮、手持弓弩在深山老林中设陷阱打狍子的原始部族了。

更重要的是，金太宗完颜晟那可是金朝的皇帝，是天子，而合不勒只是一个草原游牧部落的首领，两人身份地位悬殊，合不勒竟敢伸手去摸金太宗的胡子，这可真是不知死活，反了天了。

但出乎所有人意料的是，金太宗完颜晟并没有震怒。

他不但没有发怒，反而看着合不勒非常镇定地笑了笑，对合不勒说道："你既然这么喜欢朕的胡子，那就好好地欣赏吧。"

金太宗完颜晟表面上虽然在笑，但一双眼睛却似鹰隼般犀利地盯着合不勒，仿佛随时都准备将对方生吞活剥。

就在此时，忽听身后金朝的一名大臣大声呵斥合不勒道："合不勒你好大的胆子，竟敢对吾皇做出如此无理举动，触摸龙须，还不快放开你的脏手！"

这一声喊叫，使得合不勒整个人从酒醉中瞬间清醒，看着摸着金太宗完颜晟胡须的手，知道自己闯了大祸，顿时一身冷汗往外直冒，也立刻将手收了回去，拜倒在金太宗完颜晟面前，连连磕头求饶。

"怪我酒喝得太多，迷失了心智，一时竟做出如此荒唐之事，请陛下恕罪……"

这时只听金太宗完颜晟笑道："无妨，无妨，我们女真人与你们草原人一样都是至情至性的好汉，哪会计较这种小事？人一旦酒喝多了，难免会出点儿洋相，所以你不用自责，朕也不会怪罪于你，快快起来吧！"

金太宗完颜晟这番话，说得十分宽宏大量，一点儿都没有生气的意思。

不仅如此，在说完这番话之后，他赏给合不勒许多金玉衣物，还让身旁的随从，将跪倒在地的合不勒扶起，并送到为其提前准备好的寝宫去休息。

待合不勒走后，金太宗完颜晟的脸色才渐渐沉了下去。

很显然他非常生气，方才只不过是一直在压制自己的怒火而已。

这时，有位大臣说道："陛下，您不应该放过此人，今日若不教训一下这莽夫，日后恐成我大金之患。"

金太宗完颜晟一直沉着脸，静静地听完这位大臣的话，却始终没有吭声。

他不需要说话，因为这大臣说的话，正是他心中所想。

合不勒今天敢摸自己的胡子，他日就敢做出其他更大胆的事，到那时一切就不再受自己控制了。

起先，他是要当场杀了合不勒的，但转念一想，倘若自己在宴席中对其动手，反倒显得自己心胸太狭隘了，况且此次叫合不勒来是想拉拢对方的，不如先假意宽宏大量放过合不勒，等事后再提出自己的要求，逼迫合不勒就范，达成最终的真实目的，使合不勒永远臣服于自己。

如果合不勒不同意自己提出的条件，那么到时候再将他治罪也不迟。

就在金太宗完颜晟这样盘算的时候，另一头的合不勒心中却久久不能平静。

此刻的他已完全清醒，而且对自己方才在宴席上的出格举动后悔莫及。

他虽然只是一个草原部落首领，却绝对不是那种有勇无谋的莽夫。

通过复盘方才自己在宴席中的所作所为，以及当时金太宗完颜晟看自己的眼神，他知道金太宗完颜晟八成是不会就此轻易地放过自己了，既然如此，自己再待在金朝就是非常危险的事，随时都可能丧命。

心念至此，他便当下有了走的打算。

但此时他所休息的寝宫门口却有几十名身材高大健壮的金朝卫兵把守，想逃脱只有继续装醉了。

于是合不勒装着喝多的样子，摇摇晃晃地出了房门，对着门外把守的金朝军队谎称自己内急要上茅房，借着此机会在自己带来的几名跟班的掩护之下，蹑手蹑脚地从茅房后的院墙翻了出去，一路有惊无险地来到了马厩，瞅准自己的坐骑，二话不说，迅速翻身上马，狂奔而去。

而金太宗完颜晟在得知合不勒逃跑后，便立刻派出人马去追。

他绝不能就这样轻易地让合不勒逃回草原，否则日后将再也无法对其进行控制，从而想分化草原各部落的目的也就会彻底泡汤。

转眼间，金太宗完颜晟派出去的人马就追上了合不勒，并找了个借口称宴席还未结束，金太宗完颜晟又与合不勒一见如故，十分投缘，想请合不勒回去再尝尝金太宗完颜晟最爱吃的小鸡炖蘑菇。

合不勒听完金朝人的话后只是淡淡一笑，却没有再说什么。

他内心十分清楚，此刻自己若是跟这些金朝人回去见金太宗完颜晟，恐怕不仅吃不到小鸡炖蘑菇，自己还有可能被金太宗完颜晟当作小鸡被丢进锅里和蘑菇一起炖了。

心念至此，合不勒便当面回绝了金太宗完颜晟派来的人马。

"我酒量不好，不能再喝了，而且现在天色也不早了，我得赶回去处理部落里的事务，劳烦你们回去向皇帝说明。"

这显然是句假话，合不勒来一趟金朝就要好几天，这些日子里如果有事，他早该一见到金太宗完颜晟时就说出来，怎么早不说、晚不说，偏偏在此时此刻突然急着要赶回去呢？

合不勒趁着面前的金朝人还没想出应对之策时，便立刻调转马头，扬鞭而去，一溜烟地跑远了。

金朝人一看事已至此，也不好再追了，因为再追就有可能将合不勒给逼急了，到时候反而会适得其反，于是只好返回去向金太宗完颜晟复命。

可是金太宗完颜晟又怎么可能轻易放过合不勒？

于是没过多久，金太宗完颜晟就又派人来请合不勒去金朝面圣。

"自从上次大汗离去之后，吾皇十分挂念，因此命我等再来请大汗去一趟。"说罢，便将提前准备好的礼物摊开给合不勒的手下看，想以此作为诱饵，诱骗合不勒去金朝。

合不勒的手下见金朝人带来这么多奇珍异宝，也没多想，立刻转头去见合不勒，并将金朝使者的原话一字不差地转达给了合不勒。

但合不勒一听手下人的传话便知道这是金太宗完颜晟使用的计策，目的是诱骗自己去金朝，可自己若是不去，不就是摆明自己要和金朝人作对吗？

那时候，合不勒还只是个蒙古草原上的乞颜部落首领，手底下兵马有限，而金朝在名义上又是整个草原所有部落的宗主国老大哥，如果双方真要动起手来，吃亏的必定是自己。

于是在一番思前想后的利弊衡量之后，合不勒最终还是决定，三十六计，走为上策。

他让手下人去对金朝的使者说，自己去别的部落访朋友了，要过几天才能回来，至于去金朝见金太宗完颜晟也只能等自己回来再说。

不明真相的金朝人一听合不勒不在，虽然心里疑惑，但在人家的地盘上，也不好硬闯，只能先行返回金朝向金太宗完颜晟复命，听从下一步的安排。

但不巧的是，就在金朝使者们返回金朝的路途上，却与准备外出躲避一段时间的合不勒碰在了一起。

合不勒一见是金朝人，顿时心里一哆嗦，掉转马头就跑。

金朝一方的人马一见是合不勒，顿时一愣："你小子不是说自己去探亲访友了吗？闹了半天是在说谎糊弄人。"当下也不废话，便追赶上去将其五花大绑，捆得结结实实，准备带回金朝去见金太宗完颜晟。

可命运的天平似乎总是爱向合不勒一边倾斜。

就在金朝人绑着合不勒往回赶的时候，赶巧不巧又遇见了合不勒的安达（蒙古语：蒙古族人称与自己并无血缘关系的人，用誓言结成的生死之交。汉语翻译称其为"结拜兄弟"）。

于是，在这位好安达的帮助下，合不勒十分顺利地从金朝人手中逃脱。

临走时，合不勒对眼前这帮金朝人起了杀心，一旁的安达劝他说道：

"如果你杀了金朝使者就是公然与金朝翻脸了，到那时，金朝将会大军压境，你一个小小的部落首领能抵挡得住吗？"

合不勒一听安达说得十分在理，于是便暂时抑制住了自己的杀念，迅速与安达返回了自己的部落。

但合不勒与自己的安达前脚刚走，另一头的金朝人立刻就发现他逃脱了，于是一伙人又追到合不勒所在的乞颜部去抓人。

这个时候，金朝人显然已经不顾忌面子了，言语犀利，态度冷漠，好像只要合不勒不跟他们走，他们就要就地血洗整个合不勒的乞颜部似的。

合不勒一看事已至此，也只有与对方拼命了，不是你死，就是我亡，于是当下召集全部落的人马将对面的金朝使者团团围住。

气氛一时间紧张得令人窒息。

合不勒的安达想做和事佬，劝说合不勒三思而后行。

合不勒的部下也同意这位安达的意见，最好不要与金朝撕破脸皮，不然对自己一方不利。

可合不勒完全不能接受自己安达的意见，他看了看自己的安达和部下，脸色一沉，冷冷地对众人说道："不杀他们我今后将会寝食难安，如果你们不帮我，就是与金朝人一起站在了我的对立面，那样的话，我只能先杀了你们。"

众人一听合不勒态度如此坚决，也无法再进行劝说，只好选择与合不勒一同对抗金朝使者。

于是双方展开了一番殊死搏斗。

最后，合不勒一方由于占了人数多的优势而取胜。

很快，金朝使者被合不勒所杀的消息便传到了金太宗完颜晟那里。

金太宗完颜晟得知此消息后大怒。

他没想到合不勒一个草原部落的首领竟然如此嚣张，敢与自己叫板，当下便决定要灭了合不勒。

但是此时，金朝的军力正与南宋对峙，如果突然抽调兵马，有可能会影响前线的战况。

经过一番考量之后，金太宗完颜晟决定继续运用"离间计"去拉拢与合不勒有仇的塔塔儿部落，并答应对方，只要塔塔儿部肯帮助金朝去对付合不勒，那么金朝将会每年给塔塔儿部提供大量的金钱、美女和源源不断的粮食。

这塔塔儿部与乞颜部早先是因为塔塔儿部的一个巫医在给乞颜部一亲眷治病时不慎将对方给治死了，乞颜部因此将其杀了，两部就此结下了仇恨。

塔塔儿部一看老大哥金朝人居然主动提出要给自己提供金钱和粮食让自己去对付合不勒，这种好事真是求之不得，于是毫不犹豫地答应了金太宗完颜晟的要求。

就这样，塔塔儿部从此便开始疯狂地对合不勒乞颜部进行挑衅和攻击，而合不勒这边的乞颜部也不甘示弱，双方你来我往，杀得是尸山血海，白骨成堆。

但是随着时间的推移以及首领合不勒的去世，乞颜部很快就落了下风。

而反观塔塔儿部这边则完全不一样。

有了金朝人作为后盾，源源不断地给塔塔儿粮食，塔塔儿部越打越顺手，越打越起劲儿，到最后完全压得乞颜部喘不过气来。

而在合不勒去世之后，蒙古乞颜部则是由合不勒的堂兄俺巴孩继位统领整个乞颜部（在《元史》中，这位俺巴孩也被写作"咸补海罕或罕布海"，是当时蒙古统一之前的"合罕"，即"汗"之意）。

俺巴孩做了乞颜部的首领之后，一直想与塔塔儿部化干戈为玉帛。

为了达到这个目标，俺巴孩决定将自己的女儿嫁给塔塔儿部，想以联姻的方式来换取和平，并且在婚期临近之时还亲自与合不勒的长子斡勤巴儿合黑一同带领着几十名亲信护送女儿去往塔塔儿部完婚。

可俗话说：拿人的手短，吃人的嘴软。

多年以来，塔塔儿部一直享受着金朝人所给的大量金钱、美女以及粮食，又怎会背叛金朝人，与真心仇敌乞颜部和亲？

于是，就在俺巴孩一行人到达塔塔儿时，便立刻被塔塔儿人按倒在地捆绑起来送去了金朝人那里领赏。

金朝皇帝一见塔塔儿人将乞颜部首领俺巴孩送来了，自然非常高兴，当下便命人将俺巴孩关进了地牢，再选个良辰吉日将其给杀了。

在杀俺巴孩时，金朝人特意将其钉在木驴上游街，直至俺巴孩将身体内的血流尽而亡。

据说，这是当时专门惩治游牧叛人的刑罚。

因为俺巴孩的死，乞颜部与塔塔儿部开始了无休止的战斗，但由于塔塔儿部背后有金朝人这座大靠山，永远有用不尽的金钱和吃不完的粮食，每回都将一穷二白的乞颜部打得喘不过气来。

光阴似箭，白驹过隙。

转眼间，岁月又过了无数个年头，乞颜部的首领也换成了铁木真的父亲也速该。

也就是这段时期，乞颜部与塔塔儿部对战的节节败退局面才总算到头了。

也速该与之前几任首领都不同。

他面对金朝人与塔塔儿部时没有半点退让，而是选择主动出击，因此经常带着部众攻打金朝边境和塔塔儿部，而每次侵扰对方采用的都是"你追我跑，你退我攻"的游击打法，搅得两边翻天覆地，却又拿其没有任何办法。

值得一说的是，也速该在与塔塔儿部作战时，先后俘获塔塔儿部的两任首领，其中一个名叫铁木真·兀格。

当年就是这个铁木真·兀格将俺巴孩出卖给金朝，因此乞颜部包括也速该都对其恨之入骨，恨不得将其抽筋剥皮，再放到油锅里去反复煎炸。

恰巧此时，也速该的妻子诃额仑正好为也速该生下了一个男婴。

也速该为了纪念自己战胜塔塔儿部，并俘虏了他们的首领，同时也为自己有了孩子而感到高兴，一时兴起，便为自己这刚来到人世的孩子取名叫作"铁木真"。

二、也速该之死

自古以来，但凡是某一朝代的开拓者帝王，在出生时都有异象发生，而元太祖铁木真出生时也不例外。

铁木真本是血统非常高贵的贵族之子，他的父亲是部落的首领，但在他很小的时候他的父亲就去世了。

一夜之间，铁木真从之前的部落首领之子，变成了一个没有父亲，没有依靠的孩子，所有父亲生前的部下以及族人们也都在这时选择离开他和母亲。

自这一刻起，铁木真母子便开始了最艰难的日子，一家人常常要靠吃野果、挖野菜来维持生计。

但也正是因为有了这样一段艰苦的经历，才使得铁木真从一个一穷二白的没落部落首领之子最终统一蒙古，成长为一代天骄。

当我们从历史中跳脱出来看，在那个时期，铁木真的诞生似乎真的是上苍特意安排来重塑整个世间的。

他所领导的蒙古铁骑在当时可谓是天下无敌，几乎打下了小半个地球，足迹遍布整个欧亚大陆，在人类古代战争史上留下了浓墨重彩的一笔，同时也改变了当时中国的政治格局，

而同一时期，偏安一隅的南宋朝廷与之相比，明显丧失了斗志，步步

堕落腐败，直至最终悲壮的蒙宋对决钓鱼城之战惨烈发生。

在这其中，双方表面上看似毫无关系，实则却像多米诺骨牌一般环环相扣，有着密不可分的关联。

作为蒙古民族"前无古人后无来者"天神一般的存在，从古到今，史学家们对于铁木真的记载可谓汗牛充栋，将其描绘得既神奇又富有含义。

其中，当数《蒙古秘史》最为权威，以下便是该书原文中的译文内容。

"在与塔塔儿部的战斗中，也速该将对方部落的首领铁木真·兀格、豁里不花等人掳了来，而那时诃额仑在斡难河边迭里温孛勒答黑山下生了圣祖（成吉思汗）。出生时，圣祖右手握着一块石头大小的血块儿，怎么掰都不放手。"

在这记载中，不仅说清楚了铁木真的出生地和起名缘由，还讲到了一个超乎寻常的"神奇现象"，当然，也可以叫作是"超自然现象"，即"铁木真出生时右手握着一块石头大小的血块儿"。

而在其他史书的记载中也是大同小异。如《圣武亲征录》中记载"时我太祖圣武皇帝始生，右手握凝血"；在《史集》中记载为，"他的右手掌心里握着一小块干肝块似的凝血"；在《元史·太祖纪》则是"手握凝血如赤石"。

铁木真出生时这手里握着的凝血似乎成了一个关键。

那么，"手握凝血"究竟意味着什么呢？这背后又蕴含着怎样的寓意呢？

在《蒙古秘史》及《圣武亲征录》等书中对此事却没有进一步解释。《史集》一书的作者，13世纪伊儿汗国丞相、学者拉施特认为这是一种"幸福的预兆"，而在《元史》则认为这是"志武功也"。

对此，法国的汉学家伯希和认为，"手握凝血"或许与一种传说有关系，最早可追溯到佛经里的《阿育王的故事》。在《阿育王的故事》里，

（古印度）有一位叫摩因陀罗西那的王，这位王有一位王子"手似血，身似甲胄，有大勇力"，面对"血手胄身"的儿子，摩因陀罗西那王"心生恐怖"，于是询问相师，得到的回答是"这个孩子'当王阎浮提'"。"当王阎浮提"的意思是成为阎浮提的王者或主宰。

不管如何，以上这几种解释，也证明了铁木真的一生注定是不平凡的。

而作为乞颜部首领也速该的儿子，铁木真的一生本应该是顺风顺水地成长，之后再顺利地继承父亲的部落首领之位，带领部族一起发展，一起壮大。

但天不遂人愿，老天爷通常会临时将写好的稿子改得面目全非，常常会安排出很多出人意料的剧情。

所以，铁木真的一生并不顺利。

由于塔塔儿部与乞颜部仇恨根深蒂固，所以父亲也速该为了争取到更多盟友一同对抗塔塔儿部，便采取联姻的策略为时年只有九岁的铁木真开始相亲（在《新元史》中，当时的铁木真是九岁）。

南宋乾道六年、金大定十年（1170）。

父亲也速该带着铁木真与自己几个亲信一同去往弘吉剌孛思忽儿部，为铁木真与该部落的首领特薛禅的女儿孛儿台定亲。

按照当时草原部落的习俗，铁木真要留在弘吉剌部，也就是未来老丈人家里待一段时间，帮助女方家劳作，以补偿日后女方家女儿出嫁的损失。

因此，在敲定婚事之后，父亲也速该便将铁木真留在了弘吉剌部，自己与亲信们则踏上了回家的路途。

这一切从头到尾都进行得很顺利。

但无巧不成书。就在一行人返回部落的途中，天气骤变，大雪漫天，北风呼啸。

一看天气如此糟糕，也速该等人也只好先找个能躲避风雪的地方待着，等雪停了再继续赶路。

也速该等人发现一处山洞，准备进去躲避之时，忽然发现塔塔儿部落的人竟然也在此躲避风雪，一帮人大碗喝着酒，大口吃着肉，有说有笑的，十分开心。

而也就在这时，塔塔儿人也看见了也速该一行人。

刹那间，气氛凝固，双方都显得很尴尬。

但也速该不是个心胸狭隘的人。

他认为，两个部落虽然平日里总是打打闹闹，其实都是彼此各为其主，利益不同所造成的。

而此刻，大家既然都因这场大风雪在此相遇，也算是一种缘分，所以应当放下往日间的恩恩怨怨，互不打扰，各自休息。

一想到这里，也速该便对不远处的塔塔儿人没有了往日的敌意，自己带领着手下亲信们在山洞内的另一处休息。

但老天似乎安排好了一切，非要让两个本来互相仇视的部落在这一天发生点什么。

山洞里的塔塔儿领头主动派手下人给也速该等人送来了一些马奶酒，而也速该也不吝啬，回赠对方一些奶酪块儿和煮好的羊肉。

热情豪爽、不拘小节，这本就应该是草原人的性格。

所以，也速该也没有多想，当下便端过塔塔儿人送来的马奶酒准备灌进肚子里。

就在这时，一旁的亲信却忽然提醒也速该道："大汗，小心塔塔儿人在酒里下毒。"

也速该认为，自己不该以小人之心度君子之腹，既然双方都暂时放下了敌意，就不应该再拒绝对方的好意，否则就显得自己小气了。

而且，按照当时草原游牧人的习俗，不管两个部落间有无仇恨，一旦双方在途中遇上了，并且有一方已经率先表现出了友善，另一方就不能拒绝，以此表示对对方主人的尊重。

于是，也速该没有犹豫，当下便将手里的马奶酒一饮而尽。

看见也速该在喝下马奶酒后并无异常，手下的几名亲信渐渐也放下了戒备。

一切似乎都很正常，没有任何问题。

但任谁也没想到，正是也速该这种光明磊落、大义凛然的性格为他和乞颜部带来了灭顶之灾。

事后，就在也速该与亲信们一同返回的路途中，他突然感觉腹中疼痛难忍，接着眼前一黑，便从马上摔了下来。

身边亲信见状纷纷下马上前搀扶也速该。

此时的也速该已经猜到，之所以会这样，必定是自己之前喝了塔塔儿人送来的那碗马奶酒所致。

显然那酒里被塔塔儿人下了毒。

知道自己命不久矣的也速该，在弥留之际将日后照顾铁木真母子的重任交给了身旁最信任的亲信蒙力克，并嘱咐身边人立刻赶回弘吉剌部把铁木真接回。

就在派遣的人刚出发的时候，也速该便撒手人寰，饮恨西北了。

弱肉强食本就是自古以来这个世界遵循的基础法则，而人类社会更是将其展现得淋漓尽致。

三、草原之战

在草原部落之间，当一个部落强大的时候，就会有很多周边的小部落前来投靠，以及心悦诚服，由此便会形成以该部落为核心的部落联盟体；而当一个部落衰落后，便会很快面临树倒猢狲散、众叛亲离的残酷现实。

也速该的突然去世让乞颜部迅速瓦解，由此造成了铁木真母子一家也迅速从部落贵族沦为平民。

在也速该死后，草原上就立刻被阴云笼罩，原来部落中反对也速该的势力变得越来越强大，他们甚至将黑手伸向了还未成年的铁木真。

这些人认为铁木真还小，没有能力代替他父亲也速该领导大家，而他的母亲诃额仑看上去又是一个柔弱的女人，无论从哪方面看铁木真都没有资格成为部落的领导者。

于是，在某天夜里，乞颜部的全体族人们纷纷连夜带领着自家的牛、羊、马、驼离开了乞颜部，抛弃了铁木真母子，投奔到了当时与乞颜部有千丝万缕关系的泰赤兀部落那里。

没有部落作为依靠的铁木真母子此时变得孤立无援，一家人生活得非常困苦。

当时，一无所有的一家人，常年行走在无边无际辽阔的草原上。

但好在，母亲诃额仑是一个外表柔弱但内心顽强且具有超人才干的女人，在被族人抛弃之后，为了养活自己的孩子，她经常带着年幼的孩子们，沿着斡难河上下奔走，采集野果和挖野菜以维持生计。

而铁木真与兄弟几人除了帮母亲采摘野果和挖野菜之外，还经常结网在河边捕鱼来奉养母亲诃额仑和妹妹帖木仑。

为了团结自己的孩子们，诃额仑经常告诫铁木真兄弟几人要时刻牢记仇恨，只要活着就有希望，即便生活再艰苦也要咬牙活下去，这样等铁木真兄弟几人长大后才能去复仇，夺回一家人现在所失去的一切。

孟子曾曰："舜发于畎亩之中，傅说举于版筑之间，胶鬲举于鱼盐之中，管夷吾举于士，孙叔敖举于海，百里奚举于市。故天将降大任于是人也，必先苦其心志，劳其筋骨，饿其体肤，空乏其身，行拂乱其所为，所以动心忍性，曾益其所不能。"

正是在这样的艰苦岁月中，年少时期的铁木真和自己的几个弟弟妹妹们不仅没有被饿死，反而日渐成长，并且在各种挫折中磨炼了自己坚强的意志和忍耐性，为日后成功的人生打下了坚实的基础，这也是上天对他的一种考验。

但这种日子也不是一成不变，没有一丝波澜的。

有一日，铁木真兄弟四人拿着自制的鱼叉在鄂嫩河里准备抓鱼回去改善一家人的生活，经过一番折腾，兄弟几个终于捕捉到了一条大鱼。

但就在这时，兄弟四人却因为该如何分这条鱼产生了矛盾。

最后，铁木真同父异母的兄弟别克帖儿和弟弟别勒古台将鱼夺走了。

铁木真气不过，于是回家后将此事告诉了母亲诃额伦，而母亲诃额伦却对他说道："你们都是兄弟，怎么能为了这种事而互相仇恨？"

虽然结局如此，但当时的铁木真并不服气，为此便将别克帖儿、别勒古台二人恨下了。

又一日，别克帖儿正在山坡上放着家里仅有的几头牲畜，铁木真则拿着弓与箭，蹑手蹑脚地躲在附近的树林之中，瞅准机会，从背后将别克帖儿一箭穿膛，当场射杀。

事后，母亲诃额伦得知此事，大发雷霆。

"对自己的兄弟怎能下如此毒手？你难道忘记了咱们真正的仇人是谁了吗？你现在所做的这一切，正是你的仇敌最希望看到的一幕，等到你们兄弟几人一个个因互相残杀而死去，已经无力再去对付仇人时，你的仇人就会来对付你了。"

铁木真后来能开展千古伟业，兄弟合撒儿、别勒古台二人在其左右，成为他的左膀右臂，亲密无间，都是因为母亲诃额伦早期的这番言辞与平日里的言传身教起的作用。

但可惜的是诃额伦只说对了一半。

此时与乞颜部也速该有仇的人，已经迫不及待要将铁木真母子除之而后快。

之前也速该在世时，由于忌惮也速该的权威，谁也不敢来骚扰他们母子，可是如今也速该已死，他们母子也没有了保护伞，之前的仇敌就开始对他们母子虎视眈眈了。

这其中就有泰赤兀部落的首领。

由于先前泰赤兀部落首领与也速该有仇，加之此时也速该已死，乞颜部族人又已全部投靠到了自己这边，整个乞颜部只剩下了铁木真母子这一家人，所以赤兀部落首领便想斩草除根，让铁木真母子彻底从这世界上消失，于是便对其一家展开了疯狂的追杀。

多灾多难的铁木真母子为了生存，此时只能寻求与也速该生前关系较好的"安达"克烈部王汗的保护。

克烈部王汗原名脱里，是克烈部末代首领，因早先被金朝皇帝封了王，所以称其为"王汗"。

为了紧紧抱住王汗这条大腿不被抛弃，铁木真一直称王汗为"父亲"。

而王汗身为克烈部的首领，对铁木真一家也给予了很多帮助。

此时，弱小的铁木真自然没有能力去与敌人对抗，但一刻也没有忘记要向仇敌报复，为了积蓄力量，他只能一边靠着王汗的保护，一边联合泰赤兀部落的敌人与泰赤兀部不断周旋、斗争而勉强地活着。直到成年之后，铁木真迎娶了当年父亲为自己定下的弘吉剌部首领的女儿为妻，而王汗也送给铁木真一批人马当作新婚的贺礼。

可就在铁木真看似已走在无限可能的康庄大道上时，老仇家蔑儿乞惕部落却又突然杀了出来。

这蔑儿乞惕部与铁木真一家可是有着不共戴天的世仇。

当初也速该曾经抢走了蔑儿乞惕部的新娘作为自己的妻子，这位新娘就是铁木真的母亲诃额伦。

自从也速该死后，蔑儿乞惕部就想对铁木真动手，只是一直没有找到合适的机会，直到铁木真举行婚礼的那一天。

他们一定要报了当年也速该抢婚的那一仇。

当晚，蔑儿乞惕部联合其他部族，浩浩荡荡来突袭铁木真牧场，并在混乱之时将铁木真的新婚妻子成功地劫走了。

尽管当时的铁木真已从一个手无缚鸡之力的小男孩成长为一个骁勇善战的勇士，而他的手下更都是不怕死的铁血男儿，但是面对数量比自己一方多出好几倍的敌人，他们最终还是因为寡不敌众，只能眼睁睁看着铁木真的新婚妻子被对方掳走。

但从不向命运低头的铁木真又怎肯就此罢休呢？

既然自己的实力不够，就得找实力比自己强的盟友，于是铁木真便向王汗借兵，并向自己儿时的发小札木合寻求帮助，想去蔑儿乞惕部夺回自己的新婚妻子。

王汗这些年一直照顾着铁木真，对他就如同自己的儿子一般，自然愿意出手帮助。

而札木合是蒙古札答阑部首领，早年铁木真母子被族人抛弃时与少年时代的铁木真相识，二人因年纪相仿，意气相投，便磕头结为安达，如今札木合见到铁木真后十分高兴，也非常同情他的遭遇，因此很痛快地答应出兵，协助好兄弟铁木真绞杀蔑儿乞惕部。

于是，王汗、札木合、铁木真，三人共动用了几万兵马，一同对蔑儿乞惕部发起了进攻，并成功夺回了铁木真的妻子，还夺回了祖辈的基业，成为乞颜部新一任的首领。

这是铁木真征战生涯中的第一战。在三路兵马的互相配合下，蔑儿乞惕人溃不成军，很快便败下阵来，缴械投降了。

但令铁木真万万没有想到的是，此刻的妻子已是个身怀六甲的孕妇。

这对于任何男人都是个晴天霹雳，铁木真自然也不例外，但铁木真却并没有因此而崩溃，也没有埋怨妻子半分，而是默默地接受了这一切。

在此之后，铁木真与好兄弟札木合联手，一起攻打那些与他们为敌的小部落，逐渐壮大自身，成为草原上的一股新力量。

南宋淳熙十六年、金朝大定二十九年（1189）。

这一年，二十八岁的铁木真带领昔日的乞颜部再度崛起，一些嗅到机会的小部落纷纷赶来投靠铁木真。

而铁木真自然也是来者不拒。

就这样，铁木真以惊人的速度，在一夜之间，摇身一变成了实力雄厚的部落联盟首领，并被众蒙古部落的贵族们推举成为可汗，成为蒙古乞颜部（即著名的蒙兀室韦部落）的首领。

此后，铁木真不断从部落选拔出自己的亲信，并组成"那可儿"（蒙古语意为护卫军），这支以"那可儿"为核心的队伍，最终成为铁木真统一蒙古高原的核心力量。

但这样的结果却让好兄弟札木合感到十分不悦。

札木合感觉到铁木真正在一步步危及自己的地位。

"他落难时，我帮助了他那么多，可最后却让他坐收渔翁之利，这实在不公平。"

于是，从这一刻起，札木合便将好兄弟铁木真视为自己的仇敌，并开始暗自计划向其实施报复。

札木合与铁木真这对好兄弟开始分道扬镳。

另一头的铁木真对于札木合的心思浑然不知，一直在马不停蹄地忙碌着自己的事业，不断地扩大自己的势力。

南宋绍熙元年、金明昌元年（1190）。

札木合的胞弟给察儿劫走了铁木真的部下拙赤答儿马剌的马群，但在逃跑时，被后面的人用弓箭射中了后背，穿膛而过，当场坠马而亡。

札木合得知此消息后大怒，当下便联合了泰赤乌等十三部的人马，共几万人讨伐铁木真。

这一消息本是绝对保密的，札木合也想杀铁木真一个措手不及，彻底削弱他的锐气，但札木合忘了一件事，这世上没有不透风的墙。

铁木真最终还是从札木合的仆人那里得到了札木合准备对自己发起进攻的消息。

于是，铁木真这边也不废话，立刻集合手下所有兵马，并将其分成十三翼（营队）来对抗札木合。

双方大战于答阑巴勒主惕（也译作"答兰版朱思"，在今克鲁伦河上游臣赫尔河附近）。

但铁木真首战失利，于是便带领手下兵马迅速退到了斡难河（今鄂嫩河）上源狭地开始修筑防御工事。

札木合一看铁木真已败，自己的目的算是完成，秉承着"穷寇莫追"的原则也就撤军返回了。

虽然如此，但札木合心里却始终觉得不舒服，于是便将这种情绪发泄在了自己的部下身上，并将抓来的俘虏分七十口大锅煮杀，恐怖的气氛瞬间便在部族之间蔓延。

众人对札木合残忍无道的处事方式感到恐惧及厌烦，相比之下，铁木真就显得宽厚仁慈得多。

基于这种想法，许多原先属于札木合这边部族的人便有了动摇之心，纷纷转投了铁木真。

这样一来，这次札木合表面上虽打了胜仗，实际却输了人品，而铁木真表面上虽败了，却因祸得福，手下部队不减反增，其军力得以迅速恢复和壮大，数量瞬间反超札木合。

札木合一看自己的人都去投靠了铁木真，顿时感到大事不妙，赶紧带着剩余部队掉头就跑。

此后一连多年，札木合与铁木真再无交手，双方似是很默契地安安稳稳过了几年太平日子。

可是，在那个风云变幻的岁月里，草原上又怎会有永远太平祥和的日子呢？

南宋庆元元年、金朝明昌六年（1195），塔塔儿部因骚扰了金朝边境，被金朝讨伐。

事情传遍了整个草原。

与此同时，铁木真嗅到了机会，想起当年父亲被塔塔儿人下毒害死的事，于是主动集合手下所有兵马，帮助金朝对付塔塔儿部。

战前，他历数塔塔儿人的罪孽："塔塔儿人是我的世仇，如今我要血债血还，一口气将塔塔儿部赶尽杀绝！"

塔塔儿部正在忙着对付金朝人，却完全没有想到铁木真会突然杀出来，给自己背后一击，导致自己一方腹背受敌，两头忙活，应接不暇。

于是，仅仅几天时间，铁木真的人马就将塔塔儿部逼入了绝境。

金朝人看到这一幕自然是非常满意，于是二话不说，立刻给铁木真加官晋爵。

而铁木真也借着金朝人对自己的信任和支持，连续收编了不少草原部落，势力范围与声誉也再度扩大，远远超过了自己的祖辈们，俨然已快成为草原上新一代的霸主。

与此同时，作为铁木真曾经的恩人，看到如今势力逐渐威胁到自己的王汗，心里自然也是很不舒服，因而有意与其保持距离，很少来往。

铁木真看出了王汗心中所想，为了缓和彼此之间的关系，他便主动提出想与王汗和亲，却被王汗果断地拒绝了。

这么一来，铁木真也不知该如何了。

于是双方就这样保持了几年不远不近的关系。直到后来，王汗又找机会与札木合联合对付铁木真。

弱肉强食本就是这世上数千年以来不变的规律，曾经的亲人、朋友很可能因为利益一夜之间就成了敌人。

铁木真与好兄弟札木合是如此，与曾经的恩人王汗更是如此。

看到王汗与札木合联合对付自己，铁木真非常气愤，于是一气之下，集结所有力量，彻底瓦解了王汗所领导的克烈部。

此刻，在茫茫无边的草原之上，铁木真要想站稳脚跟，就必须与曾经的安达札木合一决雌雄。

南宋嘉泰元年、金泰和元年（1201）。

这一年，札木合在合答斤、塔塔儿部等十部的支持下于犍河（今内蒙古自治区呼伦贝尔市额尔古纳河支流根河）称大汗。

尽管此时的札木合已称汗，但所管辖的部落依旧属于松散的状态，完全不像铁木真领导的部族，能够集合各部力量，形成一支战斗力爆表的部队。

但此时的札木合却顾不了这么多。

他的目的只有一个，那就是消灭铁木真这个竞争对手，成为草原上唯一的霸主。

于是，刚坐上大汗位置没几天的札木合，便召集手下所有兵力开始向铁木真发起了猛烈进攻。

而铁木真一看这架势，心知与札木合的兄弟情分算是走到头了，于是便与札木合展开了"淘汰赛"。

前面提到过，札木合虽然被众部落首领推举坐上了大汗的位置，但手里管的却是一批松散的部众，加之此前他与铁木真对战时虽取得了表面性的胜利，却失去了人心，导致部众流失，纷纷归顺了铁木真，因而这一回，他绝不能失败。

但胜利的天平显然没有向札木合倾斜，因此这场大战的结局也可想而知。

在此之后，铁木真集结部队，率领着部众向王汗进行了突然袭击，杀得王汗部众措手不及，连连败退，最终被包围。

双方经过了三天三夜的恶战，最终以王汗战败而告终。

　　王汗战败后带着手下残余势力与札木合二人一同前往草原西部，牧地在阿尔泰山之阳的乃蛮部，投靠了当时乃蛮部落的首领太阳汗（该称号源于辽朝契丹人对草原部落首领"大王"的封号）拜不花。

　　这个乃蛮部与当时草原上的其他游牧部落有所不同。

　　在其他部落还停留在力争，互相攻伐的部落联盟阶段，乃蛮部就已经率先建立国家机构，并拥有了一支武器精良、训练有素的强大部队。

　　在铁木真击溃克烈部王汗与札木合之后，茫茫的大草原上此时有实力能与铁木真一决高下的就只剩下乃蛮部，而铁木真与太阳汗二人也必定迟早会走到兵戎相见的那一刻。

　　就在这时，那些曾经与铁木真有仇怨的部落首领如蔑儿乞惕的脱黑脱阿等纷纷也都选择投靠在了乃蛮部太阳汗麾下，甘愿为其鞍前马后，唯其马首是瞻。

　　一时间，太阳汗担负起了众部落对抗铁木真的责任。

　　看着如此多的部族前来投靠自己，太阳汗一时竟有些得意忘形，沾沾自喜，认为自己已经是站在金字塔顶尖的人了，根本不将铁木真放在眼里。

　　于是，带着这种骄傲自满的心理，太阳汗便开始计划向铁木真发起进攻。

　　南宋嘉泰四年、金泰和四年（1204）。

　　太阳汗率众兵，浩浩荡荡向铁木真所在的杭海山（今称杭爱山，位于蒙古高原西北部）发起了进攻。

　　另一头的铁木真在听到太阳汗对自己发兵的消息后，立刻聚集手下兵马开始迎战。

　　原本以为这一战应该是一场硬仗，太阳汗与铁木真双方必定会拼个你死我活，但结果却十分出人意料。

　　太阳汗虽然名声在外，但这都全靠了祖辈们的光辉照耀着他，而他自己却从未经历过大战，更没有排兵布阵的策略，因此在与铁木真的交锋中很快便落了下风，甚至可以说是不堪一击。

主将不给力，士兵再能干也是没用的。

此时，太阳汗所率领的军队在其无能的指挥之下节节败退，直至最后丢盔弃甲，溃散逃亡。

而反观铁木真一方则是层层递进，张弛有度，很顺利地就将太阳汗逼入了绝境，退无可退。

最终，这场大战以太阳汗战死而告终。

在太阳汗死后，曾经投靠他的札木合担心自己成了铁木真的俘虏，于是连忙逃窜到了唐努山（今俄罗斯境内），但最终还是被铁木真的兵马给活捉，送去见了铁木真。

铁木真心底实在不舍杀札木合，但如果他不杀札木合，那么按照札木合的性格，日后缓过劲儿来必定会对他进行反扑；所以最后，念在自己与札木合曾经是一个头磕在地上的安达的份儿上，铁木真以草原部族对待手下败将最有尊严的死法，赐札木合以不流血的方式而死。而那位铁木真曾经的恩人王汗则在逃到乃蛮部后，便被乃蛮部的戍将所杀。

通过与乃蛮部太阳汗的这一战，铁木真不仅为自己成为草原霸主奠定了坚实的基础，同时也是带领蒙古铁骑掀开亚洲，乃至欧洲历史新篇章的重要一步，为日后蒙古与南宋双方决战钓鱼城埋下了伏笔。

在灭了乃蛮太阳汗与蔑儿乞惕等部落之后，南宋开禧二年、金朝泰和六年（1206），铁木真已经完全统一了蒙古草原，并在该年春季于斡难河（今鄂嫩河）源头召开的"忽里勒台"（也作"忽里台"，蒙古语为"大聚会"之意）中被各部落首领、贵族们推举成为蒙古大汗。

关于"成吉思汗"尊号的具体由来，后世有着多种解读，其中部分说法与当时的萨满文化等相关。大会上，出生于晃豁坛氏的萨满大巫师阔阔出（号"帖卜腾吉里"，意为上天代言人）当着众人的面对铁木真说道：

"如今在这片草原上，所有称为古儿罕的各部落首领都已被您征服，所有的草原和马群、牛群、羊群，也都归属于您，因此您也应该有众汗之王的尊号……现在遵循长生天的旨意，您的众汗之王的称号为'成吉思汗'。"

"成吉思汗"的具体含义在学界尚无定论，有"海洋般伟大的统治者""强大的可汗"等多种解读。

从此之后，世人便都尊称铁木真为"成吉思汗"，而他本人也在随后造了"九斿白纛"来象征权力的印记，并且以蒙古乞颜部中的"蒙古"名称为国号，称"也客·蒙古·兀鲁思"，在蒙古语中，意为"大蒙古国"。他的家族逐渐被赋予"黄金家族"的称号。

铁木真称汗之后，改变了原来游牧部族的一些制度，推行了一系列更适合于蒙古的军政合一制度，最有名的当数千户制。

他还扩建中军护卫怯薛军，由此便建立了有史以来只属于大汗的最强护卫军。

在规章制度方面，铁木真颁布了《大扎撒》，这是当时世界上第一套应用范围最广泛的成文法典。

当然，在统一并且建立了蒙古政权之后，铁木真便将目光投射到了草原之外的更广阔的区域。

此时的他，已经不满足只在草原上称王。

他要让蒙古人的足迹遍布这世界上的每一个角落。

四、屈出律的阴谋

太阳汗死后，乃蛮部的残余随着太阳汗的儿子屈出律逃往其叔叔不亦鲁黑汗那里寻求庇护。

但仅仅过了一年的时间，铁木真就已经带领着手下兵马越过了金山（今阿尔泰山），浩浩荡荡向不亦鲁黑汗杀了过来。

不亦鲁黑汗从未见过如此彪悍的部队，没过多久便败下阵来，战死沙场，其势力就此被消灭。

屈出律则趁兵荒马乱之际再度逃脱，投奔蔑儿乞惕部首领脱黑塔；但是此刻的铁木真就如同开了挂一般暴走，整个草原之上已无人能与之抗衡，蔑儿乞惕部首领脱黑塔自然也不行。

于是，两军在额尔齐斯河畔（今新疆维吾尔自治区东北部富蕴县阿尔泰山南坡一带）一战，脱黑塔当场阵亡。

这时，惶惶如丧家犬的屈出律一看大事不妙，只能继续逃亡。

这一次，他选择的避难地是由契丹贵族耶律大石西迁至西域后所建立的西辽朝。

当时西辽的皇帝耶律直鲁古，是西辽开国君主德宗皇帝耶律大石之孙，仁宗皇帝耶律夷列次子。

耶律直鲁古自上台当政之后，西辽便开始迅速由盛转衰，政治腐败，社会矛盾激化，地方官更是变成了“土皇帝”，欺压百姓，作威作福，搞得西辽境内民不聊生，怨声载道。与此同时，西辽周边原先臣服的小国与部落也乘机做大，逐渐威胁到了西辽的统治。

面对如此内忧外患的局面，耶律直鲁古却没有一丝的痛苦与悔恨，他依旧很自我、很任性地认为自己是西辽唯一的话事人，谁也无法撼动他的统治地位，直到屈出律的到来才使得他看清了现实，也真正感到了害怕。

战败后的屈出律带着一众亲信一路苟延残喘地来到了别失八里［别十八里、别石八里、鳖思马、别石把等，今新疆维吾尔自治区昌吉回族自治州吉木萨尔县境内；回鹘（维吾尔）语“五城”之意。也称为北庭，五城之名初见于《旧唐书》和《毗伽可汗碑》］。1208 年，屈出律经过别失八里，后逃到库车附近的大山里流浪。

这里正是西辽朝境内。

赶巧不巧，正在一行人饥肠辘辘之时，被一队巡逻的西辽朝士兵发现。

于是，屈出律便向对方介绍自己是何许人也，以及自己一行人来西辽的目的。

随后，这队巡逻的西辽士兵便将屈出律一行人带回了兵营，并将此事报告了管理兵营的上级。

管理该兵营的上级一听来人是乃蛮部落首领太阳汗之子屈出律，立刻亲自赶来迎接，并以好酒好菜招待，择日又安排了一支护卫队将屈出律一行人送到了当时西辽朝的都城虎思斡耳朵（"斡耳朵"即为"宫帐"之意；位于今吉尔吉斯斯坦共和国楚河州托克马克境内的布拉纳城）。

屈出律一行人进宫见到了西辽皇帝耶律直鲁古。

据古代伊儿汗国丞相，学者拉施德丁所著的《史集》与波斯学者阿老丁·阿塔蔑力克·志费尼所著的《世界征服者史》一书中所记载，当时西辽皇帝耶律直鲁古曾召见屈出律，但由于工于心计的屈出律担心耶律直鲁古会害自己，于是便让身旁一名亲信冒充自己前去拜见耶律直鲁古，自己则装扮成马夫的模样站在宫门外见机行事。

也就在这个时候，耶律直鲁古的皇后从外返宫，在宫门口碰上屈出律这个冒牌假扮的马夫，眼见他穿得虽朴素平常，但五官较好，气宇轩昂，俨然一股贵族子弟之气。

皇后古尔别速心里纳闷："一介马夫怎会有如此气派？"于是，当下便对屈出律盘问起来。

善于察言观色的屈出律一看盘问自己的女人是西辽朝的皇后，心知自己再装下去也没有什么意义了，便以实情相告。

没想到，屈出律的一番言语颇得西辽皇后好感。

她见面前这年轻人，不仅生得好，且说话时不卑不亢，因而对对方的好感又加深了几分。

这位西辽皇后对屈出律非常欣赏，于是便让其扮成自己的贴身近侍，准备带其进宫去见耶律直鲁古。

屈出律便以西辽皇后护卫的身份与其一同步入西辽殿堂。

屈出律对耶律直鲁古道："只要陛下肯允许我借用西辽名义，必将能召回散居天山以北各地的数万乃蛮部族，以此便可加强西辽的军力，防止有朝一日铁木真的入侵。"

他接着说道："陛下您肯收留我，便是对我有恩，我绝对不会背叛您，我愿意今生今世留在西辽，为您去做任何事。"

这番慷慨激昂的言辞瞬间博得了西辽皇帝耶律直鲁古的好感，同时也博得了公主浑忽的芳心。

屈出律到达西辽朝一共没几天的时间，就完成了人生的大跨度越级，从一个落魄逃亡的部落首领之子，成为西辽朝的驸马爷，迎娶了西辽朝的公主浑忽。

但耶律直鲁古与皇后的噩梦也就从这时候开始了。

在取得西辽皇帝耶律直鲁古与皇后的信任之后，屈出律果然在不久后就真的召回了之前乃蛮的旧部，并且还利用自己驸马爷的身份笼络了一大批西辽朝堂中身居高位的文武百官。

于是，一场阴谋也在此时生根发芽。

第二章　赵氏政权日渐黄昏

一、黑暗的斗争

白居易曾有诗云："十月鹰出笼，草枯雉兔肥。"

意思就是说，每年的九到十月是枯草稀薄、猎物肥美的季节，是最适合猎人带着驯化后的猎鹰在山林间开始四处捕猎的时候。

在那个年代里，弱者往往如同肥美诱人的猎物，而强者则往往如同狡猾的猎鹰。

那时候，一向富庶自傲的南宋，原本以为自己就是那只捕猎的猎鹰。

殊不知在风云变幻、朝代更迭的历史洪流中，南宋只不过是一个可怜的猎物，而自信翱翔于天际的猎鹰却是他人。

有人曾经说过，开禧北伐是宋宁宗一朝所作的最愚蠢的一项决定。

这场战役不仅打破了之前金朝与南宋两个政权维持了四十余年的和平，也为后来蒙宋之间的战争埋下了祸根。

北伐前期，南宋朝野上下信心满满，似乎自己一方只要动一动手指，就能将金朝以雷霆扫穴的完美姿态赶回冰天雪地的塞北老家。

可结果是口号喊得震天响，雨点却还没有口水多，到头来丢了颜面不说，反而签订了许多不平等条约，让出更多的利益，赔了更多的钱。

原先宋金两国和平安稳的局势被就此打破。

铁木真统一蒙古各部称"成吉思汗"并建立了蒙古政权，这预示着未来的世界将会有一个翻天覆地的变化。

而在草原以南的中原大地上，依旧是由金朝、南宋和西夏三分天下的政治局面。

这其中金朝与西夏由于紧挨着蒙古高原，因此已经嗅到了来自北方草原上的危险，而只有偏安一隅的南宋朝廷对此却是毫无反应。

当然，南宋当时的这种反应也可以理解，因为首先按照当时的各家政权所掌控的地域边界来看，南宋与蒙古完全是八竿子打不着的关系。

在南宋的东北方是女真人建立的金政权，在西北则又有党项人所建立的西夏政权，而铁木真所建立的蒙古政权则隔着金朝与西夏两个政权，对南宋完全构不成威胁。

故步自封的南宋朝廷丝毫没有注意到来自草原上的蒙古政权正在悄悄壮大，更不知危险正在慢慢逼近。

因此，这也就是南宋朝廷在铁木真崛起之后完全没有反应的原因之一。

除此之外，这还跟当时的南宋朝廷正处在一个有史以来最阴霾的阶段有关。

这段阴霾阶段也可以称作是南宋政治最黑暗的岁月，时间跨度长达将近七十年。

南宋宰相史弥远利用手中的权力和资源不断在稳固自己的地位和权力，贪污中饱，加重税金，百姓苦不堪言，使南宋国势日渐衰微。

在这一时期，南宋的政治局势非常混乱，不少能人异士曾经试图策划刺杀宰相史弥远，但均未能成功。

直到史弥远去世之后，整个南宋才算是逐渐回到了正常轨道，可惜的是，这样的现象在当时也只能是昙花一现，根本挽回不了南宋政权江河日下的凄凉局面。

"江水苍苍，望倦柳愁荷，共感秋色。废阁先凉，古帘空暮，雁程最嫌风力。还又岁晚，瘦骨临风，夜闻秋声，吹动岑寂。露蛩悲，青灯冷屋，翻书愁上鬓毛白。"就在南宋开禧元年、金朝泰和五年（1205），铁木真完成蒙古草原各部落统一，被众部落推举为成吉思汗的前一年，时任宋朝的第十三位皇帝，同时也是南宋的第四位皇帝，宋宁宗赵扩因为忍受不了北边金朝人对自己那种傲慢且得寸进尺的态度，决定要对一直以来霸占南宋领土，骑在南宋头上作威作福的金朝开始反击，为此他几乎是连想都没有多想就同意了主战派权相韩侂胄的建议，实施抗金政策，并在同年的五月下诏撕毁之前与金朝签署的一系列协议，接受了宰相韩侂胄的建议，开始了北上伐金。

这次的抗金也被称作"开禧北伐"。

正是由于宋宁宗赵扩的这种决定，使得本就风雨飘摇、前途未卜的南宋朝廷，又添加了更多的不确定性。

其实，这并不是南宋朝廷第一次决定出兵北伐。

早在南宋隆兴元年、金朝大定三年（1163）四月时，南宋朝廷就曾发动过一次北伐战争，史称"隆兴北伐"。

那一次，南宋朝廷貌似是将长久以来的"软骨病"治好了，驼了许久的腰板终于挺起来了一回，主动宣布要收复失地，全面向金朝开战。

那时候，正是新登极的宋孝宗时期。

新官上任三把火。这句话套用在当时的宋孝宗赵眘身上也一样可用。

就在宋孝宗登极不久，金朝那边就得到了消息，于是金世宗完颜雍立刻派人来到南宋临安，要求南宋遵守绍兴和议，归还金朝之前管辖下的淮北等州府，并且要按照约定，每年向金朝纳贡银绢。

宋孝宗赵昚是个很有抱负的皇帝，当然不会同意金朝的要求，而且淮北等州府本就是宋朝廷管辖的土地，是数十万宋朝将士用鲜活的生命夺回来的，怎么可能让金朝人拿走？至于每年要向金朝纳贡银绢就更不合理了，于是当场驳回了金朝使者的要求。

金朝使者对宋孝宗赵昚不屑地微微一笑，并没有当面说什么狠话，转身便返回了金朝，将事情的前因后果一字不漏地转述给金世宗完颜雍。

而南宋这边，南宋朝堂中的那些主和派官员，一看宋孝宗赵昚对金朝竟然如此强硬立刻担心起来，排着队向宋孝宗赵昚讲述与金朝翻脸的各种坏处。

但宋孝宗赵昚的理想与抱负又岂会因朝中这些老顽固而动摇？

才登极没多久，宋孝宗赵昚就摆出一副强硬北伐的姿态。

他对当年陷害岳将军，以秦桧为首的一众官员进行了冤假错案的秋后处理。

他这边一动，朝中那些保守的主和派大臣们便开始了一系列见招拆招的行动，千方百计破坏宋孝宗赵昚的北伐计划。

但可惜的是，这些行动都阻止不了宋孝宗赵昚那一颗执着、急切想收复北方失地的心。

加之那一时期，金朝由于进入中原腹地之后便被中原的花花世界迷得头昏眼花，竟在短短几十年的时间内便失去了当年太祖皇帝完颜阿骨打时期的那股狠劲儿与拼劲儿，迅速堕落腐化，放弃了早先的骑马、射箭等看家本领，开始学着中原人吟诗作对，附庸风雅，奢靡享受，使得整个朝野上下一股歪风邪气大行其道。

在这种局面下，不仅大漠南北草原上铁木真在趁机进行内部整合，就连境内已经被女真人打趴下不得不唱《征服》的契丹人也开始蠢蠢欲动，有了东山再起的念头。

于是，在南宋绍兴三十年、金朝正隆五年（1160），趁着金朝皇帝完颜亮在金朝各道征兵，准备一口气南下吞并南宋而导致境内守备不足的间隙，契丹首领撒八突然来了一招"回马枪"，他振臂高呼，号召所有在金朝内的契丹人揭竿而起，推翻女真人的统治。

一石掀起千层浪。

没过多久，金朝咸平府（今辽宁省开原市北老城镇）的契丹谋克（谋克为古代军队编制，是金朝军政合一的社会基层组织编制单位及其主官名称。大体上每谋克辖三百户，七至十谋克为一猛安）纷纷响应撒八，也开启了反金复辽之路，很快便得到了上万契丹人响应，声势浩大无比。

一时间，金朝从全力南下攻宋变成了内忧外患的两难处境。

但撒八号召的这点人数与金朝数万铁骑相比还是太单薄了些，因此注定会失败。

所以撒八就想将契丹人聚集起来，一起远走他乡去西域投靠由耶律大石所建立的西辽朝。

可当时大多数响应起义的契丹人不愿意背井离乡，进入茫茫无人的沙漠，去不熟悉的地方生活。

于是，在互相争闹中，一个叫作移剌窝斡的契丹首领当众杀了撒八，并且自封大元帅，领着兵去攻击辽朝故都上京临潢府，希望以此重建大辽。

不久后，移剌窝斡率军东还至临潢府（今内蒙古自治区巴林左旗境）东南新罗寨。击败了金朝将领，引兵攻临潢府，执总管移室懑，并在次年十二月时称帝，改元天正。

但移剌窝斡这个临时皇帝显然是做不久的。

因为在此之后，金朝皇帝完颜亮被杀，完颜雍自立为帝。

完颜雍称帝之后便立刻派出同是契丹人的官员去招安义军，不少原先跟随移剌窝斡的人接受了朝廷招安。

移剌窝斡一看不妙便立刻带着剩余人马去攻打金朝境内的济、懿、宜、川等州，但结果都不是很顺利，在进入奚族地区时，移剌窝斡一行又被金朝南路招讨使完颜思敬所败，最后在南宋绍兴三十二年，金大定二年（1162）九月移剌窝斡被手下出卖，扭送到了中都（今北京），被处死。

移剌窝斡死后，被众契丹起义军推举成为新首领的括里心知大势已去，若继续与女真人硬碰硬，到最后只会是全军覆灭。

为了保留住起义军最后的革命火种，括里作出了一项惊人的决定：带领起义军剩余人马一路南下逃到南宋，投靠宋孝宗赵眘，借助南宋的力量完成反金复辽的大业。

而宋孝宗赵眘也正需要括里这样一位了解金朝内部情况，又对女真人痛恨无比的人来为自己北伐的计划添砖加瓦。

为了防止朝中那些胆小怕事的反对派出来干预自己，宋孝宗赵眘特意绕过三省与枢密院，直接向大臣张浚和将领们下达了北伐的诏令。

这也意味着隆兴北伐正式拉开帷幕。

二、隆兴北伐

隆兴元年、金朝大定三年（1163）。

张浚在接到宋孝宗赵眘的北伐诏令之后，立刻马不停蹄地调兵八万，对外号称二十万，兵分两路开始浩浩荡荡从濠州（今安徽省滁州市凤阳县）与盱眙（今江苏省淮安市下辖县境内）两地渡淮北上，其中一路由李显忠率领攻打金朝的灵璧（今安徽省宿州市灵璧县）；另一路则由将领邵宏渊指挥攻取虹县（今安徽省宿州市泗县）。

前线捷报连连使得宋孝宗赵眘非常高兴，于是立刻下诏亲征，去前线为将士们鼓舞士气，夺回北方失地。

　　而金朝的金世宗得知后大怒，调集境内精锐部队，全面与南宋开战反扑。

　　这一战宋将李显忠在宿州（今安徽省宿州市境内）与金军打得胜负难分，双方死伤均在万人以上。

　　可就在这关键时刻，另一支宋军的主将邵宏渊却故意坐山观虎斗，迟迟不肯派军支援李显忠。

　　原来，邵宏渊平日里为人心胸狭隘，又喜欢争强好胜，先前由于自己能力有限，久攻虹县不下，李显忠得知情况后便派灵璧的降卒前去劝降，至此虹县才得以攻破。

　　但也因此使得邵宏渊嫉妒上了李显忠。

　　当时，李显忠建议他带兵去攻打宿州，而邵宏渊却酸溜溜地对李显忠说道："李大将军你这么厉害，怎么能让我这种能力有限的人去攻打宿州？应该你亲自去啊！"

　　自此以后，李、邵二人渐渐不和，矛盾也越来越深。

　　也正因此，这一次邵宏渊才故意迟迟按兵不动，为的就是要看对方出洋相，好让自己心里舒服些。

　　不仅如此，邵宏渊为了让李显忠摔一跟头，故意添油加醋，派人四处散播谣言，动摇军心。

　　"哎呀呀，这天是一天比一天热了，估计赤裸上身，一手摇着扇子，一手端着碗喝冰酸梅汤都降不了温，何况穿着十几斤的盔甲，拿着兵刃在沙场与敌人厮杀拼命！"

　　此举直接迫使李显忠的部队孤立无援，接着又失去了斗志，不得不撤军回营。

　　当晚，邵宏渊部队中军统制周宏借着酒劲儿而自为鼓噪，扬言金军来攻，南宋军之所以迅速溃败全都是因为李显忠刚愎自用，自命不凡，没有认清敌我双方的形势，一意孤行，急于立功表现，最终使得宋军寡不敌众，溃败而逃。

得知前线战况如此不堪，已经退位养老做太上皇的赵构立刻收拾金银细软，准备跑路。

不仅如此，当时赵构还威胁宋孝宗赵昚立刻停战。

被迫无奈的宋孝宗赵昚在赵构的淫威之下只能秉承着"孝道"二字，面对宋军退守淮河的惨败局面，只好忍气吞声，下令停战，不得已罢免了张浚，重新起用主和派官员汤思退为宰相，与金朝议和。

没想到金朝提出的条件实在太苛刻，使得南宋不但没有收回失地，反而将已到手的海、泗等六州全部拱手退让给金朝，还要每年向金朝纳高额岁币，这一系列不平等条约，都让宋孝宗赵昚十分恼火。

于是，宋孝宗赵昚便采用了"拖延辩论"战术，命淮西安抚使干办公事卢仲贤与金朝在谈判桌上展开了"文斗"，据理力争，想挽回损失。

但金朝又哪里会吃这一套，从头到尾咄咄逼人，一点儿都不客气，搞得卢仲贤心急如焚，差点没在谈判桌上当场吐血身亡。

最后眼看谈判桌就快演变成角斗场了，宋孝宗赵昚一气之下，再次起用主战派张浚并下达指令，命张浚巡视两淮，时刻保持备战状态。

然而，就在张浚备战的时候，南宋朝廷内以宰相汤思退为首的主和派官员却在后方捣乱，出幺蛾子。

为了促成金朝与南宋议和，汤思退等官员主动命王之望、龙大渊等前线将领拆除军备，结果使得金朝军队南下，一路势如破竹，南宋军队则毫无准备，节节败退，导致楚、濠、滁等重镇相继陷落，南宋的长江防线再度被迫告急。

宋孝宗赵昚得知消息后，脑门子都快气冒火星子了，缓了好半天才算将怒火压制住。

毕竟，南宋军队的溃败使得他内心备受打击，一度怀疑自己当初立誓要挥师北上的想法是不是错的，结果只能承认失败，乖乖地派手下人坐在谈判桌前与金朝讲和，等着签署一大堆不平等条约。

南宋隆兴二年、金朝大定四年（1164），金、宋两个政权正式签署协议，史称"隆兴和议"，又称"乾道和议"。

但在签订合约的前夕，宋孝宗赵昚突然又玩起了小孩子的把戏，故意找各种借口拖着不签。

基于这种情况，金朝一方作出了让步，卖给宋孝宗赵昚一个面子，将提出的条件重新制定了一下，不像之前那样苛刻，才终于让南宋官员重回谈判桌，签了协议。

"隆兴和议"的主要内容包括以下几方面：

1. 南宋原本向金朝称臣的关系改为叔侄关系，金朝为叔，南宋为侄。

2. 南宋之前对金朝的岁贡改成岁币，数量也从原先的银二十五万两、绢二十五万匹，减为银二十万两、绢二十万匹。

3. 南宋要放弃所占有的海州（今江苏省连云港市海州区）、商州（今陕西省商洛市商州区）、泗州（今江苏省淮安市盱眙县）、唐州（今河南省唐河县、桐柏县一带）、邓州（今河南省南阳市邓州市东）、秦州（今甘肃省天水市秦州区）等地，维持之前"绍兴和议"时所划分的疆界。

4. 金、宋双方交换俘虏，但其中不包括自愿逃离的投降者。

至此，"隆兴和议"签署完成。

"隆兴和议"是南宋与金朝签订的第二个不平等条约，虽然屈辱，但换来了金、宋两地的百姓四十余年的和平安稳。

加之宋孝宗赵昚后续一改宋高宗赵构时期的腐败乱象，使得南宋的经济迅速回暖，史上将这一时期的南宋称为"乾淳之治"。

而金朝一方则在金世宗完颜雍用人唯贤等一系列政策之下达到了繁荣鼎盛时期，史上将这一时期的金朝称为"大定之治"，金世宗完颜雍本人也因此被后世称作"小尧舜"。

这种安定祥和的气氛直到宋宁宗赵扩与权相韩侂胄发动开禧北伐而结

束。

这"开禧北伐"从一开始就注定会与隆兴北伐一样失败，就像前文提到的那样，南宋的这次北伐行动，使得本就风雨飘摇、前途未卜的朝廷又添加了更多的不确定性。

三、开禧北伐

正所谓：表面上所有的出人意料的决定背后，都必定有其合乎情理的内在逻辑。

开禧北伐便是如此。

在"靖康之耻"之后，宋政权的最后一丝颜面与尊严已经完全被践踏，而用土地换和平这件事则理所当然地成为南宋君王们一种不可言说的屈辱。

宋宁宗赵扩的能力虽然平庸，但一直以来被女真人压制的委屈也让其再也难以忍受。

可此时，朝廷内部的文武百官却似乎将权力的争夺排在了第一位，而挥师北上则排在了其后。

那时候，外戚的代表人物韩侂胄和宗室代表人物赵汝愚虽都并列首席功臣，却在私下里明争暗斗，水火不容。

首先，韩侂胄既是北宋魏郡王韩琦的曾孙，也是太皇太后的侄女婿，同时也是宋宁宗赵扩皇后的叔祖父，与宋宁宗赵扩有着千丝万缕的联系。

当初，宋孝宗赵昚病逝，宋光宗赵惇在宫里发疯，以"疾未平不能执丧"为由不愿意为其主持葬礼，一度引得满朝文武大臣们一片怨言。

而就在这时，身为太皇太后侄女婿的韩侂胄与宗室赵汝愚便建议当时已经八十岁有余的太皇太后吴氏出面"垂帘主丧事"，并且出面逼迫宋光宗赵惇禅位于太子赵扩。

起初年迈的吴氏一听，要自己出面逼皇上退位，立刻将头摇得跟小孩手中的拨浪鼓似的，怎么也不愿意。

但在韩侂胄、赵汝愚等人的一再劝说下，并引经据典说出了唐肃宗故事后，太皇太后吴氏才总算答应在"梓宫前垂帘"代行祭奠礼，并以自己太皇太后的身份逼迫宋光宗赵惇立刻退位。

"皇子嘉王扩，一向仁慈孝顺，应立于储君，以安定人心。"

宋光宗赵惇一看太皇太后吴氏都已经出面了，自己也不好再说什么，于是立刻同意禅位于太子赵扩："历事岁久，念欲退闲。"

在举行葬礼时，赵汝愚、韩侂胄等官员在孝宗灵柩前拜倒，请求太皇太后吴氏宣读光宗禅位诏书。

于是，太皇太后吴氏便当众宣读道："皇帝心疾，未能执丧，曾有御笔，欲自退闲，皇子嘉王扩可即帝位。"

那一日，天有异象。

太子赵扩匆匆来到太皇太后吴氏所在的重华宫内拜见，发现宋光宗赵惇、韩侂胄、赵汝愚等大臣也在，顿感有事要发生。

赵汝愚作为宗室代表，当下便将宋光宗赵惇禅位的事说了出来。

太子赵扩顿时就傻了。

完全没有心理准备的他，一听宋光宗赵惇要禅位于自己，当下便连连推辞，道："这怎么能行，不是让我背负不孝的罪名吗？"

赵汝愚说道："作为太子应当随时做好接任帝位的准备，更应该以国家社稷为重；如今我朝面临着内外交困的局面，万一发生变故，叫北国金人乘虚而入，你我作为赵氏子孙如何面对九泉之下的列祖列宗？"

这句话的力度显然不够重，太子赵扩还是不肯继位。

正在两人僵持之际，太皇太后吴氏命一旁的韩侂胄拿出早已准备好的龙袍给太子赵扩穿上。

"拿龙袍来，给他穿上！"

太子赵扩急忙闪躲。

众大臣们见状纷纷上前拦住太子赵扩。

太子赵扩便绕着宫殿中的柱子与众人上演了一回"猫捉老鼠"，一边躲，一边对太皇太后吴氏哀求道："上告老祖宗，臣坐不得这皇位，万万坐不得啊！"

最后，经过众人一番苦口婆心的劝说，以及太皇太后吴氏威逼利诱后，太子赵扩才总算是顺从了，诚惶诚恐地穿上了专门为他量身定制的龙袍，并在韩侂胄等人的搀扶之下来到了朝堂之上，接受文武百官们三跪九叩的朝贺。

从此，太子赵扩正式登极称帝，史称宋宁宗。

宋宁宗即位之后，非常倚重有扶立之功的韩侂胄与赵汝愚，他任命宗室出身的赵汝愚为宰相，任命韩侂胄为观察使与枢密都承旨，又册封韩家出身的韩氏为皇后。

韩侂胄由此得势，在朝中势力不断扩大，逐渐威胁到了宗室出身的赵汝愚。

此时的韩侂胄野心勃勃，有着极强的权力欲，想借着自己对宋宁宗赵扩有扶立之功，获得节度使一职。

可也因为是这样，给了赵汝愚打压他最好的理由。"外戚不可言功"，他认为韩侂胄作为朝中大臣，自当忠于天子，心系社稷，扶立太子登极也是理所应当，不应该再奢求其他。

结果，韩侂胄想获节度使一职的愿望化作泡沫，韩侂胄大为恼火，由此韩、赵二人结怨。

韩侂胄作为外戚中的佼佼者，怎么可能让赵汝愚好过？

当时的韩侂胄虽然只是观察使，却同时兼着枢密都承旨，因此经常能接触到宋宁宗赵扩。宋宁宗赵扩对韩侂胄的信任也在这朝夕相处中不断增加，而对赵汝愚则逐渐疏远。

赵汝愚以丞相的身份执政，并且引用理学人士，推荐当时盛名的理学家朱熹为皇帝侍讲。

于是，朱熹便多次进言，认为韩侂胄有功可多加赏赐，但朝中大事决策却不必要让其参与。并多次与大臣黄度、彭龟年等人一起弹劾韩侂胄，架势咄咄逼人。

但欲速则不达，物极必反。这是千古不变的真理。

一次，黄度要再度弹劾韩侂胄，却因太过心急，在开始之前便走漏了风声，导致谋划迫害韩侂胄过程被对方得知，最后灰溜溜地被贬官，赶出了皇城。

而在此之后，朱熹等人也因为弹劾韩侂胄不成而被罢免。

一夜之间，敌手人数死伤过半，这对一直受到打压的韩侂胄来说简直就是因祸得福，咸鱼翻了身，无意间成了最终赢家。

在这期间，韩侂胄被加官晋爵，实力倍增，有了与宗室出身的赵汝愚一较高下的资本，因此也开始逐渐培养自己的派系。

南宋庆元元年、金朝明昌六年（1195）。

韩侂胄让指使右正言（宋代官位名称）李沐在上朝时进言，提出赵汝愚身为皇室宗亲担任丞相一职，此事不利于朝廷社稷的安稳。

此时的宋宁宗赵扩对韩侂胄以及韩侂胄一派的人十分信任，于是连考虑都没有多考虑一下，当场免去赵汝愚的丞相官职，让他到福州去做知州。

这决定一出，当场招来了赵汝愚一派官员的强烈反对。

太学生杨宏中、张衢、林仲麟等人纷纷提出了反对意见，要保住赵汝愚。

毕竟赵汝愚是他们几人的"领头大哥"，他们还指望跟着大哥一起再创辉煌，如果大哥被人赶跑了，那他们几个有可能连饭碗都保不住了。

但杨宏中、张衢、林仲麟等人没有看清楚当时的形势，韩侂胄之所以能站起来，完全是因为宋宁宗赵扩在背后为其撑腰。

毫无疑问，弹劾韩侂胄的几人都因此遭到处置。

从此之后，但凡是针对过韩侂胄的官员都相继获罪，朝中赵汝愚一派被彻底打垮。

同年十月，韩侂胄进拜保宁军承宣使、提举佑神观，从此扶摇直上，一人之上，万人之下，正式开启了他的权臣生涯。

不久之后，知阁门事刘弼向韩侂胄建议，要多安排韩侂胄一派的人进入御史台、谏院，掌控住朝中大臣们的言论，并且在宋宁宗赵扩面前大进谗言，添油加醋地疯狂诋毁赵汝愚。

而此时的赵汝愚则变得十分被动，几乎完全没有任何能力与之抗衡，更加无法阻止韩侂胄的实力膨胀。

那一时期，知阁门事刘弼因未能参与绍熙内禅，也对赵汝愚心怀不满，于是就借机向韩侂胄建议，安排韩侂胄的亲信进御史台及谏院，从而垄断了朝堂中的一切言论权。

第二年，赵汝愚被罢免相权，流放永州（今湖南省永州市零陵区），但不久后便死在了路途之中。

赵汝愚死后，韩侂胄很快接替了赵汝愚的宰相之位，从此大权独揽，专横跋扈，肆无忌惮。

很多忠良义士在这一时期都遭到了韩侂胄的迫害。

当然，韩侂胄还发起臭名昭著的"庆元党禁"，唆使宋宁宗赵扩将理学定为伪学，专门打击当朝名士，继而污蔑成歪门邪道，将朱熹、彭桂年、陈傅良、薛叔似等五十九人罢免获罪。

在稳固了自己在朝中的地位之后，韩侂胄还想立下流芳千古的功绩，于是就鼓动宋宁宗赵扩对金朝发动北伐之战。

韩侂胄说道："微臣认为，目前正是北伐的大好时机。"

宋宁宗赵扩说道："什么？北伐？"

韩侂胄说道："是，自上次隆兴北伐已过去了四十余年，在这期间，我朝养精蓄锐，国库充盈；而相反金朝那边则还因上次的侥幸胜利一直自负到现在，对我朝也早已放松了警惕，所以这时正是我朝北伐，乘机以定中原的最好时刻！"

宋宁宗赵扩一听这话，顿时来了精神，当下便接受了韩侂胄建议，并将北伐金朝的所有事宜全交由韩侂胄处理。

韩侂胄首先在准备舆论上做了一波造势，开始崇岳飞、贬秦桧，建议宁宗追封岳飞岳将军为鄂王，并削去秦桧死后所封的申王，改谥"谬丑"。

于是，宋宁宗赵扩下诏追究秦桧误国之罪："一日纵敌，遂贻数世之忧。"

这些措施均有力地打击了朝中那些主张与金朝讲和的大臣们，使主战派官员得到了很好的鼓舞，在民间也同样获得了百姓们的支持，举国上下一片叫好，信心满满。

宋宁宗赵扩见状，更是对北伐一事充满了信心与期待，于是立刻下诏对北朝金朝宣战。

战事刚开启的阶段，南宋军队雄赳赳、气昂昂，分三路大军，以犁庭扫穴之势收复了一些在金朝控制下的失地，如泗州（安徽省宿州市泗县）等地。

然而，这样的势头并没有维持多久就因战前的各种准备工作没有做足而减弱。

与此同时，金朝则因为提前得到了探子的情报，对南宋北伐之事了如指掌，提前做好了预防准备。

因而，等南宋军队这一波攻势一过，金朝的军队便开始了猛烈反击，使南宋军队完全招架不住，节节败退，由进攻转为防守，十分被动。

在金朝军队猛烈的攻击之下，南宋一方不仅没有占到半分便宜，反而使原本属于自己一方的真州（今江苏省扬州市仪征市）、扬州等地区相继被金朝军队占领。

福无双至，祸不单行。

韩侂胄作为此次北伐的策划者与总指挥，得知前线的南宋军队表现得如此差劲，差点没气得当场脑溢血。

这时，他想通过陕西河东招讨使兼四川宣抚副使的吴曦在四川地区战场上抵挡住南下的金朝军队。

要知道当时北伐还在做前期准备的时候，他就已经利用手中所掌握的权力让自己一派的吴曦坐上了陕西河东招抚使与四川宣抚副使的位子，为的就是在必要的时候，吴曦这枚棋子能派上用场。

可老奸巨猾的韩侂胄千算万算，都没算到的是，吴曦在刚上任仅仅一个多月便与自己的堂弟吴晛及徐景望、赵富、米修之、董镇等五人暗地里谋反，向金朝那边透露南宋这边的军事动向，还派门客姚淮源将关外阶、成、和、凤四州的地形、军情、守卫等情况统统绘成地图献给了金朝，使金朝一方对南宋军队的部署以及要塞的地形了如指掌。

吴曦向金朝开出的条件是，等事成之后，希望金朝能封自己一个蜀王做做。

这些情况，权相韩侂胄完全不知道，还专门用八百里加急给吴曦下达领兵作战，抵抗金朝军队的命令。

而吴曦便表面上接受了韩侂胄的命令，却迟迟按兵不动，背地里还帮着金朝派兵假意援助，实则围困南宋军队，导致延误了战机，南宋一方大败，死伤无数。

南宋开禧三年、金朝泰和七年（1207）三月，叛徒吴曦公然削发（改女真辫发）向金称臣，并且开始为自己修建行宫，称蜀王，置百官，请金朝军队入境。

四川地区军民在得知吴曦叛宋投金之后大为愤怒，纷纷展开了反抗与刺杀活动。

最终吴曦在当了四十一天蜀王之后被刺杀。

不久后，金朝军队分九路南下，接连攻下南宋境内的数座城池，来势汹汹。

眼看再这么打下去，南宋政权仅剩的半壁江山也快被女真人吞并了，宋宁宗赵扩再也坐不住了，赶紧叫韩侂胄停战，另一头又派人去与金朝谈判。

金朝开出了非常苛刻的条件，不仅要求南宋割地赔款，还要向金朝称臣。

这前两条算是之前就有过的老条件了，南宋也没什么特别的反应，可看到第三条时，就彻底绷不住了。

金朝要求南宋将这次北伐的主谋的头砍了，并交给金朝。

谁都知道，这次的北伐是韩侂胄提出，由宋宁宗赵扩点头同意的，可是除了宋宁宗赵扩之外，谁敢去砍韩侂胄头颅献给金朝？

韩侂胄本人得知此事后，更是大怒，便进宫见了宋宁宗赵扩，说服宋宁宗赵扩，再次开启北伐。

于是，这第二次北伐便在第一次北伐失败不久后拉开了帷幕。

这一次，韩侂胄起用主张北伐的辛弃疾，并任命其为枢密都承旨，令他速到临安（今浙江省杭州市）府赴任。

可不巧的是，此时的辛弃疾已经病卧在床许久，不能自理，只得上奏请辞。

同年的九月初十，辛弃疾病故。

而在此时，南宋朝廷中的主和派官员又因议和还是北伐的问题，明面上与主战派之间唇枪舌剑，争论不休，暗地里与宋宁宗赵扩的皇后杨氏密谋。

这皇后杨氏原名杨桂枝，严州遂安县（今浙江省杭州市淳安县）人，是齐王杨渐之女。

当初，杨桂枝刚被提升为贵妃之后不久，宋宁宗的皇后便不幸离世，众多后宫嫔妃中谁能替补这个万众瞩目的位子，成了一个问题。

为了能升任皇后一职，南宋后宫的三千佳丽自然也不会闲着，个个争奇斗艳，各显其能，将后宫戏展现得淋漓尽致。

按照常理来看，贵妃晋升为皇后是顺理成章的事情，但问题就出在几个贵妃都受到了宋宁宗赵扩的宠爱，宋宁宗赵扩该选谁做皇后呢？

正当宋宁宗赵扩为选皇后的事头疼之时，韩侂胄向宋宁宗赵扩进言道："女人有学识，通古博今，机智善言不是什么好事，这样的女人若做了皇后，日后必定会把持朝政，推用外戚，威胁江山社稷。"

宋宁宗赵扩反问道："那么你觉得朕应该选谁做皇后好呢？"

韩侂胄道："微臣认为，后宫之中能胜任皇后的唯有性格温顺的曹贵妃。"

宋宁宗赵扩微微摇了摇头说道："性格温顺只是做皇后众多标准中的一项，身为皇后更多的应该是有母仪天下与管理后宫的能力，而这些，曹贵妃都不具备。"一句话，便驳回了韩侂胄的建议。

而韩侂胄也没有再提，于是一切便就此过去。

但俗话说得好：世上没有不透风的墙。

很快，韩侂胄与宋宁宗赵扩的这番话便传到了杨桂枝的耳朵里。

杨桂枝既然能以平民出身的身份做到南宋皇帝的枕边人，自然也是有两把刷子的，因此这个仇她怎么可能不记下？

后来，杨桂枝虽如愿以偿被封为皇后，却因为这件事记恨上了韩侂胄。

到了如今这时候，韩侂胄主导的北伐失败，朝堂上的主和派大臣们都将矛头指向了他，恨不得将他除之而后快。

于是作为主和派中的代表性人物，史弥远就找到了同样对韩侂胄恨之入骨的皇后杨桂枝，与其一同策划陷害韩侂胄。

皇后杨桂枝一听要陷害韩侂胄，双眼立刻闪烁出邪魅的小光芒，但光是陷害岂能消除她心头之恨？

"陷害韩侂胄多没有意思。"

史弥远说道："那皇后您的意思是？"

皇后杨桂枝说道："一不做二不休，干脆将韩侂胄……"说到这里，她抬起了自己那春葱般的玉手做了个抹脖子的动作。

史弥远顿时明白皇后杨桂枝的意思，随后便指使自己手下中军统制、权管殿前司公事夏震等人在上朝前将韩侂胄引入玉津园，并将其杀死。

随后，史弥远等人将韩侂胄的首级秘密送往金朝，以"函首之耻"的代价来向金朝示好求和，随后才上报宋宁宗赵扩韩侂胄的死讯。

宋宁宗赵扩虽然对史弥远等人先斩后奏的行为非常气愤，但事已至此，人已死，再追究活人的罪也是无用，不如就借坡下驴，下诏历数韩侂胄之罪，做做样子，也好稳住金朝。

金朝对此十分满意，于是同意与南宋坐下来议和。

随着权臣韩侂胄的死，南宋准备第二次北伐的事便就此画上了句号。

韩侂胄通过宋宁宗赵扩排除异己，独揽大权；他通过政治斗争间接害死了赵汝愚，又通过党禁逼走朱熹等人，怂恿宋宁宗赵扩出兵北伐，全然不顾南宋内部军民安危与实际状况，这一系列的恶果事件都让他的名声遗臭万年。

说到底，韩侂胄就是太过于利欲熏心，对"权力"二字过于渴望，而且极度自我，最终导致自作自受的下场。

南宋嘉定元年、金朝泰和八年（1208），南宋派出史弥远与金朝签订和议，史称"嘉定和议"。

和议的主要内容包括以下内容：

1.南宋与金朝为日后"伯（金）侄（宋）之国"；

2.南宋之后给金朝岁币改为银三十万两、绢三十万匹，并另给军费银三百万两；

3. 南宋与金朝疆界的划定与绍兴时相同（金放弃新占领的大散关、濠州等地）。

四、奸臣当道——史弥远

说起南宋的奸臣，很多人很快就会从脑海中蹦出秦桧、贾似道、韩侂胄、史弥远这四个臭名昭著的人物。

像秦桧这样陷害忠良，卖国求荣的"头号"汉奸自然不必多言。

韩侂胄则通过控制宋宁宗赵扩，独揽大权，飞扬跋扈，以政治斗争的手段使竞争对手赵汝愚下台，将其逼死，后又实行党禁，逼走朱熹等人，不顾实际情况，鼓动宋宁宗赵扩向金朝出兵北伐，这一系列的错误操作，让他的后世名声跌入谷底，被划入了奸臣的行列。

至于贾似道，由于按照时间顺序的缘故，目前还没有轮到他出场，因此暂且放下不表。

而史弥远与韩侂胄一样，太过于利欲熏心，贪恋权力，甚至比起韩侂胄更加不择手段，唯利是图，为后人所不齿。

韩侂胄集团因韩侂胄本人的死而瓦解。

在此之后，朝中主和派官员一夜便成为南宋朝廷中的主要力量，而史弥远本人更是成了韩侂胄之后宋宁宗赵扩最倚重的大臣。

嘉定元年、金朝泰和八年（1208），史弥远已经完全取代韩侂胄，升职为吏部尚书，兼参知政事、右丞相，掌控住了朝中的大权，从此享受着一人之下，万人之上的至高权力。

在此期间，他还在皇后杨桂枝的支持下，大肆在朝中安排自己一派的官员，排除异己，并在此期间，恢复了秦桧的申王爵位及忠献谥号，积极奉行降金乞和政策。

他当政的数年间，南宋朝政乌烟瘴气，混乱不堪。

这个阶段他与皇后杨桂枝的配合可谓是天衣无缝、最佳拍档，两个人一个在外把持朝政，另一个则在内把持后宫，完全将宋宁宗赵扩架空，将皇帝玩弄于股掌之中，使之逐渐成为名副其实的傀儡皇帝，完全没有自行思考的能力。

没有了韩侂胄这样的劲敌，史弥远在这个阶段就像是开了挂一般，先后运用手中权力以及皇后杨桂枝的撑腰，除去了自己的政敌参知政事卫泾等人，让自己离"权倾朝野"这四个字，更近了一步。

可是，人算不如天算，老天不会允许一个人一直嚣张跋扈地活着。

就在史弥远当上右丞相仅半个多月，他的老母亲就去世了，按照当时的制度，史弥远应该立刻向宋宁宗赵扩请辞丞相一职，火速回老家，为母亲送葬守孝，以此来向公众展示自己孝子贤孙的形象。

倘若这样的话，在他史弥远离开朝廷回老家的这段时间里，他这一派的官员就没有了能镇住局面的人了，而之前的那些政敌也绝对会趁着这个空当来攻击自己一派的官员，甚至会威胁到自己在朝中的独揽地位，所以他绝不能给对手这个机会。

因此，史弥远在离开之前，做了充分的准备工作。

首先，他拉拢御史中丞与自己一伙，将与自己同级别但不同阵营的另一位丞相钱象祖弹劾排挤下台。

要知道，这钱象祖当初在谋害韩侂胄时是与史弥远站一队的，并起到了重要作用，但在那之后的权力重新分配中，他与史弥远之间逐渐分化，走向了对立。

也因为如此，史、钱二人自韩侂胄又演化成新的两大对立阵营，互相较劲儿，明争暗斗。

只是，钱象祖怎么也想不到，自己努力了半天，最终还是输给了史弥远，被罢免赶出了朝堂。

钱象祖被罢免之后，其阵营也自然而然地被彻底瓦解，如此一来，朝堂之上再也没有人或团体能与史弥远一派抗衡，而史弥远也就没有了后顾之忧，可以安心地回老家为母亲披麻戴孝，做个大孝子了。

但像他这样对权力嫉妒贪恋的人，早已习惯了被人众星捧月、万众瞩目，又怎么可能忍受得住寂寞呢？

在处理完母亲的后事之后，史弥远一点儿也不耽误工夫，于第二年的五月，回朝复丞相位。

而此时，整个南宋朝廷，连带着宋宁宗赵扩在内都已在他的掌控之中，而他也就是从这时开始真正踏上了权力的巅峰，开启了自己二十多年独相专权的时代。

历史数千年以来的经验告诉我们，天下如果被有德有志的人掌控必定会迎来盛世，但若是不幸落入了卑鄙小人之手，最后的结果必将是掌权末日，黎民百姓们的悲哀。

可惜的是，史弥远并不属于前者。

在他把持朝政的那段岁月中，他为了一己私利所使用的各种卑鄙手段，实在可以用"前无古人，后无来者"八个字来形容。

从这些表现也可以看出，史弥远此人的能力绝非一般人所能比拟，若他是个忠臣良将，或许还能挽救摇摇欲坠的南宋政权，可惜他并不是，所以南宋政权落到了他的手里也必将会加速灭亡的步伐。

重新回到朝廷之后，史弥远时刻提防着旁人威胁自己的地位，因此大肆拉拢官员，培养自己的阵营。

由于他上台后，实行了一系列毫无底线的舔金政策，使得自己的形象在南宋军民中一路下跌，尤其是遭到了当时著名理学家真德秀、魏了翁等人的抵制与咒骂。

为了挽回自己的形象，树立新人设，他接受了理学人士刘爚的建议"荐引诸贤"，开始着手为当年被韩侂胄时期实行的"党禁"打压的人员平冤昭雪，不仅表彰了朱熹，还先后恢复了吕祖谦等人的官职，并且同时起用了真德秀、魏了翁、杨简、李心传等诸多理学人士，并在随后的几年中对本不符合赐谥条件的理学家朱熹、周敦颐、程颢、程颐、张载，分别特赐谥号为文、元、纯、正、明。史弥远为了争取理学人士的拥戴，不断提高理学派的地位。

这一时期，在史弥远的精彩表演下，成功使得南宋朝野上下的风气焕然一新，众人似乎又看到了扭转颓败局势的希望，殊不知这一切都是假象，是史弥远个人为了追求权力，迷惑众人所施展的障眼法罢了。

事实证明，史弥远利用这些迷惑人心的障眼法的确达到了他所想要的效果。

他独揽大权数年，比当年韩侂胄时期有过之而无不及。

在他的一步步蚕食之下，相权的影响力逐渐超过了皇权。

他将提拔、任命官员的权力牢牢掌控在自己手中，这样所造成的后果就是，但凡想要升官发财的人就必须想尽各种办法讨好、巴结他史弥远，只要他开心舒服了，一切都不是问题。

除了这些卑鄙的事之外，史弥远还精心培养了一群鹰犬，专门在暗地里为他除去那些与他对立，或想杀他的人，尤其是对那些反对他的有识之士，更是被他派出的鹰犬一个个除之而后快。

在这样的氛围之下，在他掌权的中后期，南宋朝堂内文武百官都已成了他的人，每个人都对他百依百顺，而真正的天子宋宁宗赵扩则成了摆设，没有任何实质性的管理权和掌控权。

而在朝堂之外，早已有人对他这种做法表示了强烈不满，有些能人异士甚至还多次组织了对他的刺杀行动，虽然这些行动最终都未能成功，但足以证明当时的民众已经对史弥远恨之入骨。

当然，史弥远在担任宰相期间，做过的龌龊事件绝不仅有这些。

就在韩侂胄死后不久，宋宁宗赵扩便着手挑选自己皇位的继承者。

但可惜的是，宋宁宗赵扩自己的几个儿子，都在未成年时就相继离奇地夭折了。

万般无奈之下，宋宁宗赵扩只能从自己众多兄弟家中挑选一位品学兼优的侄子作为自己的接班人。

经过一轮又一轮的海选之后，宋太祖赵匡胤十世孙、燕懿王赵德昭九世孙赵询终于脱颖而出，成为储君的继承者，被宋宁宗赵扩收为养子。

于是，早在南宋嘉泰二年、金朝泰和二年（1202），宋宁宗赵扩便将还未成年的赵询封为卫国公，随后又将其立封为皇子，封荣王，次年又再次将其提封为皇太子。

但也许是从小被收养在皇宫之中的缘故，赵询很小的时候就懂得了"审时度势"这四个字的含义。

于是在杨桂枝被宋宁宗赵扩封为皇后之后，他就一直与皇后杨桂枝、史弥远等人关系处得不错。

恰好皇后杨桂枝膝下无子，见年纪小小的赵询乖巧伶俐，十分讨人喜欢，也是为自己日后在宫中养老继续享受荣华富贵做打算，于是就将赵询当作自己亲生儿子般疼爱抚养。

而史弥远则为了日后能够将权力继续把控在自己手中，需要培养一个傀儡皇帝，于是瞅准了时机，摇身一变，成了赵询的老师，对其进行潜移默化的引导。

但令人万万没想到的是，这赵氏的子孙后代就像是被人诅咒过一样，一个个命都不长。

这赵询虽比宋宁宗赵扩那些亲生儿子命要硬些，活过了成年，最终还是未能逃过早亡的诅咒，活到了二十八岁就不幸去世了。

如此一来，宋宁宗赵扩又不得不白发人送黑发人，为皇位继承的大事再次举办海选大赛，从宗室的侄子们中间重新挑选自己皇位的继承者。

南宋嘉定十四年、金朝兴定五年（1221），宋宁宗赵扩选定了沂靖惠王赵抦的儿子，赐名竑，授宁武军节度使，封祁国公，第二年的时候，又加封其为检校少保，封济国公。

如此一来，赵竑便成了皇位的下一任继承者。

但这赵竑显然也没有做皇帝的命。

赵竑虽有宏图大志，正义感爆棚，却是个丝毫没有城府与心机的愣头儿青。

为什么这么说呢？

因为赵竑对奸相史弥远与皇后杨桂枝两人里应外合，把持朝政，架空宋宁宗赵扩的嚣张做法一直痛心疾首，还曾经不止一次地扬言，自己登极上位之后，办的第一件事就是除掉奸相史弥远与皇后杨桂枝。

可史弥远那是什么样的人？那可是南宋历史上有名的大奸臣，号称"秦桧二号"，怎么可能如此轻易被一个乳臭未干的愣头儿青拿捏？

史弥远早就派出了自己精心培养多年的女间谍假扮成美丽动人的舞姬，长期潜伏在赵竑身边。

因此，赵竑口不择言的那些狂言妄语，早就被这个女间谍秘密地转述给了史弥远。

史弥远一开始不动声色，在背地里暗暗等待时机，四处搜集赵竑的不足与缺点，并在宋宁宗面前常常说起赵竑各种不是。

这一时期的宋宁宗赵扩身体已经不行了，成了常年卧床不起的病秧子，一听到史弥远说赵竑的这些坏话，更是气得血压飙升，最终喷出一口血，当场驾鹤西去。

按照常理，宋宁宗赵扩去世之后，赵竑就应该顺理成章地登极坐殿，成为南宋的新一任皇帝，但是史弥远与皇后杨桂枝岂能让他如愿？

早在宋宁宗赵扩病入膏肓，不能上朝听政的时候，两人就已经开始为换太子的事密谋了。

两人一致觉得绝不能在宋宁宗赵扩这一脉的宗亲中寻觅，以免皇权坐大不好控制，要找就得从宋宁宗赵扩的远房堂兄弟家中进行筛选。

于是，两人将目光最终锁定在了宋太祖赵匡胤十世孙、赵德昭九世孙赵与莒，也就是后来的宋理宗身上。

赵与莒（后改名赵贵诚），出生于绍兴府山阴县虹桥家中。

原本，赵氏一族，发展到赵与莒父亲赵希瓐这一代时已经与皇亲血缘十分疏远了，而且赵希瓐生前也没有任何爵位，只是山阴县当地的一个小小官吏，在生活起居方面已经几乎与平民百姓没有任何区别了。

赵与莒七八岁的时候，父亲赵希瓐就已经去世了，所以从那之后赵与莒与弟弟赵与芮就被母亲带回了娘家生活，居住在母亲当保长的兄弟家，直到赵与莒十六岁。

但这一点恰恰成了史弥远与皇后杨桂枝选中赵与莒的原因之一，因为其好掌控。

史弥远派人将赵与莒、赵与芮兄弟两个带到自己府上进行亲自面试，经过一番详细盘问得知兄弟二人的确为太祖赵匡胤十世孙、赵德昭九世孙，而且两人举止及谈吐也非常得体，只要再加以培养，必定是继承皇位的最佳人选。

可是，兄弟两个不可能都做皇帝，总得选出一个作为将来换掉赵竑的替代品。

史弥远将这最后的选择权交给了皇后杨桂枝。

皇后杨桂枝最终认为兄长赵与莒更加符合自己的预期，最后便命史弥远将其带回去秘密进行调教，做好当储君的准备。

史弥远自然不会对这种事掉以轻心，转头就安排自己的亲信对赵与莒进行精心调教培养，并且不止一次地在宋宁宗赵扩面前建议废除赵竑，改立赵与莒为储君。

那时期的宋宁宗赵扩，已病得很重，神志时而清醒时而糊涂，加之当时史弥远三天两头在他耳边唠叨，时间一长，他自己心中也觉得赵竑有很多问题，也许并不是继承皇位的最佳人选。

但具体赵与莒是个怎样的人？究竟是不是太祖赵匡胤十世孙，赵德昭九世孙？这些问题宋宁宗赵扩都需要当面询问赵与莒一番才行。

于是，宋宁宗赵扩便让史弥远将那位从未谋面的远房侄子带进宫。

次日，史弥远怕走漏风声让赵竑知道，便秘密将赵与莒乔装改扮后带入宫中面见宋宁宗赵扩。

经过了一番刨根问底后，宋宁宗赵扩终于确定了赵与莒确实为太祖赵匡胤十世孙，赵德昭九世孙。

但直到这个时候，宋宁宗赵扩依然没有明确表示出要废掉赵竑的意思，只是先将赵与莒的名字中的"与莒"二字改为了"贵诚"，让其继承沂王的王位。

可从此之后，史弥远就仿佛是得到了宋宁宗赵扩的默许似的，开始暗地里对赵与莒进行做皇帝前的业务培训工作。

南宋嘉定十六年、金朝元光二年（1223），史弥远与当时还是九品小官的国子学录郑清之两人合谋，让郑清之做赵与莒的老师，对其进行岗前的业务培训。

同年闰八月，在宋宁宗赵扩驾崩之后，史弥远与皇后杨桂枝第一时间召赵与莒进宫，在宋宁宗灵柩前继皇位，并由皇后杨桂枝垂帘一同听政。

南宋嘉定十七年、金正大元年（1224），宋宁宗赵扩驾崩归西的这一日，史弥远让郑清之去见赵与莒，打听他对登极坐殿的看法。

虽然这一切史弥远与皇后杨桂枝早已策划好了，但如果最后在赵与莒这环节上出了差错，那就功亏一篑了，因此为了确保万无一失，史弥远必须得确定在关键时刻赵与莒不会掉链子。

谁料到，面对郑清之明里暗里的双重试探，赵与莒始终保持沉默，一言不发。

这一下可把郑清之给急坏了，事态紧急，如果得不到赵与莒的明确答复，他回去如何向史弥远交差？

"你倒是给句痛快话行不行？我嘴皮子都快磨破了，得不到你的回答，叫我回去怎么向丞相大人说？"

只见赵与莒盯着他，终于缓缓地说出了几个字："绍兴老母尚在。"

郑清之一开始没明白赵与莒的意思，因为这几个字和他自己之前长篇大论来试探赵与莒是否想做皇帝的事完全是驴唇不对马嘴，风马牛不相及。

但片刻之后，他突然反应了过来，用惊异的目光盯着赵与莒，心想："真是看不出来，原来你这小子藏得深啊！"

乍一听这话，与郑清之先前所说的内容毫无关联，但仔细一琢磨才能发现这其实是一句一语双关的答案，既表达了自己同意称帝，又道出了摆在面前的难处。

于是郑清之扭头就回去见了史弥远，并将赵与莒的原话，一字不漏地转述给了史弥远。

史弥远感慨道："他年纪虽轻，却是个心机颇深之人啊！"

与这些心机深的人合作的结果必将是把双刃剑。

从不好的一面看，看似你在利用对方，实则却在被对方利用着，等到时机成熟，对方随时可以将你踹了单干；从好的一面看，你俩从一开始思想就是一致的，可以相互配合，风险共担，一荣俱荣。

但事到如今，史弥远也没有别的选择了，于是当下便立刻安排一切，准备让赵与莒登极。

而另一头，正等着继承皇位的赵竑听到先皇驾崩的消息后，也立刻放下手边的事，带着随从急忙赶到宫内。

他原本以为自己只要一去这皇位必定就是自己的了，谁知根本就不是这么回事。

当他来到皇宫时，每过一座宫门，禁卫兵就会拦拒他的侍从，等到了停放先皇灵柩的宫殿时，他身旁已无旁人。

史弥远将他引到灵柩前，行哀礼已毕，引出灵帷，之后立刻由殿前武士夏震将其安排排列位置。

这夏震自然也是史弥远的人。

不久后，百官已礼毕，每个人都被安排按照以往上朝时的班次排列，等候听遗诏。

这时，赵竑已感觉出不对，自己为何还要被安排按旧班次排列？

"今日这种场合，我怎么还要按照旧班次排列？"

夏震故意骗他道："现在还没有宣读先皇遗诏，等宣读之后，自然会重新排列。"

赵竑一听夏震说得在理，于是也没多想，继续等待。

可接下来的一幕，却出乎他的意料。

只见一个素未谋面的人穿着龙袍，坐在金銮殿那本该属于自己的龙椅上。

等到开始宣读遗诏，满朝文武百官纷纷向这人朝拜，山呼万岁之时，赵竑就彻底傻了。

此时，在赵竑脑海中只有以下几个问题：

——这陌生人是谁？从哪里冒出来的？

——他为什么会穿着龙袍？为什么会坐在龙椅上接受百官的朝拜？

——我是皇位的继承者才对呀！

"赵竑，见到新皇你为何不下跪朝拜？"人群之中忽然听见史弥远大喝一声。

"这人是谁？为何如此大胆敢穿着龙袍，坐在龙椅之上？我赵竑才应该是皇位的合法继承人！"

赵竑指着龙椅上的赵与莒，精神病一般地嘶吼着，说什么也不肯跪拜赵与莒。

已经是皇太后的杨桂枝说道："这位是太祖皇帝的十世孙，武功郡王赵德昭的九世孙赵与莒，是先皇指定的皇位继承者。"

赵竑继续大吼道："不可能，绝对不可能！没有先皇的遗诏，他就是乱臣贼子！"

话音刚落，只见皇太后杨桂枝便拿出了一份遗诏，道："这便是先皇宁宗的遗诏。"接着，便当着文武百官的面念了起来。

这份宋宁宗赵扩的遗诏自然不会是真的，而是史弥远与皇太后杨桂枝两人合谋伪造的遗诏，目的就是为了让赵与莒登极。

在世界历史舞台上，古今中外，有很多个王朝或国家的皇子皇孙们都曾为了争夺皇位而上演过"狸猫换太子"的戏法，但无论哪朝哪代，换太子的奇葩程度相信都比不过史弥远与皇太后杨桂枝上演的这一幕。

赵竑差一点儿就被这俩人当场气死过去。

他发疯般地在灵堂中大喊大叫，就是不肯下拜赵与莒。

赵与莒也十分尴尬，但既然已经坐上了这皇位，他就应当承受得起这皇冠的重量，更应该有皇帝的威严，否则日后如何服众？

于是，赵与莒以南宋新皇帝的身份命殿前武士将赵竑强行按倒在地向自己跪拜。

众文武百官自然明白这是怎么回事，但做戏要做全套，史弥远为了让赵与莒的登极显得更具有合法性，便当众宣称道："先皇在驾崩之前就已经重新选定贵诚为皇子，改赐名昀。但当时由于先皇的身体已病入膏肓，整日卧床不起，因此才没有对外宣布此事。"

从此，宋太祖长子燕王赵德昭的后裔赵与莒便取代了秦王赵德芳后裔，成为南宋的皇帝，这就是宋朝历史上的第十四位皇帝，南宋的第五位皇帝，宋理宗赵昀。

而赵竑就没那么幸运了。

虽然在皇位被赵与莒夺去之后，他也得到皇后杨桂枝封的开府仪同三司与济阳郡王两个称号，还同时被新登极的宋理宗赵昀封了少保，晋封为济王，但明白人都看得清楚，这一系列的操作就预示着赵竑不仅已被踢出了皇位，还同时被赶出了京城。

根据《宋史·卷二百四十六·列传第五》记载，同年的九月丁丑日，赵竑被任命为醴泉观使，出居湖州（今浙江省湖州市境内），到任后赐予他宅邸。

此后，赵竑的命运便以惊人的速度，迅速跌入谷底。

南宋宝庆元年、金朝正大二年（1225）正月庚午日。

一个叫作潘壬的湖州当地的将领与自己的弟弟潘丙以及一众湖州当地举足轻重的人一同找到赵竑，打算反对史弥远等人的专权，拥立赵竑为帝。

这潘壬一直以来对奸相史弥远非常不满，尤其是对史弥远自废济王、拥立理宗之事恨之入骨。

赵竑一听要造反立刻吓得抖若筛糠，躲起来不敢见二人。

他虽然痛恨史弥远等人，可自己毕竟也是赵氏子孙，如果跟着潘壬、潘丙两兄弟一起造反，那不等于是自己反自己吗？如此丧尽天良、大逆不道之事，他可做不出来。

但潘壬、潘丙已下定决心，怎可能如此轻易作罢？

两人费了一番功夫，将赵竑从水坊中找出来，将早已准备好的龙袍强行穿在赵竑身上，并再三劝说道："这天下本来就应该是您的，现在被史弥远这老奸巨猾的贼人窃取，您心里难道能安心？想当年太祖皇帝陈桥兵变，黄袍加身，得取天下，今日您也上演一回黄袍加身。"

赵竑见拗不过两人，便道："我与你们一同起义可以，但你们能向我保证，事成之后不伤害皇太后与皇上吗？"

众人一见赵竑同意起义，于是纷纷答应。

接着，一帮人便打开了军资库的金帛和纸币犒劳军队，接着又当场依次任命众多官员，并打着当时名声在外的著名造反头目李全的名号开始招兵买马，准备造反起义。

这潘壬、潘丙两兄弟此前早已秘密联系了远在山东的"忠义军"首领李全，商议到时一起起义。

谁知，那李全为人极度狡猾，表面上满口答应潘壬、潘丙两兄弟一同造反，实则却按兵不动，隔岸观火。

潘壬、潘丙两兄弟与湖州一帮自认为的正义之士，为了招兵买马，可谓是大费周章，四处奔波，弄了老半天才总算凑了点像样的人，便急忙大肆宣扬手里有二十万精兵强将，可水陆进讨，直捣黄龙。

可等到真要起兵的那一天，赵竑到了现场阅兵一看，差点没当场晕死过去。

眼前这对外号称二十万的精兵强将，实际上只不过是一群只有百余人的普通渔民和巡尉兵卒，这样的队伍如何能与朝廷的正规军对抗？

赵竑心知要靠这群人起义，结果只能是失败，于是便谎称自己身体不适先行回去休息，转头便以王爷的身份率领州兵讨伐潘壬、潘丙及众人，还命人去京城将湖州潘氏兄弟造反之事告诉了史弥远。

史弥远听到消息后，立刻命令殿司将彭壬前去讨伐反叛军，等彭壬带领着兵马日夜兼程赶到湖州时，事态却早已平息，潘丙被杀。潘壬脱逃至楚州（今江苏省淮安市境内）被捕，杀于临安（今浙江省杭州市临安区）。

虽然事态平息，没有造成很大的影响，可史弥远却没有要放过赵竑这个眼中钉的意思。

本来他就在一直找机会要将赵竑除掉，只是眼前杂事太多，一直没有腾出空来，也没有机会，现在赵竑自己跳出来了，他又怎能轻易放过呢？

于是，史弥远便派自己的门客余天锡招来医生去湖州给赵竑治病，实则是要赵竑的命。

该年的正月丙戌日，余天锡见到赵竑，当面宣谕圣旨，逼赵竑在湖州的家中上吊自杀。

自赵竑死后，史弥远没有了后顾之忧，从此与皇太后杨桂枝二人一内一外把持着朝堂与后宫。

史弥远心里清楚，这宋理宗赵昀毕竟是他与皇太后杨桂枝两人设计以"狸猫换太子"的把戏送上龙椅的，虽然没人敢当面指责，但肯定会有人在心里不服，说他们这是"名不正，言不顺"，因此他一定要借着除掉赵竑这个机会来向那些还在暗地里反对他的人示威。

当然，从严谨的角度来说，这宋理宗赵昀自然也是宋朝赵氏一族的后代，体内同样流淌着皇室血脉，由他继承皇位自然也是合情合理的事。

但问题就在于，从燕王德昭开始，一晃已两百余年过去了，燕王德昭这一支早已没落为市井平民，早已经没有了皇族的身份，赵与莒的父亲生前也只不过是一个小县城中的官吏，早已对自己身上的那点贵族血脉看得很淡了，若不是被奸相史弥远发现了赵与莒兄弟俩，可能赵与莒的后半生都要在平淡中度过。

而在这一系列的计划中，从表面上看都是史弥远与皇太后杨桂枝珠联璧合的结果，赵与莒只不过是被两人摆布的提线木偶罢了。

若真这么去想就过于片面了，没有看透其本质。

因为，赵与莒本人也是决定整个"狸猫换太子"事件能否成功的关键因素。

俗话说：不想当将军的士兵不是好士兵。

这句话用在赵与莒身上也同样适用。

虽然，从燕王德昭到宋理宗赵昀这一代已经过去了两百余年，宋理宗赵昀也早已没落为平民，但血液中依旧流淌着赵氏皇室的血液，每年初一十五跪拜的也同样是赵家先祖，因此怎会真的甘愿沦为平民？

或许，曾几何时，宋理宗赵昀一家在回想自己先祖的荣光时刻时，也势必会对家族后来的没落而感到惋惜。

"如果当年是我们这一支的老祖先继承了天下，那么或许今时今日穿龙袍、坐在金銮殿上的就是我们家的人了。"

只是，人生变幻莫测，谁又能想到，曾经这样不切实际的痴心妄想，有一天真的会变成现实？

中国古代历朝历代的史学家，以及民间的能人异士们纷纷绞尽脑汁，挖空心思为当时的皇帝编造出一个不同寻常的降世过程，宋理宗赵昀自然也不例外。

据《宋史·卷四十一·本纪第四十一》记载，在宋理宗赵昀出生的前一天晚上，他的母亲梦见一个戴紫衣金帽之人忽然出现，并且十分彬彬有礼地对着自己拱手行礼。

等到他的母亲醒来时才意识到，方才只是南柯一梦，根本没有什么戴紫衣金帽之人的存在。

可也就在此时，他母亲却忽然看见屋子里到处都是五彩绚烂的光芒，赤光照天，如日正中。

等到宋理宗赵昀出生的第三天，家人在屋中忽然听见外面有"哒哒哒"的马车声从远及近。

当时，家人感到十分奇怪，自己一家如今已是平民，早已没有了什么富贵的朋友亲人，怎么会有人乘坐着马车来家里呢？当下便放下手边的活，出门去看看究竟是谁，可到了门外之后却什么也没看见，于是便回了屋子。

但也就在这时，家人发现，正在熟睡的宋理宗赵昀，身上居然出现了龙鳞。

宋理宗赵昀上台之后，一直秉持着"识时务者为俊杰"的态度，对史弥远与皇太后杨桂枝两人也是彬彬有礼，言听计从，从来没有违背过两人的意思，从而使得自己这个皇帝虽然在外人看来当得十分屈辱，但他自己却一点儿也不觉得难为情，整天什么事都不用管，所有的事情都交由史弥远去处理，主打一个逍遥自在。

而史弥远对宋理宗赵昀这个傀儡皇帝却不是完全放心。

毕竟，人活着都是要有目的的，尤其是像宋理宗赵昀这样从平民跃升成为皇帝的人。

所以，史弥远总是担心宋理宗赵昀有一天会脱离自己的掌控，暗中派人除掉自己。

因此，他不止一次地试探过宋理宗赵昀。

其中有一回，史弥远与宋理宗赵昀私下里一起喝酒。

酒过三巡、菜过五味，史弥远忽然放下酒杯，试探地问宋理宗赵昀道：“最近朝中弹劾老臣的人很多，也许是老臣在这丞相的位置上待得太久了，因此招来了不少人的嫉妒，唉，皇上，你可不要轻易相信小人的谗言佞语啊！”

宋理宗赵昀盯着史弥远的双眼看了一会儿，忽然缓缓地笑道：“爱卿，你还记得当年章圣帝时旧京城闹蝗灾的事吗？”（章圣帝即宋真宗赵恒。）

他不等史弥远开口，接着说道：“幸好当时，这灾乱没有扩散到江南，否则哪会有今日朕的安定，你说是不是？”

这句话听起来与史弥远所说的毫无关联，驴唇不对马嘴，但实际上却是暗有所指，一语双关。

真正有智慧的人都很喜欢用一语双关的语句来与人交流。

先前宋宁宗赵扩驾崩之时，史弥远就曾派郑清之打探过他的心意，看他是否愿意登极称帝，当时宋理宗赵昀的回答用的也是一语双关。

而此刻，他借用“蝗虫”来暗示自己与史弥远是一条绳子上的两条虫，一荣俱荣、一损俱损，否定史弥远就等于否定他自己，从而给史弥远吃了一颗定心丸。

史弥远何等老奸巨猾，瞬间明白了他的意思，于是两人相视而笑。

聪明人与聪明人之间向来不用多言。

南宋绍定六年、金朝天兴二年（1233）十月，史弥远病重。

此时的他已经知道自己时日不多，得赶紧安排好一切。

他可不想看着自己辛苦多年构建的权力中心在自己故去之后被人瓦解，于是提拔自己的心腹郑清之为右丞相，准备让其日后代替自己统领大局。

安排好了一切之后，史弥远便向宋理宗赵昀奏请卸任丞相职务。

宋理宗赵昀封他为两镇节度使及会稽郡王，让其领退休金，光荣退休回家养老。

也是从史弥远退休回家养老放权的这一天起，宋理宗赵昀开始亲政。

数日之后的某天清晨，史弥远在家中去世，结束了自己独揽大权、把持朝政二十多年、罪恶至极的一生。

宋理宗赵昀追封他为卫王，谥忠献。

第三章　蒙宋联合，金朝灭亡

一、金章宗好色误国，蒙古铁骑呼啸南下

在封建王朝时代，人们会将天灾看作一个朝代衰落的不祥之兆。

而一到这种时候，聪明的统治者为了笼络人心，避免事态太严重，激发百姓揭竿而起，往往都会对外颁布"罪己诏"，以此来表达自己的悔过之心。

中国古代历史上从西汉时期的汉武帝到清朝的光绪皇帝，曾有多位皇帝颁布过罪己诏书，这里面既有逼迫无奈的，也有真是认识到自己的错误而颁发的。

西汉征和四年（前89），由于社会阶级矛盾尖锐，朝廷连年征战，经济衰败，国家财政出现了严重危机，各地爆发了农民起义，尤其是在西域地区，李广利西征失利，加上西域诸邦国叛汉，使得汉朝在西域的影响力受到严重威胁，基于以上原因，汉武帝颁布了《轮台罪己诏》，公开检讨自己的过失，并调整了国家政策，与民休息。

唐代元和三年（808），由于持续的大旱，粮食紧缺，商人乘机抬高物价，导致百姓的生活苦不堪言，唐宪宗认为是自己不施仁政触怒了天神，就下令罪己祈雨，没想到不久后果然天降甘霖，算是解除了危机。

到了北宋徽宗时期，由于北方劲敌女真人的入侵，徽宗皇帝赵佶前后一共颁布过两次罪己诏，第一次是在宣和七年（1125），当时刚刚建立了金朝的女真人在推翻了契丹人的统治之后，扭头就开始攻打北宋，使得北宋自上而下一片惊恐。

宋徽宗为了稳定民心和推卸责任，不得已便颁布了稳定人心的罪己诏。他在诏书中承认了自己的错误，并宣布将采取一系列改革措施，但实际上这些措施并没有得到有效实施。

第二次则是在靖康二年（1127）。当时金朝人攻陷了东京汴梁（今河南省开封市境内），宋徽宗赵佶看到大势已去，为了不被后世人骂自己是亡国之君，因此被迫退位，成为太上皇。他在诏书中再次承认了自己的错误，并表达了对百姓的愧疚之情。

但是，这样的做法并没有改变北宋灭亡的命运，他本人也在金朝军队的押送之下，被掳往北方塞北苦寒之地，最终死于金朝。

时间一晃，便过去了几十年。

宋政权以赵构为核心，彻底放弃了中原，衣冠南渡，一溜烟跑到了长江以南继续搞内斗，自我消耗去了。

与此同时，北方金朝到了金章宗完颜璟的执政后期也进入了由盛转衰的特殊时刻。

那几年，先是朝廷内部外戚干政，后又遭遇了官僚腐败，更令人恐慌不安的是，中原地区水旱蝗灾频频发生，而黄河三次大决堤直接导致河水泛滥，致使山东、河北、河南等地的道路以及大部分农田都被淹没，使得当地百姓生活苦不堪言，被迫流离失所。

这样的结果导致底层民众失去了收入，整个社会的气象变得很低沉，这些都使得金朝内部整体经济从最高峰迅速滑落，一蹶不振。

虽然金章宗完颜璟自小熟读汉家经典，尊崇孔孟，但即使如此，金章宗完颜璟并没有像之前的君主那样颁布罪己诏，来向民众表达自己的忏悔之心，也没有任何补救措施，而是依旧故我。

究其原因就在于，金章宗完颜璟本人上台之后，虽然一直励精图治、治国有方，却不善于识人用人，最终导致了悲剧的发生，误国误民。

据《金史·后妃列传二》记载，金章宗完颜璟有个宠妃名叫李师儿，李师儿是金朝渥城（今河北省保定市安新县安新镇）人。

李师儿出身卑贱，家族被定罪，所以早年的她没入宫籍监，一直到了金朝大定末年，才以监户女子的身份入宫。

入宫之后，李师儿和其他宫女一同在宫教处由张健教授学习，但是因为当时金朝宫中的规定，宫教教书时需与宫女之间隔上纱帐，因此师生之间沟通时互相是见不到面的。

在众多宫女之中，李师儿的悟性最好，声音也清脆明亮，因此宫教张健对她的声音印象最深。

有一日，金章宗完颜璟问宫教张健新进宫的女子中哪一个最聪明伶俐，张健回答道：“声音清亮的那个女子最聪明。”

金章宗完颜璟听后便派宦官梁道前去查看。

不久，宦官梁道回来禀报，称赞李师儿聪明伶俐，才貌双全，劝金章宗完颜璟纳入后宫。

李师儿不但人长得美丽动人，而且善于察言观色，非常符合金章宗完颜璟的心意，由此金章宗便对李师儿宠爱有加，还封其为淑妃。

如此一来，李师儿便算是飞上了枝头，从丑小鸭一跃变成了白天鹅，全家人也一起跟着鸡犬升天。

李师儿有个哥哥，名为李喜儿，曾是一个强盗，杀人越货，无恶不作，可自从李师儿成为金章宗完颜璟的枕边人之后，这李喜儿也因为妹妹李师儿的关系被金章宗完颜璟封为了宣徽使，从此成了皇帝的大舅哥。

此时，朝堂中一些习惯于见风使舵、溜须拍马的官员便趁此机会纷纷前来投靠，拜倒在其门下。

后来，皇后蒲察氏归天，金章宗完颜璟就想着立李师儿为后，但是遭到了朝中保守派大臣们的强烈反对。

他们认为李师儿出身卑贱，无法母仪天下，按照祖宗传统也没有资格做皇后。

金章宗完颜璟虽有些不满，但祖宗立的规矩却不能不遵守，于是只封了李师儿为元妃。

这元妃与之前的淑妃虽然都是妃子，但地位和权力却是天差地别，尤其是这李师儿被封了元妃之后，所享受的权力与皇后一般无二，掌管着后宫内的所有事务。

从这开始，外戚李氏开始崛起，笼络了一批朝中大臣，势力逐渐威胁到了皇亲宗室。

那些年，只要是投靠在李氏兄妹门下的人都能够加官晋爵。

当时有一个叫作胥持国的大臣，知道金章宗完颜璟宠幸元妃李师儿，便暗中在宫中巧妙安排，满足皇上寻欢作乐的欲望，还特意向金章宗完颜璟传授一些男女的房事经验"驭女心经"，而后又抓住李元妃出身监婢的把柄，竭尽贿赂拉拢之能，表达投靠元妃李师儿的意图。

恰巧李师儿也觉得自己出身卑微，应该靠着朝中大臣们的力量来稳固自己得来不易的地位，于是便与胥持国达成了合作，多次在金章宗完颜璟面前夸赞、举荐胥持国。

金章宗完颜璟耳根子软，经不起元妃李师儿隔三岔五地念叨，于是就提拔胥持国做了尚书右丞相，从此胥持国走上了人生巅峰，与元妃李师儿里应外合，把持朝政，培养发展党羽，迫害忠良，导致金朝朝野腐败堕落之风大行其道，民不聊生，国力也是一落千丈。

当时民间有民谚流传："经童作相，监婢为妃。"

为了弥补政府财政亏空，这一阶段的金朝开始滥发交钞（一种纸币，效仿北宋的"交子"，有大小之分），可百姓并不是傻子，因此也并不吃这一套，于是就拒绝使用这种贬值的纸币，私下依旧以过去的铜钱作为交易货币，即便朝廷以行政命令来逼迫百姓使用纸币，也没有起到什么作用。

南宋嘉定元年、金朝泰和八年（1208）。

金章宗完颜璟患重病，救治不愈，没过多久便驾崩于福安殿，时年四十一岁。

而在金章宗完颜璟之后，金朝的后面几代皇帝更是一代不如一代，整个国家形势也是一阵不如一阵，与南边天天做黄粱美梦、偏安一隅、自娱自乐的南宋政权简直就是天生的一对。

而就在此时，漠北草原上，成吉思汗（铁木真）建立的政权正在一步步壮大，逼近中原，即将建立一个史无前例的庞大国家。

此时，成吉思汗最想灭掉的中原王朝就是自己家族的世仇，由女真人所建立的金朝。

从曾祖父合不勒汗开始算，成吉思汗家族与金朝的仇恨已持续了快百年，现在终于到了将这笔账算清楚的时候了，他怎么可能错过这样的机会？

但真要涉足中原这片沃土，成吉思汗也很小心，历史上曾经无数个草原雄主的例子不断在提醒着他，中原的水很深，但凡一不小心，就容易被其反噬。

从最早的匈奴、鲜卑，再到后期的柔然与突厥，这些在历史上曾经叱咤风云的民族，在与中原角逐竞争的过程中，虽然一开始占尽优势，但最终都避免不了被打败或是被同化的命运。

因此在正式率军南下之前，他必须先找一个最软弱的突破口来试试水。

于是，他将目标锁定在了地处于西北，占据河西走廊咽喉要道的西夏政权。

西夏是一个以唐朝末年藩镇夏州政权为根基，后由党项人李元昊（又名拓跋元昊、嵬名曩霄）于北宋宝元元年、辽朝重熙七年（1038）在西北兴庆府（后改名中兴府，即今位于宁夏回族自治区银川市）建都，并正式称帝，国号自称"邦泥定国"或"大白高国"，因其地处于西北，故而称之为西夏。

虽然李元昊称了帝，但在明面上西夏依旧依附于辽、宋以及后来的金三个强大政权，并且一直接受着三家的册封；在文化上也是相继三家的优点，又与党项族自身的文化结合，取长补短，最终形成了独特的西夏文化。

但随着辽、宋、金三家势力的衰落以及蒙古的崛起，西夏政权也处于自身难保的状态。

这期间，西夏与蒙古之间的关系复杂又多变。

一开始，西夏献宗李遵顼试图与蒙古结盟以防止被其入侵，但成吉思汗的亲征使西夏无法抵挡，最终西夏只得向蒙古请降。

成吉思汗出征花剌子模时，西夏又突然反水，想脱离蒙古，并与金朝联合，试图抵抗蒙古。

殊不知，西夏这样背盟的做法，恰恰给了成吉思汗一个灭掉西夏的最好的借口。

当时的成吉思汗已经六十有四，这种年龄对于一位统领千军万马的君主来说已经算是年龄不低的老人了，但他依旧坚持亲自带着蒙古骑兵出征西夏。

这一次是成吉思汗第六次攻打西夏。

当时蒙古兵分两路，沿着贺兰山两侧南下，如群蜂一般直冲夏蒙边境要塞实施东西合击，一举包围中兴府。

南宋宝庆二年、金朝正大三年、西夏乾定三年（1226），蒙古大军先后攻下了西夏境内的沙州（今甘肃省敦煌西）、肃州（今甘肃省酒泉）、甘州（今甘肃省张掖）、西凉府（今甘肃省武威）、灵州（今位于宁夏回族自治区灵武西南）等地，轻松地包围了中兴府。

虽然蒙古骑兵在这次攻伐西夏之战中的表现非常勇猛，却也付出了沉重的代价。

成吉思汗本人在攻打西夏的过程中病重，高烧不退，却因为没有拿下西夏不肯退兵，最终病故于六盘山。

临死之前，成吉思汗将诸子召到身边，并留下遗言：一定要攻灭西夏，之后再借用南宋、金朝两国之间的仇恨与南宋联合，一起灭了金朝。

虽然成吉思汗耗费一生精力，最终也没有实现入主中原，攻灭世仇金朝的愿望，但他所建立的草原政权此时已经是一个地域辽阔，民族众多的强大军事集团。

在成吉思汗去世后不久，南宋宝庆三年、金正大四年、西夏宝义元年（1227）七月，西夏末主李睍被围困在中兴府中，眼睁睁看着皇城被蒙古军队攻破，国势濒危，却一筹莫展。

最终，李睍被迫无奈，只能选择献城投降。在他出城的那一刻，中兴府城中军民一片悲泣之声。

而与此同时，蒙古的大汗之位的继承者是成吉思汗的第三子窝阔台。

窝阔台上台后便依照成吉思汗的遗嘱，开始了与南宋联合，攻灭金朝的计划。

金朝所处的地理环境原本是非常好的，不仅占据着中原最肥沃的土壤，还享受着龙兴之地给自己带来的浓郁文化滋养，使得原本在塞北白山黑水间打猎、捕鱼的女真人，摇身一变，个个成了引经据典、张口成诗的上层精英人士。

但是这一切在散乱的蒙古部落聚拢成一股坚不可摧的军事集团后，就显得非常尴尬了。北边草原上的蒙古骑兵只要一有空就会似狂风一般呼啸南下，在南边则有南宋这个虽屡战屡败却又屡败屡战，总是想跟自己干架抢地盘的劲敌；而且随着金朝朝廷的日益堕落腐败，百姓们也逐渐失去了耐心，开始有了推翻旧制度、重新制定规则的念头，使得金朝内外交困，疲惫不堪。

可你若让它就此服输，向被曾经自己欺负惯的蒙古人低头，那也是绝对不可能的事；毕竟女真人心里很清楚，自己与蒙古那不是谁强谁弱的问题，而是谁败谁就必须死的问题。

而且成吉思汗想要的也绝不仅仅是中原地区的金钱、绢绸以及粮食。

他想要的是将中原这片广袤肥沃的地域全部吞进肚子里去，让每一处能放牧的角落都有蒙古人的后代。

本来金朝还想着拉着西边的小弟西夏一起与蒙古对抗周旋，可没想到的是，蒙古人的实力早已超出了金朝人的想象范畴，蒙古几乎是闪电般地就将西夏连皮带骨地给吞了，导致金朝人又震惊，又害怕，不得不将最后的希望投向了原本不想理会的南宋。

可问题就出在这里。

南宋对金朝，一天二地仇，三江四海恨，永生永世解不开的仇疙瘩，不在金朝背后放冷箭就不错了，又怎会与金朝联合，一同抵抗来自北方草原上的蒙古骑兵？不可能，绝对不可能！

退一千、倒一万地说，就算南宋肯冰释前嫌，愿意与金朝联合一起对抗蒙古入侵，可就凭南宋军队那不堪一击的样子，又能给金朝多少的帮助？估计顶多也就是扰乱蒙古人的注意力，为金朝多争取一点儿时间而已。

可以说在这一阶段，金朝的君臣们已经将脑仁都要想爆了，前怕蒙古侵犯，后怕南宋使暗箭，于是别别扭扭，只能自己硬生生扛下了所有。

根据《金史·徒单克宁传》中记载，为了更好地抵制蒙古铁骑的南侵，早在金章宗完颜璟还在位的时候，太傅徒单克宁便提出："承平日久，今之猛安谋克（'猛安谋克'是金代女真人的军事和社会组织单位）其材武已不及前辈，万一有警，使谁御之？习辞艺，忘武备，于国弗便。"

当时金章宗完颜璟听完之后，觉得徒单克宁说得非常有道理，于是便下令命猛安谋克开始训练习武。

除此之外，金章宗完颜璟又派出人马北上进入草原，对草原游牧部落实行"减丁"（指统治者消灭所统治下的具有威胁的外族、附庸所使用。而金朝当时对草原游牧民族实行的"减丁"就是一种无差别、非人道的屠杀行动，削弱其族群的力量）。

表面上看，这种方法让金朝占尽了上风，可以高枕无忧，但事实证明，这样的做法不但没有让草原民族一蹶不振，反而使其更加团结，对金朝也更加痛恨。

为了彻底消灭金朝这个世仇敌人，成吉思汗在位之时就已经做了五年的战争准备；又前后分三次（1205 年、1207 年、1209 年）攻打金朝的小弟西夏，迫使其臣服，硬生生断了金朝的左臂，扫清了攻打金朝的障碍与屏障，以确保与金朝开战时蒙古军队的后方安全。

除此之外，成吉思汗还接受了为金朝守卫界壕的汪古惕部，使得阴山（位于今内蒙古自治区的中部，由大青山"狭义的阴山"、乌拉山和狼山组成）以北地区成为蒙古人攻打金朝的基地。

在南宋嘉定三年、金大安二年、蒙古太祖五年（1210），蒙古正式断了与金朝之间的岁贡关系，次年二月，成吉思汗在怯绿连河（今蒙古国境内的克鲁伦河）集结兵马，打出了为祖先俺巴孩汗复仇的旗号，正式开始对金朝发动攻击。

蒙金战争的序幕也由此正式拉开。

当蒙古铁骑大军压境之时，金朝猝不及防，仓促应战，一面派兵反击蒙古铁骑，一面又派使者前去与蒙古谈判，希望能争取时间。

金朝皇帝完颜永济命平章政事独吉思忠做统帅，宗室大将完颜承裕做副手，两人一起带兵在西北防御蒙古。

南宋嘉定四年、金大安三年、蒙古太祖六年（1211）七月，成吉思汗将蒙古铁骑一分为二，分别从东西两路同时南下攻伐金朝。

西路军由成吉思汗的三个儿子术赤、察合台、窝阔台领兵三万攻打金朝西京（今山西省大同市），牵制住金朝将领胡沙虎；东路军则由成吉思汗本人与其子拖雷率兵七万从汪古惕部进发，越过边境突击乌沙堡长城（东自今河北丰宁草原乡东边墙沟，西至内蒙古商都县大库伦乡上二股地）迅速集结，集中力量，乘胜攻占了乌沙堡长城重要的一段乌月营。

在此之后，蒙古骑兵继续深入，连续攻下了金朝的昌州与恒州（今河北省张家口市沽源县与内蒙古自治区正蓝旗上都镇北，属于河北省与内蒙古自治区的交界），之后又一路南下攻陷了抚州（今河北省西部）。

独吉思忠与完颜承裕见败局已定，再继续坚守乌沙堡边堡一线长城就没有意义了，于是便东撤至野狐岭，准备在那里继续阻击蒙古大军。

但前线失守乌沙堡长城的消息很快就传到了远在金朝都城皇宫里的皇帝完颜永济的耳朵里。

完颜永济顿时震惊，于是立刻下令解除了独吉思忠的一切指挥权，改由宗室完颜承裕来统领指挥前线。

完颜承裕这边才刚接到朝廷的调令，另一头就收到探子回报蒙古铁骑气势汹汹而来的消息，顿时吓得不知所措。

他担心蒙古铁骑会绕过金朝前线，直接南下直取守备不足的都城，于是当下做出决定，放弃桓州（今内蒙古自治区正蓝旗上都镇北）、昌州（今河北省张家口市沽源县）、抚州（今河北省西部）这镇守前线的三州而退守到野狐岭（今河北省张家口），目的是利用山地地形遏制蒙古军队的骑兵优势。

人们常说人生有三大错觉：我比你聪明；我是例外；我能逆风翻盘。

而完颜承裕恰恰就犯了这样的错误。

他的这个操作看似聪明，实则却是荒唐至极、愚蠢至极。

为什么呢？

原因就在于桓州、昌州、抚州这三州是金朝在北边边境地区的要塞，不仅城墙修建得完好坚固，粮草充足，而且附近还有金朝的军马场。如果金军边境守军指挥得当，凭借着这三座要塞，足以抵挡或暂缓蒙古铁骑的进军速度。

就算金军抵挡不住来势汹汹的蒙古铁骑，利用这三州铜皮铁甲般的城墙以及完备的防御设施，也可以让蒙古铁骑人员减半。

简而言之，只要这三州城池有人把守，蒙古骑兵想越雷池一步，简直就是天方夜谭。

然而，如此重要的三个要塞，竟被完颜承裕这大聪明一拍脑袋就轻易地放弃了。

这样的操作让原本铜墙铁壁的金朝防御瞬间化为了乌有。

面对完颜承裕送上的这份厚礼，成吉思汗当然求之不得，照单全收。

在缴获了金朝数万战马之后，他便再次将大部队一分为二，一部分留守在桓州、昌州、抚州三州，另一部分则继续向野狐岭进发追击金军，"不破金军，誓不返回！"誓要将金军主力全部歼灭。

二、金军惨败野狐岭，完颜珣被迫迁都

当年，野狐岭是地形险要的所在。

完颜承裕带领着金军撤退到这里之后，认为此处占地之广，地形又险，蒙古铁骑难以绕开，于是便将手下数十万金军散布在野狐岭的各个险要口，打算凭借山势来抵挡蒙古铁骑。

山地防御的好处就在于可以在自己一方兵力少的情况下抵挡敌方上万

人的部队，而且能使对方陷入混乱无序、无用武之地的状态，好叫己方一举拿下；但同时缺点就在于，只要一个险要没有守住，那么其他的险要也将会像多米诺骨牌一样被逐个击破，再防守也就失去了意义。

因此，在一般的情况之下，进攻一方的统帅都会选择分兵作战的方式去攻破敌方守军的险要，如此一来成功突破敌军的机会就会大很多了。

可成吉思汗却选择了集中兵力逐个击破的方式。

这种打法有点类似于我们今天玩的闯关游戏，充满了冒险和不确定性，可一旦赢了，敌军将会无处遁形。

成吉思汗早已看穿了金军防线的漏洞，命将领木华黎作为先锋，强行攻击野狐岭北山的獾儿嘴。

木华黎得到命令后率领一支敢死队，冲击金军阵营。

金军万万没想到，蒙古骑兵竟会如此玩命，顿时吓得不知所措，失去了气势，没几个回合便败下了阵，纷纷丢盔弃甲，四散奔逃。

完颜承裕见自己一方守军溃退，便想调动周围的兵力增援，但人的移动速度哪里有马的移动速度快呢？

更何况，随着入关后这数十年女真人渐渐习惯了舞文弄墨，整日里沉迷于浮华享受，醉生梦死，早已将老祖宗在深山老林中打猎的看家本领抛到了九霄云外，哪有与蒙古骑兵一较高下的胆量与能力？

而蒙古骑兵凭借着勇猛的斗志与锐气冲杀得金军喘不过气来，防守的要塞一个个被冲破，眼看已经占据了上风。

完颜承裕见败局已定，再反悔也来不及了，于是便带着手下人马迅速撤离战场，早已不顾留在野狐岭各个要塞的金军士卒，数十万大军没有了主将坐镇指挥，军心顷刻间涣散，士卒们没有了斗志，被蒙古骑兵打得溃不成军。

而此时的蒙古骑兵完全占据了优势，漫山遍野追杀金军，金军如决了堤的黄河水一般，一泻千里，溃不成军，尸横遍野。

另一头，逃跑的完颜承裕在半路上又收集了一些溃散的金军兵马，到了浍河堡（今河北省张家口市怀安县东南）时共集结了数万名兵马，于是便准备在此处整顿全军，重新部署指挥。

但还没等完颜承裕把气喘匀了，成吉思汗的蒙古骑兵就又已杀了过来。

于是，双方人马在浍河堡展开了第二轮的厮杀。

成吉思汗亲自率领三千精锐率先冲入金军阵营之中，使得金军人心大乱，紧接着数万蒙古骑兵一拥而上，对金军发起了全面而惨烈的进攻。

结果显而易见，金军再次战败，完颜承裕于是再次逃走。

野狐林战败之后，成吉思汗领兵顺势而下，攻打下了德兴府（今河北省张家口市涿鹿县），之后一路冲到了延庆府（今北京境内）。

此时蒙古铁骑的攻势已无人可挡，因为金军在野狐岭挫败后，便如同惊弓之鸟，见了蒙古人连抵挡也不抵挡了，掉头就跑。如此一来居庸关（今北京长城沿线上的著名古关城，也是中国的城堡之一）也很快就失守了。

居庸关是当时金朝都城中都的北大门，此处一失守，金朝的都城就危险了。

中都在辽代时期被称做"燕京"，经过辽、金两朝几百年的经营，不仅规模庞大，而且防御措施也非常齐全，任凭天兵都难以攻破，成吉思汗率领的蒙古骑兵自然也不例外。

成吉思汗见眼前的城池蒙军久攻不下，再战下去恐怕会将士兵们的斗志消磨殆尽，于是便调整策略，下令数万人马分散至金朝都城周围各处，对富饶的华北平原进行一次地毯式的大洗劫。

成吉思汗并不在乎一城一池的得与失，他想要的是金朝的马匹、粮食与大量的金钱。

而这样四处游击洗劫的打法不仅可以达到在短时间内聚集财富的目

的，同时还能有效地将金军拖垮，进一步削弱其战斗士气与意志力。

可以说，成吉思汗出的这招是非常狠毒辛辣的，给了金军一记重创。

当时，很多金朝境内的百姓既对蒙古人感到恐惧，又对金朝朝廷的无能感到非常失望，加之长久以来贪官污吏欺压，百姓所产生的不满情绪，到了这一刻已达到了临界点，于是在各地揭竿而起的能人异士如雨后春笋般，纷纷涌现。

而这其中，来自金朝境内的契丹人耶律留哥脱颖而出，成为众起义军中的佼佼者。

耶律留哥本是金朝北边归顺于女真人的契丹千户，蒙古兴起后，金卫绍王完颜永济担心在北边边境处的契丹人会乘机与蒙古人联盟，因此想了一个损招：他下令让两户女真人夹居一户契丹人，使本来以部落为单位的契丹人变成大杂居，小聚居。契丹人交错杂居在女真人中间，一举一动都受着女真人的监视。

此做法引起了金朝境内众契丹人的不满，而作为契丹千户的耶律留哥对朝廷的这种做法更是感到不安。

于是，在南宋嘉定五年、金崇庆元年、蒙古太祖七年（1212），耶律留哥便秘密潜逃至隆安府（今吉林省长春市农安县）、韩州（今吉林省四平市梨树县）等地，聚集当地数千契丹壮士反金，被当地官府通报捉拿。

当时，耶律留哥带领反金勇士与官府展开了斗智斗勇的较量，最终成功逃脱。

此后的数月间，耶律留哥的名声越来越大，前来投靠他的人也越来越多。

仅仅不到一年的时间里，耶律留哥手下的人马已达数万之多，营帐百里，自立为都元帅，威震辽东。

巧的是，同一时刻，成吉思汗再次率军伐金，命一支侦察部队秘密行至辽东蒙金边境处察看敌情，正好与耶律留哥一伙逃窜至边境准备投靠成吉思汗的金朝起义军碰上，于是就以试探的口吻询问耶律留哥，为何会在边境处鬼鬼祟祟游荡？

耶律留哥见对方是蒙古人，猜测有可能是从成吉思汗那里沿着边境线悄悄过来的，便立刻回复道："我们是契丹人，想投靠蒙古成吉思汗，一同反抗女真人。"

对面的蒙古兵一听正好，于是扭头就将消息带了回去给成吉思汗。

成吉思汗得知金朝境内的契丹人要投靠自己，十分高兴，当下便将耶律留哥一众起义军收编，做"牧羊犬"，专门为蒙古骑兵带路杀进金朝。

南宋嘉定六年、金朝至宁元年、蒙古太祖八年（1213）的八月，成吉思汗再次率大军伐金，并一路挺进，再次逼近了金朝的都城。

此时负责防守中都北面西京的右副元帅胡沙虎见蒙古铁骑呼啸而来，顿时就吓傻了，当下扭头带着亲信一路跑回了中都。

要说这胡沙虎命可真好，犯了如此大的错误之后，完颜永济非但没有怪罪于他，反而依旧重用他为全军统帅。

可这胡沙虎心也是真大，做了逃兵之后一点儿没有悔过之心，整天不是打猎，就是吃喝玩乐，根本没有将自己临阵脱逃的事放在心上。

完颜永济得知后很不高兴，便开始埋怨胡沙虎："整个国家都到这个程度了，你能不能长点心？"

胡沙虎被完颜永济说了一顿之后，不但没有认识到自己的错误，反而对完颜永济怀恨在心，暗中勾结朝中私党，一起谋划政变之事推翻完颜永济，自称"监国元帅"。

同年的八月二十五日凌晨，胡沙虎联络完颜丑奴、蒲察六斤、乌古论孛剌等大臣举兵政变，从金朝皇宫通玄门一路杀入中都东华门，占据了皇宫。

第二日，胡沙虎成功劫持完颜永济，并迅速出宫，将完颜永济软禁起来："得了，你别当皇帝了，回你原先的王爷府继续做你的卫王吧！"

之后不久，为了避免夜长梦多，胡沙虎便指使宦官李思中用毒酒将完颜永济毒杀。

这时候，胡沙虎将金世宗完颜雍庶长孙，金显宗完颜允恭的庶长子，同时也是金章宗完颜璟的异母兄弟完颜珣拉出来做自己的傀儡，立为金朝新帝，是为金宣宗。

金朝内部经过了一番折腾之后，还没将气喘匀，另一头的成吉思汗又抓住了机会。

他听说金朝内部发生政变换了皇帝，于是赶紧率领兵马风风火火地赶来，要再给金朝添一把火、浇一壶油。成吉思汗带领的兵马基本将黄河以北的地区又清理了一遍，到最后连一片树叶都清理干净了之后才算是满意而归。

而这个时候的金朝已经得了恐惧症，对蒙古人十分害怕了："这蒙古人一趟又一趟地来，把全国都快搬空了，从居庸关直接就扑到了京城，这哪行啊！"

金宣宗完颜珣一合计："不行，我待的地方不吉利，还是赶紧走吧！"

于是，金宣宗完颜珣决定迁都，将都城迁到当年北宋的首都开封府。

到了迁都的那一天，金宣宗完颜珣命人弄了三万辆马车和三千匹骆驼，把宫里那些金银细软、绫罗绸缎，全部大包小包地装上了马车，要带去开封。

这场面引来不少百姓议论纷纷："哎呀！这演的是哪一出，让人怎么看不懂了呢？当年靖康之耻时将宋人赶到了南边去了，怎么现在这女真皇帝也要去呢？"

于是，人心惶惶。数十万人变卖家产，装好行囊，随着金宣宗完颜珣一起逃到了开封。

金朝的这一举动，让成吉思汗大怒："才刚签订完协议两个多月，这金朝皇帝就跑了，这摆明是不想讲信用啊！既然这样，那我也就不跟你客气了。"

于是不久后，成吉思汗再次率领蒙古铁骑南下攻打金朝。

欲加之罪，何患无辞。

这一回，成吉思汗的蒙古骑兵如入无人之境，直接将金朝的中都及周边地区全部收入囊中，甚至连金朝皇室的祖宗牌位都被蒙古人一把火烧得干干净净，连个渣都不剩。

到了此时，金朝的败局已定，整个王朝都已陷入苟延残喘的悲歌之中。

三、宋蒙联盟，金人悲歌

而同一时刻，眼见曾经不可一世的女真人在面对蒙古人时竟如此不堪一击，这让南宋又燃起了北伐灭金、收复失地的希望。

但是这个时候，南宋朝廷内部也因究竟趁此机会再次北伐灭金，还是与金朝化干戈为玉帛，一起对抗南下气势汹汹的蒙古发生了激烈的争论。

其中一派认为联盟灭金，恢复中原失地是最佳的选择，如果不趁着这个机会将金朝彻底灭了，那么之后就再也没有机会收回中原；另一派则认为，当前的形势与昔年北宋徽、钦二帝那会儿如出一辙。

当年北宋徽、钦二帝时朝廷与北方辽朝契丹人的关系，正如同今时今日南宋与金朝唇亡齿寒的关系是一样的。

金朝在，则可以作为南宋与蒙古之间的屏障，如果没有了金朝，那么蒙古铁骑将可以长驱直入地南下，对南宋进行攻伐，那样的话南宋也必将会不复存在，因此历史绝不能重演。

两派人无休止地争论使整个南宋在这两种意见中摇摆不定，既不想联金抗蒙，也对联蒙抗金保留意见。

然而，随着蒙金战争愈演愈烈，女真人已无任何优势，宋理宗赵昀终于按捺不住，押上了所有的筹码，做出了最终的决策，与蒙古人合作，一同灭了金朝，收复北方失地，重回中原。

但宋理宗赵昀怎么也没有想到，自己的这个决策会给整个南宋带来灭顶之灾。

宋绍定五年、金朝正大九年（即开兴元年、天兴元年），蒙古窝阔台汗四年（1232），蒙古方面率先派出使臣与南宋谈合作，商议蒙宋联合，南北同时发兵夹击金朝。

此提议得到了南宋当朝多数大臣们赞同。

他们认为这一回与蒙古人合作必定能报当年靖康之耻的仇，将金朝彻底消灭。

但只有皇室宗族以赵范为代表的一派人对此强烈反对。

他们的理由是，应当吸取当年北宋与女真人签订海上之盟的教训，对蒙古人也要保持警惕，以防历史重演。

所谓"旁观者清，当局者迷"。

此时的宋理宗赵昀急于立下万世之功，流芳百世，哪里还能听得进忠言？

恰逢这个阶段史弥远也因病危，逐渐失去了对宋理宗赵昀这个傀儡皇帝的控制。

因而为了一展拳脚，宋理宗赵昀连想都没想，立刻便答应了蒙古人的合作。

蒙古一方答应南宋，在共同灭了金朝之后，将河南汴梁等中原地区归还给南宋，从此蒙宋两大政权，一北一南，结成万世的兄弟之国。

宋理宗赵昀以及南宋一帮主张联蒙抗金的大臣对这样的合作协议自然非常满意。

但是，他忘了一点，蒙古人这时候答应南宋将灭金之后归还河南汴梁等中原地区只是一句口头之约，与南宋一方并没有签署任何正式协议，所以这也就为后来南宋的结局埋下了重大隐患。

这时候，已经被蒙古人打得服服帖帖的金朝最后一任皇帝金哀宗完颜守绪得知蒙古人竟然绕过金朝跑到南边和南宋合纵连横，气得连连跺脚骂娘。

好在有大臣给金哀宗完颜守绪出了一个主意。

"这南宋与我们是叔侄关系，按照当初的协议，他们每年可都要向咱们大金朝交岁币，但自从我们迁都汴梁之后，他们一直欠着没给咱们，现在陛下您何不趁此机会向南宋发难，讨要岁币？如此一来，相信南宋必定会重新考量与蒙古人的关系。"

金哀宗完颜守绪一听，觉得甚是有理，于是立刻派人南下去南宋示威吓唬，想让对方放弃与蒙古人合作，与金朝站在一起。

但凡事都有例外。

这一次南宋的腰板也终于挺起来了，并没有给金朝面子，强硬地回绝了金朝。

最后，弄得金朝使臣也是实在没办法了，忍不住把心中的实话对宋理宗赵昀说了出来："金宋目前是唇齿相依的关系；蒙古人近年来东征西伐，已经灭掉四十多国，而这其中也包括西夏。西夏的灭亡殃及我金朝与你们南宋，蒙古人并不是真心待你们，只想利用南宋，如果你们一定要与蒙古人合作，那结果必将是自取其辱，等我们金朝灭亡了，南宋对他们来说也就失去了利用价值，大家都是聪明人，大道理不用多说。倘若南宋愿意放下成见与我金朝联合，那么这是对你我双方都有利的一桩买卖。"

金朝试图抓住南宋这最后一根稻草想逆风翻盘，但此时的南宋宁可赌一把也不愿与金朝合作，毕竟这么多年被金朝压制着，早已经受够了，也忍够了；加上当年靖康之耻的仇恨一直未消，如今终于等到机会了，又怎能轻易放弃？

其实，这时候的南宋也只有两个选择：要么坐山观虎斗；要么联蒙抗金。

而在当时的南宋看来，如果选择坐山观虎斗的话，蒙古与金朝不管最终的胜利者是哪一方，对于南宋而言，都不会是什么好结果，依旧会被其压制。

但如果联蒙抗金，则有一半的机会咸鱼翻身，转被动为主动，而且还能向金朝复仇，何乐而不为呢？

不得不说，"仇恨"有时会使人失去理智。

而宋理宗赵昀就是如此。

他现在根本就不将金朝当回事，当场就将金朝使臣给轰走了。

南宋绍定六年、金天兴二年、蒙古窝阔台五年（1233），蒙宋双方一北一南，一前一后，开始向金朝发动攻击。

当年正月，蒙古军攻破了金朝南迁的新都汴梁。

金哀宗完颜守绪惧怕蒙古，于是只能被迫逃到蔡州（今河南省驻马店市汝南县）避难，并命河北九公（所谓"九公"指在金朝末期因受到蒙古军队打击，金帝完颜珣将都城南迁南京开封府以后，在河北、河东和山东一带出现了许多"义军"。这些义军是一些以"抗蒙拥金"为号召的地方武装势力。金宣宗完颜珣对这些地方豪强以官爵笼络，组织他们共同抵抗蒙古的入侵）之一的将领武仙收拢南阳散兵，前来蔡州勤王。

谁知，此时的武仙却认为蔡州肯定是守不住的，与其带着自己的二十万人马白白送死，还不如南下打通入蜀的通道，为日后保留一条后路。

而且这么一来，也可以起到声东击西、围魏救赵的效果，吸引南宋军力，从而可以起到瓦解蒙宋联军作用。

不得不说，武仙的这种想法是很不错的，但可惜的是，人算不如天算，老天爷并没有站在他这一边。

因为，南宋军队中有一位名叫孟珙的将领将会彻底击垮武仙的进攻。

这里要对孟珙这个人物作个简单的介绍。

孟珙，字璞玉，号无庵居士，随州枣阳（今湖北省枣阳市）人，原籍绛州（今山西省运城市新绛县），生于将门，从小便开始严格的军事训练，善于骑射，刀枪剑戟、斧钺钩叉、拐子流星等十八般兵刃样样精通；他的祖父与曾祖父原先都是跟着岳飞将军的部将，并跟随岳飞将军与金朝金太祖完颜阿骨打的第四子金兀术作战，可谓战功赫赫。而他的父亲孟宗政也是当年南宋开禧北伐时的功臣，同时也是当前襄阳城的守门统帅。

当武仙带领着号称二十万精锐的金朝军队一路南下进攻南宋光化（今湖北省老河口市）时，与其对抗的南宋军正是由孟珙带领的军队。

结果武仙低估了对方的实力，被孟珙一方斩获五千余人，战败而退，改道进攻襄阳城的吕堰驿（今湖北省襄阳市襄州区古驿镇）。

但等武仙一方人马赶到吕堰驿时才发现，此处的地形对自己一方非常不利，前有大河阻拦，后有险山阻隔，于是武仙果断撤退，结果与赶来的孟珙一方人马正好碰上，双方便展开了第二轮厮杀。

此时，武仙所率领的金军早已又累又疲，见了南宋军只有心惊胆战，根本招架不住，于是毫无悬念地又被南宋军斩获了五千余人。

武仙见形势不妙，再战下去恐怕自己就成了光杆司令了，因此当即带领剩下人马躲进了马登山（今河南省南阳市淅川县马蹬镇西北），想靠着山势险峻，以及女真人老祖宗流传下来的深山老林打猎的看家本领这两大优势与南宋军僵持下去，直到把对方拖死。

但令武仙万万没有想到的是，孟珙是个不要命的主，他见金军躲进山里，也不废话，撸起袖子直接带人硬生生冲上山，与金军肉搏。

于是，双方在半山腰又展开了第三轮的激战。

武仙手下人马此时已经完全被南宋军不要命的打法给吓傻了，被孟珙一方又干掉了一大半，最后只剩下了七万左右的人全部被南宋军俘虏。

然而，武仙作为此时金军的统帅却拒绝投降南宋，情急之下，狼狈地找来一件士兵的服装换上，趁乱逃脱，结果在半路上又遇见了蒙古骑兵，直接被对方"送走"。

同年四月，南宋派将领孟珙出兵，率领两万精锐与蒙古一方会合，一同攻破蔡州。

百余年所受的屈辱都在这一刻凝聚成了一股无坚不摧的力量，直冲云霄，杀得金军猝不及防，只好死守在城中不敢出战。

时光一晃，便是三个月过去了。

此时，城中早已弹尽粮绝，金军将士们把城中能吃的都已经吃了一个遍，就差吃人了。

金哀宗完颜守绪下令将士们分别守卫城中四道城门，以防蒙古军攻入。

南宋端平元年、金天兴三年、蒙古窝阔台六年（1234），蒙古兵在西城凿开了五个门冲进城中，金朝军队奋力激战，直到傍晚才将蒙古兵击退。

当晚，金哀宗完颜守绪彻夜难眠。

他担心自己会成亡国之君留下千古骂名，于是连夜召集百官，急急忙忙下旨，说什么也要将自己的帝位传给当时蔡州守城的统帅，也是自己宗族的堂兄弟完颜承麟。

这完颜承麟乃是金朝世祖完颜劾里钵的后代、完颜拜住的弟弟；当时他一听金哀宗完颜守绪要将皇位传给自己，心知这是金哀宗完颜守绪要甩锅给自己，让自己背负"亡国之君"的骂名，于是连忙拜倒在地，一把鼻涕一把泪地不肯接受。

他心里暗骂金哀宗完颜守绪："你这卑鄙无耻的家伙，我们怎么说也是堂兄弟一场，你就这么害我？在这种危难时刻让我来背这亡国之君的骂名，我偏不让你得逞！"

只听金哀宗完颜守绪说道："现在国难当头，作为完颜家族的子孙，你我都有责任挺身而出，做好随时为国牺牲的准备。蒙古与南宋的联军眼看就要攻破城了，倘若城破了，我必然会被敌人所杀。我虽贵为天子，但毕竟不是武将出身，带兵打仗方面向来一窍不通。而你则不同，你是一名骁勇善战的武将，也是目前我完颜一族中最大的希望，所以朕要将皇位传给你，只有你有机会带领众人冲出突围，如此一来，咱们金朝的国祚还能继续传承下去，不会亡国。"

但完颜承麟依旧不肯接受皇位，也不愿意穿上龙袍，一直跪在地上，将头摇得跟拨浪鼓似的一个劲儿推辞。

金哀宗完颜守绪一看完颜承麟怎么也不愿意接受自己的皇位，顿时就急了，对着完颜承麟也跪了下去，苦苦向其哀求，软硬兼施，最后完颜承麟无奈，只好接受了金哀宗完颜守绪禅让的皇位。

于是第二日，众人便在临时的皇宫中举行了一场史上最简陋也是最敷衍了事的皇位禅让仪式，完颜承麟成了新一任的金朝皇帝，史称金末帝。

当然，他这个皇帝也是中国有史以来被记载在位时间最短的一位皇帝。

因为就在这史上最简陋、最敷衍的皇位传承仪式刚举行到一半的时候，就有人来报："蒙宋联军已经破城了！"

此时，蔡州城南已经被南宋军所攻破，城头插上了南宋的军旗，而另一头的蒙古军则攻破了西城，双方各自与金朝军队展开激烈的巷战，四面杀声震天，尸骨遍地。

金军将士虽顽强抵抗，却已无力回天，几乎全部战死或以自杀的方式来殉国，场面悲壮而凄凉。

金哀宗完颜守绪一听敌军成功破城，也顾不得还没完毕的禅让仪式，匆匆忙忙将皇冠扣在了完颜承麟的头上后就与一众护卫离开，逃到了一个叫作"幽兰轩"的地方。

而就在此时，又有人来报："蒙宋联军马上就要打进来了！"

关键时刻还是武将出身的完颜承麟够英雄。

只见完颜承麟二话不说，当下翻身上马，带领着几百名亲卫冲了出去，与敌军决一死战，杀了个七进七出！

正当完颜承麟与敌军双方杀得昏天黑地、日月无光之时，又有人汇报："陛下，太上皇在幽兰轩自尽了！"

完颜承麟犹如五雷轰顶，顿时失去了与敌人作战的斗志，急忙掉转马头，带领着手下将士赶到了幽兰轩，看到了金哀宗完颜守绪的尸体，当场忍不住痛哭了出来。

然而，也就在这个时候，蒙宋联军已经杀进了幽兰轩，将完颜承麟一众人团团包围了起来，并放话，只要完颜承麟肯束手就擒，他们愿意留完颜承麟一条命。

但完颜承麟此刻身为金朝君王，怎可能就此与敌人妥协？

只见他将眼角泪痕一抹，提起战刀，带领着一众人便冲了出去，与敌军厮杀在一处。

但可惜的是，完颜承麟寡不敌众，最终死在与蒙宋联军的拼杀之中。

至此，金朝这个由女真人完颜阿骨打一手建立起来的北方政权，在经历了一百一十九年的风雨之后，被蒙宋联军所灭，正式退出了中国的历史舞台。

南宋百余年来的屈辱在这一刻结束了，全军将士顿时欢腾一片。

胜利的消息很快传到了南宋，全国军民难掩喜悦之情，敲锣打鼓，鞭炮齐鸣，好似过年般庆祝这难得的胜利。

宋理宗赵昀更是出宫赴太庙告慰列祖列宗这一重大喜讯。

自靖康之耻、高宗南迁临安之后，南宋一直被金朝的女真人所压制、蔑视，一肚子憋屈，不满的情绪实在积压得太久了。

这百余年来，朝廷内外从不缺乏能人志士和热血男儿想北上收复失地，但最终都落得个无功而返。

而如今，金朝已灭，北上收复失地，重返故土的心愿眼看就要实现了，宋理宗赵昀自然不能放过这天赐的良机。

然而，一个很现实的问题，此刻也摆在了他的面前。

南宋虽然在这场战役中取得了胜利，却无形中耗费了太多的人力、物力以及金钱，一夜便回到了解放前，损失非常严重。

因此，在这个节骨眼上，蒙古人若像当年的女真人一样，不但要赖不讲信用，没有履行双方战前达成的协定，来个回马枪，捅南宋一刀，那么南宋是完全没有能力招架的。

这些道理作为南宋君王，宋理宗赵昀心里自然是很清楚的，但这些与被后人称赞，建立万世之功的名声比起来就显得微不足道了些。

于是，为了能在史书中留下一个好名声，宋理宗赵昀甘愿冒着一回险，立刻下令出兵北上进入河南地区。

殊不知，宋理宗赵昀的这一决定，不仅拉开了蒙宋之间激烈而残酷的战争序幕，同时也为南宋的灭亡埋下了隐患。

第四章　端平入洛，一场空梦

一、窝阔台荣登大位

蒙古与南宋的联合灭掉了女真人所建立的金朝，这对于南宋一方来说并没有实质性的好处，是弊大于利，但对于蒙古来说却是利大于弊。

的确，在现在大多数人眼中南宋与蒙古联合一起灭金，是一个非常愚蠢、非常错误的决定。

其实，在整个两宋的历史中借助同盟的力量来消灭敌人，从而最终使同盟国变成更强大的敌人，这种案例已经发生了不止一次。

当年北宋时期就联合刚开始创业不久的女真人完颜阿骨打一同灭辽朝，随后便引发了靖康之耻以及金宣宗完颜珣的"取偿于南"战略，使得后期的南宋完全不可能选择与其合作。

在这种背景之下，南宋不仅更加强烈抵抗南下的金军，而且还积极地绕道与北边的蒙古结成一对"搭子"，以此来减少女真人对自己的军事威胁。

当然，除此之外，或许当时的南宋朝廷还有以下几种考量。

首先我们要知道，在三国之中只有南宋的兵力是最弱的，如果南宋选择对蒙古进行开战，很有可能会引起蒙古对南宋的仇恨，蒙古可能先选择绕开金朝直接攻宋。

其次，如果南宋与金朝联盟，就不得不出钱出力，不仅要供养着金朝的士兵，还要考虑自己一方将士们的吃喝问题，时间一长，必定会被其拖垮，最后的结局不是被金朝干掉，就是被蒙古干掉，得不偿失。

最后，南宋与蒙古是在南宋绍定六年、金朝天兴二年、蒙古窝阔台五年（1233）达成合作的。此时的金朝已经过了汴京保卫战与三峰山之战的洗礼，人力、物力、财力大不如前，但凡是智商在线的人都能看出它气数将尽，因此南宋自然不会与其合作。

正所谓：知己知彼，百战不殆。

这句话不仅仅用在对敌作战，用在与自己一起联盟的队友身上也一样适用。

因为只有真正了解了即将要与自己合作的队友，才能确保双方合作是否牢靠。

只是，这个时候的南宋恰恰忽略了这一点，那就是没有事先好好了解自己新搭档蒙古的真实想法。

而反观蒙古就完全不一样了。

自蒙古崛起以来，短短数年的时间，国力、军力、人力都在迅速膨胀、壮大，因此在它看来，灭掉金朝这个世仇敌人是必须要做的事，而且在这个过程中若是能再拉上南宋这个同样与金朝有仇的政权成为自己的暂时性盟友，自己一方既可以省下不少力气，也可以通过此次机会，衡量一下南宋军队的实力，为将来大军南下做战前准备。

早在成吉思汗时期，蒙古人就已经有了南下吞并南宋的长远谋划和野心，只碍于那个时候，西夏与金朝是阻挡蒙古铁骑南下的两大障碍，若想吞并南宋这个政权，就必须先扫清西夏与金朝这两个障碍。

虽然在野狐岭一战中，成吉思汗以少胜多，斩杀了金朝三十万精锐，震撼四方，但金朝的实力并不弱，因此仅凭蒙古一己之力，属实有些吃力，在这个时候，绕道与南宋结成暂时性盟友就是非常有必要的了。

可以说，蒙古将与南宋联合的算盘打得是清清楚楚。

但令蒙古内部所有人都意想不到的是，一代天骄，草原上的雄主成吉思汗，居然在率军征伐西夏的途中病逝于六盘山。

成吉思汗临终前，他曾将自己所有的儿子都召集到身边，并传下遗诏："在我死后，你们一定要服从窝阔台的领导，在我死后窝阔台将继承我的汗位来统领你们，而你们也必须无条件地服从他的领导，因为他比你们更有智慧，也更有领导能力，只有在他的领导之下蒙古的版图才能越来越广，边界的保卫才能实现。因此，你们谁也不用嫉妒，我将把蒙古的指挥权交给他，由他来继承我的汗位。"

按照中国古代传统封建制度，帝王驾崩后应当立即由该君王指定的继承人登极，而这个继承人一般会是该君王的嫡长子。但蒙古遵从的是"幼子守灶"制度，也称幼子继承制。

同时，蒙古人还要遵从忽里台制（部落议事会制度），这也就是说，这时候的窝阔台并不能因为成吉思汗的临终遗诏就荣登宝座，统领全军，而是要等到忽里台大会的召开，即最后决定之后，才能名正言顺地登极坐殿。

也因为这个不可抗拒的因素的客观存在，致使蒙古内部有两年的汗位空缺，而在这期间，蒙古内部由成吉思汗第四子，蒙古政权开国元勋——拖雷掌管监国。

也就是说，在这期间，拖雷事实上成为整个蒙古政权实际掌控者。

南宋绍定二年、金正大六年、蒙古拖雷监国二年（1229）八月份，拖雷召集蒙古宗王和重要大臣于成吉思汗的大斡鲁朵（又译为斡耳朵、斡里朵、兀鲁朵、窝里陀、斡尔朵、鄂尔多等，是指大汗的宫帐或者宫殿）召开忽里台大会。

这场会议争论多日也没有个最终定论，有人恪守旧制，主张立幼子拖雷，认为拖雷更有管理才能，反对成吉思汗的临终遗言，认为其不符合蒙古的忽里台传统。

此时，成吉思汗的长子术赤已经于四年之前在自己的驻地逝世，次子察合台则全力支持遵从成吉思汗临终遗诏，由窝阔台荣登大汗之位，统领全军。

但窝阔台本人这时候却表现得非常谦逊，表示要主动让位于弟弟拖雷做大汗，他说道："按照我们草原的传统，家中的幼子要守家，并在父亲死后成为一家之长，管理经营整个家庭。虽然父亲临终前有遗诏，要让我来继承他的汗位，但我窝阔台并不是家中的幼子，所以怎么能代替拖雷来继承父亲的汗位呢？"

不管窝阔台心里的真实想法与嘴上说的一不一致，这种说辞都是非常智慧的。

因为当时拖雷监国的两年间，所有的政权即兵权全部掌握在拖雷一人手里，因此他的态度是有决定性的作用。

尽管之前有成吉思汗的临终遗诏，但窝阔台却非常清楚自己与拖雷的实力差距，只要拖雷不肯将大权交出来，自己是没有能力与其对抗的，弄不好反而还会被拖雷所杀，为了避免争夺汗位兄弟相残的悲剧发生，也为了蒙古内部政权的稳定，窝阔台不得不谦虚推让。

如此一来，众人便陷入了僵局。

好在此时，足智多谋、被后人称作是"转世萧何"的契丹谋士耶律楚材向拖雷进言道："如今大汗之位已经空了两年有余，此乃关系到国家江山社稷的大事，恐夜长梦多，不能再拖了，应该尽快有个结果。"

不得不说耶律楚材的这句话非常高明。

他表面上是在让拖雷作最后的决断，实际则是隐晦提醒拖雷应该主动让步，将政权与兵权交给窝阔台，不然就会引发兄弟相残的悲剧。

拖雷一想，耶律楚材说得有道理，现在参加大会的王公大臣们意见并不统一，如果自己再不发表意见，主动作出让步，把权力交出来，只怕后面会造成自家兄弟为了争夺大汗之位，剑拔弩张，离心离德。

于是，拖雷便当下宣布，遵行父亲成吉思汗临终前的遗诏，让窝阔台继承大汗之位。

最后，在众王公贵族们的再三劝进，几经波折之后，窝阔台终于半推半就地答应遵从成吉思汗的遗旨，继承大汗之位，从此便成为蒙古政权的第二任君主，后史称之为元太宗。

二、三峰山之战

在窝阔台掌权的第二年，也就是南宋绍定三年、金朝正大七年（1230），蒙古首席"战神"老将速不台兵败潼关之后，使得蒙金之间的战事陷入了进退两难的尴尬局面。

这是老将速不台一生中的第一次败战，也是唯一的一次。

要知道，在整个蒙古的历史中，从来没有缺乏过能征善战的武将和勇士。

而这速不台便是其中之一。

速不台早先是蒙古兀良哈部贵族的世袭奴婢。

大约是在南宋淳熙九年、金朝大定二十二年（1182）以后，速不台脱离兀良哈部，投靠了当时还不怎么出名的铁木真，从此便跟随其东征西伐，立下了无数汗马功劳，最终成为成吉思汗铁木真身边的"朵儿边·那孩思"（即"四獒"，也是成吉思汗开国立下功劳的四位开国功勋者勒蔑、忽必来、哲别、速不台的共称）之一。

等到成吉思汗去世之后，速不台又继续跟着窝阔台南征北战。

多年来，从草原到中原再到中亚，以及后来的东欧地区都有他的足迹。

无数强大的国家、军队都被他击垮消亡。

直到如今，他生前所采用的一些战术，依旧被国内外军事学家们常常提起，因此他也被称作是 13 世纪蒙古的"第一悍将"。

因此，像这样一位用兵如神的老将，窝阔台怎么也不会想到他会吃败仗。

于是，当窝阔台得知速不台战败的消息后，顿时大发雷霆，将其安排给了自己的弟弟拖雷。

巧的是，就在这个时候，从南宋返回蒙古的使臣传达了南宋向蒙古示好的态度，此举正得窝阔台的心意，于是便立刻启动了早在成吉思汗时期就已经计划许久的"借道宋境""斡腹之谋"计划，迂回攻金。

第二年，窝阔台兵分三路进攻金朝。

当时，东路军由斡陈那颜统领从济南出发；中路军由窝阔台亲自指挥进军洛阳及周边地区；西路军则由其弟拖雷率领从凤翔（主要是指今陕西省凤翔县境内）沿着汉水一路进军至丹江口。

与此同时，金朝也派出了十万精锐出动抵抗拖雷的部队。

而窝阔台见金军主力都冲着拖雷而去，使得黄河一带的防线兵力明显不足，于是趁机沿河而走，向着郑州开拔。

另一边，金哀宗完颜守绪得到了窝阔台率军朝郑州进军的消息，顿时惊慌失措，赶紧下令抽调前线抵挡拖雷的精锐，扭头去追赶窝阔台。

这样的打法令蓄势待发、准备与金军来一场硬仗的拖雷喜出望外。

他万万没有想到，曾经不可一世的金朝居然这么容易就中了计策，于是事不宜迟，立刻带领手下兵马紧紧跟在金军后面进入了河南。

而当窝阔台得知自己的弟弟拖雷尾随金军顺利进入到河南之后，也不含糊，派出一支小分队将郑州团团包围起来，借此来扰乱视听，再次引诱，分散金军赶来救援。

但让窝阔台没有想到的是，此时河南地区天气骤变，使得金军无法返回救郑州，而是驻扎在了禹州（今河南省许昌市禹州市）南边一带。

而此时，拖雷率领着手下兵马也抵达了三峰山（今禹州市区西南一带），再次蓄势待发，准备与即将赶来的金军展开一场厮杀。

可迟迟不见金军的影子，拖雷一合计，干脆派人向窝阔台报告了自己这边的情况，并且希望窝阔台能派兵从后方突袭围住这支金朝军队，与自己一方前后夹击，一起包顿饺子，打个配合。

窝阔台收到了拖雷传来的信息之后，二话不说，立刻派出部队前去禹州围困驻扎在那里的金军部队。

但令窝阔台万万没有想到的是，就在他派出的援军刚出发不久，另一头驻扎在禹州的金军所派出的侦察兵就发现了拖雷，并立刻将此消息上报给了金军统帅。

得知拖雷部队已在三峰山的消息后，金军自然不敢大意，便迅速进行战略部署，从黄榆店（今河南省许昌市禹州市小吕镇）北上偷袭围堵蒙古军队。

当时，金军抢先蒙古人一步占据了三峰山的有利地形，将拖雷等五万人牢牢地困在了三峰山内，使其进退两难。

根据《金史·移剌蒲阿传》记载："合达又议陈和尚先拥山上大势，比再整顿，金军已接竹林，去钧州止十余里矣。金军遂进，北军果却三峰之东北、西南……乃率骑兵万余乘上而下拥之，北兵却……须臾雪大作，白雾蔽空，人不相觌。时雪已三日，战地多麻田，往往耕四五过，人马所践泥淖没胫。军士被甲骨僵立雪中，枪槊结冻如椽，军士有不食至三日者。"

面对金朝浩浩荡荡如乌云压顶般的十五万金军，以及雨点般的飞箭，拖雷一方根本无法招架，死伤惨重。

三峰山是由三座彼此孤立的山峰一字排开而形成的，其中，处于中间的山峰与东面山峰之间的缝隙处有一条蜿蜒悠长的山沟，被称作金沟。

谋求突围的蒙古骑兵被金军追击，无奈之下被迫困在了三峰山内的"金沟"之中，不料这恰恰使蒙军成为笼中困兽。

面对如此险境，拖雷带领着蒙古骑兵向三峰山西南、西北两个方向进行突围、撤退，而金军则在其后紧追不舍。

此时，金军主力居高临下，对困在金沟内的蒙古人发起了猛烈攻击。

蒙古骑兵虽以骁勇善战闻名于世，但在此时也难免产生恐惧心理，逐渐丧失了斗志。

主帅拖雷见状立刻下令全军强行突围。

但金军似乎早已预料到了蒙古人的全部想法，早已率先在山谷尽头的出口地带，挖了无数条壕沟，这使得蒙古骑兵根本无法冲出突围。

眼看败局已定，任凭拖雷征战多年，经验丰富，此时也回天乏术了。

另一头的窝阔台听说自己的弟弟拖雷在三峰山被金军围困，当场派出一支部队赶来救援。

这个时候，金军似乎也是累了，很多士兵连续作战已出现了疲态，于是便对金沟内的蒙军实行了围而不攻的策略。

赶巧不巧，就在这个时候天气骤变，下起了漫天大雪，等到第二日时，鹅毛般的大雪已经能覆盖住了众人的膝盖位置。

金军对这突如其来的大雪完全没有预料，全军被冻得面红耳赤，瑟瑟发抖，加上长时间的作战没有进食，很多士兵忍受不住被活活冻死。

而蒙古骑兵则不一样。

由于常年东征西伐，蒙古骑兵早已经适应了在各种恶劣天气中作战，而此时的这场大雪似乎正是上天赐予蒙古骑兵的一次扭转乾坤的机会。

作为主帅的拖雷也认为这场大雪是长生天赐给自己一方的机会，于是立刻将手下将领汇集在一起召开了临时会议。

这时，有将领提议让全军暂时休整，等窝阔台派来的援兵到了后，再一起里应外合，进行突围。

但主帅拖雷却认为如此良机稍纵即逝，毕竟谁也不知道这场大雪能下多久，如果错过了这次机会，金军就有可能退回到禹州城内，如此一来，将会拖垮蒙军全军的行军进程。

于是当天半夜，拖雷派出一支小分队作为"敢死队"去试探性地突袭守在山上的金军。

而此时的金军已是饥寒交迫，因此见到山下的蒙军忽然冲上来纷纷惊恐万分，慌了阵脚，顿时乱作一团。

到了天明，山下的其余蒙军在主帅拖雷的带领之下，全军突袭，最终成功突围。

更让人意想不到的是，这一场突如其来的大雪居然一下就是多日，使得金军兵器都结了冰，将士们也早已丧失了先前的斗志，有些士兵甚至因寒冷连兵器也拿不起来了。

瞬间，猎人与猎物发生了身份的转换。

随后，拖雷带领着手下将士不仅突袭成功，还与窝阔台派来支援的援军会合，又对金军进行了反杀。

蒙军军心大振，越战越勇，军队采用车轮战术从多个方向向金军不停地进攻。

金军则如惊弓之鸟般四散奔逃。

刹那间，血光满天，染红了地上的积雪，整座山谷都回荡着金军的惨叫声。

而这时，蒙军使用"围三缺一"的战术，故意让开一条通往禹州的道路。

金军没有其他逃命机会，也容不得多想，立刻夺路而逃。

不料此举，却恰恰落入了蒙古人为其设好的圈套中。

蒙军在半路上，将疯狂逃窜的金军又来了一次半路打劫，使得金朝整个军队完全溃不成军。

兵败如山倒，金军将领杨沃衍（一名斡烈）、樊泽、张惠、高英等人也在这期间一个个战死。

根据《元史·睿宗传》记载："遂奋击于三峰山，大破之，追奔数十里，流血被道，资仗委积，金之精锐尽于此矣。"从三峰山通往禹州城之间的道路，刹那间变成人间炼狱，金军尸横遍野，血流成河。

当时只有金军主帅完颜合达、大将完颜陈和尚带领着残余部队惊魂落魄地逃入禹州城。

但不幸的是，众人刚一进城还没来得及关城门，紧随其后的蒙古骑兵就已经杀到了。

于是，禹州城被蒙古人攻破，主帅完颜合达、大将完颜陈和尚在乱军之中被蒙古人杀死。

副官移剌蒲阿则被蒙古人生擒。

当时蒙古人威逼利诱劝他投靠蒙古，而他却宁死不从："我移剌蒲阿乃是女真勇士，生是大金朝的臣子，死也是金朝的鬼魂，自古忠臣不事二主，你们还是省省力气，就别做春秋大梦了！"

蒙古人见他如此冥顽不灵，最后再不多费唇舌，将其处死。

虽然蒙古人在此次战役中大胜金朝，但自身也付出了沉重的代价。

根据《元史·卷一百一十五·列传第二》记载："从太宗攻钧州，拔之，获合达。攻许州，又拔之，遂从太宗收定河南诸郡。四月，由半渡入真定，过中都，出北口，住夏于官山。"

当年夏季，由于天气太热，窝阔台的弟弟拖雷率领自己的部队由真定（今河北省石家庄市正定县），经中都（今北京），北出古北口，回师官山，不料却在返回的途中感染重病，没撑到官山就去世了，终年四十岁。

多年之后，当拖雷的儿子蒙哥荣登汗位之后，所做的第一件事便是追封自己的父亲拖雷为"英武皇帝"；等到忽必烈建立大元朝，定都北京之后，又将其改谥为"景襄皇帝"，庙号"睿宗"。

不过这些都是后话，此处暂且放下不表。

三、残酷的现实

在三峰山之战爆发之后，金朝的元气已大伤，灭亡只是时间问题。

而这时候，表面上和谐共处的蒙古与南宋就像一对情侣，有时一致，有时也会有分歧。

一致点就表现在，双方这一时期的共同目标——金朝。

在消灭、对抗金朝这一方面，蒙古与南宋是高度一致的，双方都对女真人恨之入骨，恨不得将其碎尸万段。

而分歧点则在于，蒙古与南宋都在瞒着对方，各自利用金朝内部的起义军与叛乱分子做文章、搞事情。

因为灭金这项终极目标将蒙古与南宋拴在了一起，使得双方来往非常密切，互相同使，并达成了合作协定。

然而，双方的利益点终究是不同的，这也是最终造成了两家分歧、疏远，甚至出现了一定程度上的军事摩擦的根本原因。

金帝完颜珣南迁都城之后，并没有处理好与南宋之间的关系，反而是进一步对外恶化了金朝与南宋之间的关系；另一方面又加重了对内部普通百姓的剥削，最终激起了境内的阶级矛盾，各地不断有起义军反叛或是民间武装暴乱事件发生。

当时，山东地区是武装暴乱最多的地区之一，其中就有杨安儿、李全、郝定、彭义斌等代表人物。

这些人虽互不统属，却都有想归附南宋的共同愿望。

但南宋朝廷对这部分金朝境内的起义军却并不相信，只想对其当作棋子利用。

在南宋与金发生战争时，南宋朝廷就想利用金朝境内的起义军来扰乱金朝内部，于是假意对其进行招降，如此一来，这些起义军所占领的地区名义上就都属于南宋了。

可以说，当时这种方式对南宋朝廷来说还是很有用的，南宋也因此尝到了不少甜头。

但这种方式毕竟只能算是小动作，蒙古人既不瞎，也不傻，怎么可能允许南宋这么肆无忌惮地玩，于是没过多久，蒙古人依法炮制，也搞了起来。

结果，弄得金国境内的起义军在这一时期也是非常混乱，不断在两大势力间来回横跳，一会儿举着南宋的旗帜，一会儿又举着蒙古的旗帜。

南宋与蒙古两家的矛盾、分歧就此产生。

在这期间，红袄军内部自然也不会安宁，最为明显的事件就是李全投降了蒙古、彭义斌从容就义。

这也标志着南宋在金国境内可借用的武装力量最后一一土崩瓦解，不是被灭，就是倒向了蒙古。

不过由于这个时期，蒙古与南宋都还有共同的敌人金国，因而并没有彻底撕破脸皮，仅仅只是试探性地有些武装冲突。

等到金朝灭亡之后，蒙宋两个政权之间已没有了屏障。

此时，两边各自都清楚，他们这个当初以灭金为目的所结成的同盟关系已经进入了破裂的倒计时阶段，两个政权迟早都有你死我活，兵戎相见的那一日，只是出于各自的考量，谁也没有率先迈出这一步。

在灭了金朝之后，蒙古因为天气炎热，以及粮草供给同时出现了问题，因此大汗窝阔台没有急于南下入侵南宋，而是带着蒙古骑兵回师北还，进行了休整，从长计议，只将少量部队留在了原处待命，同时还将金朝的降兵们安排在了当地驻军。

然而，这一举动似乎给了南宋一种错误的信号。

此时的宋理宗赵昀还沉浸在出兵北上收复故土的美梦中，满脑子只有自己建功立业，流芳百世的画面，完全将当年靖康之耻的教训抛在了脑后，以为只要自己一方率先表现出了诚意，对方必定也会履行承诺。

为了能尽早入境河南地区，宋理宗赵昀没有立刻向蒙古提出履行承诺的要求，而是率先将陈、蔡西北等地大笔一挥，划给了蒙古，想通过这种交换土地的方式来与蒙古交易，并想趁着蒙古人北还休整，三京（即西京洛阳、东京开封、南京归德）空虚之际，赶紧出兵北上进入河南地区，在那里插上南宋的旗帜，宣示主权。

这种想法在朝堂之上一说出口，立刻得到了主战派将领赵范等人的一致赞成叫好。

但说实话，到这个时候，谁都不敢保证南宋与蒙古的这种交易能顺利地按流程走完，不出现任何幺蛾子。

毕竟，理想很丰满，现实很骨感。这是千古不变的道理。

所以，朝堂中除了赞成的声音外，自然也会有反对的声音。

一些没有被金朝亡国消息冲昏头脑的官员，劝告宋理宗赵昀要谨防蒙古发难。毕竟北上攻打金朝已经使得南宋军力受损不少，活着回来的将士们也是疲惫不堪，若是再与蒙古开战，必定会得不偿失。因此并不赞成南宋在这时候出兵入境河南地区，还是再观望一段时间的好。

两拨人为了南宋到底应不应该在这时候出兵进入河南，争论不休，据理力争，吵得连房顶都快被掀开了，依旧没吵出个结果。

然而，宋理宗赵昀此刻建功立业的欲望本来就使他无法冷静地判断事物了，加上赵范等主战派官员们一顿鸡汤式的洗脑，让他更加坚信此刻若不抓住机会入驻中原，日后必将后悔终生。

为了避免夜长梦多，他又作出了一个一拍脑门的大胆决定。

那就是将吴渊等劝阻自己出兵的大臣一一罢免，彻底扫清了自己北上计划的障碍。

就这样，由宋理宗赵昀亲自决策，南宋朝廷最终还是决定发兵入洛。

史书中将南宋这次出兵北上称为"端平入洛"。

南宋端平元年、金朝天兴三年、蒙古窝阔台六年（1234）七月，宋理宗赵昀命大将全子才率一万人马进入河南汴京，后又命素有"威武全才"之称的赵葵为主帅，领五万人马紧随其后，命赵葵的哥哥赵范为两淮制置大使（是宋代的一种官职，主要负责筹划和策划沿边的军事事务），驻军光州（今河南省信阳市潢川县）、黄州（今湖北省黄冈市西南部）两地，并负责与其余两支部队接应。

但发兵北上入洛能否顺利成功实施，关键还要看具体实施者京湖制置使史嵩之。

因为当时，南宋若要出兵北上，最快也是最有效的方式就是从京湖地区（今湖北省、湖南省的北部和西湖）直接调兵。

但因为当时京湖地区正处于常年饥荒的状态，当地百姓苦不堪言，所以根本无法给过路的南宋军队提供粮草补给，也因为这个原因，作为南宋京湖制置使的史嵩之极力反对宋理宗赵昀从京湖地区调兵北上。

当时，宋理宗赵昀以兵部尚书的职位来诱惑他，不料，却被他一口回绝。

要知道自古以来，但凡是让帝王下不来台的臣子的日子都不会好过，史嵩之自然也不例外。

宋理宗赵昀一看既然这史嵩之让自己不舒服，自己也不能让他太舒服。

于是，宋理宗赵昀便让史嵩之负责筹划北上军队的粮饷问题，如若处理不好就要追责。

尽管史嵩之反对出兵北上，但宋理宗赵昀已经作出了决定，他也不好再说什么，只好带着抵触心理，勉强接受安排。

该年的六月十二日，全子才带领着南宋的一万领头兵从泸州（今四川省泸州市一带）出发，一路长途跋涉，最终进入了传说中繁花似锦的汴京城。

在进城之前，这些久居南方的宋军将士对传说中的那座汴京充满了无限向往与幻想。

可自他们的脚踏进河南地境的那一刻，现实的景象就将他们从美梦中拉了回来。

这一路，众人所看到的一切都是前所未有的荒凉和残破，千里无人烟的荒地，干瘦而枯槁的流民，弃之荒野的尸体，以及因抢食死尸而互相撕咬的恶犬。

眼前真实的一幕幕都告诉众人，曾经这里的繁华早已不复存在，如今的这里已成了人间炼狱。

来到汴京之后，全子才等人立刻遇到了原先驻扎在此处投降蒙古的金军将士。

这些人因不满先前蒙古人的统治，于是便杀了蒙古统帅，主动向全子才献城投降。

全子才怎么也没想到，自己出师汴京居然如此顺利，不费一兵一卒，就将故都收回了。

消息很快传回南宋朝廷，瞬间使得朝野上下沸腾一片。

时隔百余年，南宋终于一雪当年二宗被掳、朝廷被迫南迁的耻辱！

宋理宗赵昀更是激动得都哭出来了，当场下令给出征的所有将士集体升官，全子才晋升为西京留守，统帅赵范晋升为东京留守。

全子才带领着南宋军队如此轻易地就将南京、东京二地收入囊中，全军都沉浸在喜悦当中，谁也没有往深一步去思考原因。

等到赵葵率领淮东军主力赶到汴京后，更是没有多加考虑，立刻将全军分成了两队。

由于粮草紧缺，赵葵命将士们自行携带五日的干粮随后出发前去攻下洛阳城。

但五日的干粮明显对于行军作战的将士们不够，将士们的不安一传十、十传百，很快便影响了全军的气势。

更为糟糕的是，后方史嵩之在运粮问题上抠抠搜搜，百般刁难，由此军粮不得不走水路，从两淮地区坐船运过来。

原本以为这样就可以解决所有问题了，但老天爷似乎偏偏要为难南宋军队。

就在这个时候，从两淮走水路运往北方的粮草一入黄河便深陷泥潭，滔滔泛滥的黄河水，将南宋所有的粮草顷刻间吞进了河底。

而与此同时，进入洛阳的南宋军队早已将携带的军粮吃完。

无奈之下，众人只能采集蒿子，掺上面粉做成饼来吃。

可是，这样解决五脏庙的问题毕竟不是长久之计，将士们依旧填不饱肚子，而饿着肚子自然没有精力和体力去作战。

即便是不懂得军事的人也知道"兵马未动，粮草先行"的道理。

吃不饱肚子的南宋军队一旦遇到了蒙古骑兵，必将是全军覆灭。

如果不出意外的话，这个时候就要出意外了。

前脚刚到达西京的南宋军队还没来得及休整就在当夜遭遇了早已埋伏在此的一支蒙古骑兵的突然袭击。

可想而知，这一战必定是毫无悬念的，南宋军队全军覆灭，无一生还。

消息很快便传到了主帅赵葵的耳朵里，赵葵当场大惊。

此时的他已经被南宋军队失利的消息乱了方寸，急急忙忙重新调整部署来应对杀将而来的蒙古人。

但凶猛而来的蒙古骑兵就如同闪电下击一般，哪里能留给他重新排兵布阵的时间，顷刻间便将刚进入河南地区不久的南宋军队打了个片甲不留，四散奔逃。

南宋一方不知道的是，蒙古骑兵的这一次反扑并不是偶然为之，而是一次有目的、有计划的军事行动。

因为就在南宋军队北上入洛的同时，蒙古大汗窝阔台在蒙古本部的诸王大会上已经作出了南侵的决策。

所以，当数以万计的蒙古大军出现在南宋将士们的眼前时，饥肠辘辘的南宋军队便完全丧失了主动权。

他们见到蒙古骑兵就跟见了瘟神似的，个个掉头就跑，狼狈南撤，最终落得个人数死伤过半而寸土未得的悲惨结局。

蒙古将领塔察儿率领军队长驱直入，将不堪一击的南宋士兵杀的杀、赶的赶，迅速将汴京、洛阳等地收回。

就这样，刚到手还没来得及焐热的三京，转瞬便又落入了窝阔台的手里。

宋理宗赵昀收复北方故土的心愿就这样落空，而南宋为了这次北上入洛所付出的代价却是更加沉痛，不仅丧失了人马和金钱，更加丧失了收复故土的信心。

"端平入洛"注定是一场失败的军事行动，它不仅使南宋付出巨大而惨痛的代价，同时也成为蒙宋之间战火的导火索。

然而，这场战争所导致的失败结果，并没有让南宋朝廷吸取教训，而是再一次相互推卸责任与互相责怪；主战派官员们自然是垂头丧气，无话可说，但主和派官员们却从头到尾也只有指责，没有一个行之有效的法子来解决今后的局势，使得本就已积贫积弱的南宋朝政大乱，同时加快了它灭亡的脚步。

第五章　窝阔台时期蒙古政权的双线作战

一、长子西征

金朝已灭，南宋又因为不成熟的"端平入洛"计划，付出了沉重的代价，损兵折将，元气大伤。

而窝阔台则通过南宋的"端平入洛"，彻底将南宋的军事实力从外到内看了个清清楚楚。

南宋的弱鸡表现如同一针兴奋剂，使他迫不及待将谋划已久的南侵计划提前。

为了师出有名，他先假意派使者到南宋，趾高气扬地指责南宋一方违背盟约。

如此一来，南宋一方成了偷鸡不成蚀把米，面对蒙古使者的指责，半天哑口无言，只能受窝囊气。

南宋端平二年、蒙古窝阔台七年（1235）。

窝阔台以南宋"端平入洛"为借口与南宋撕破脸皮，正式举兵南下攻伐南宋。

当时，窝阔台集结了号称有十万人的大军，从两路进攻南宋，一路由其三子阔出及宗王口温不花、国王塔思等统率，从东攻宋荆襄、江淮地区；另一路则由其子阔端、都元帅塔海绀卜等率领，自西路攻南宋取四川。

十万蒙古骑兵，犹如乌云压顶，气势凶猛，雄赳赳、气昂昂地向着南宋开拔，大有一口气将其生吞活剥的架势。

当然，除了对南宋用兵之外，窝阔台与一众蒙古贵族们对当时的地缘形势也看得非常清楚。

如果蒙古要成为数一数二的强大政权，就不能将目光局限于黄河以南的中原地区，一定要多线路开辟出更广阔的地域。

因此，蒙古高层们不得不为将来所谋划。

尤其是窝阔台。

此时，他的野心已超越了当年自己父亲成吉思汗在位时期。

但彼时，这个强大的草原政权存在着一个非常大的问题，那就是没有一套完整的中央集权制度。

各个部落的向心力全部要依靠一个天生就强大的人物才能凝聚起来。

第一代的铁木真可以算是一个奇迹，是万军膜拜的领袖。

而如今，到了第二代的窝阔台执政之时，在这方面则就显得有些弱势，有些人是不服他的。

所以，窝阔台必须通过一系列的军事行动来建立自己的军功才能服众。

因此，这也成了他上台之后，首先要解决的问题。

随着多年征战所带来的蒙古疆域扩大的优势，财富从四面八方汇集一处，驾驭的臣民也越来越多，窝阔台为了获得更多的财富和更多的臣民，早已有了统领世界的想法，所以他早已不满足仅在草原和富饶的中原地区秀肌肉，而是要探索出更广阔的天地，去大干一场。

蒙古人靠着与南宋达成合作协议才将自己的世仇金朝消灭，若乘着此刻挥师南下，一口气连同南宋也吞了虽然也不是不可以，但会让蒙古人耗费很大的精力。

毕竟，蒙古人东征西伐的主要目的是为了获取更多的财富以及臣服的百姓。

虽然南宋看起来比金朝要弱很多，但想想当初，成吉思汗攻打西夏时的困难，以及后来要和南宋联手才能灭了金朝，就不难想象要一口气吞并南宋也不是一件轻松的事。

于是，就在攻伐南宋的军队出发的同时，窝阔台便召开了"库里台"大会，并宣布要进行第二次的西征。

当时他下令，命各支宗室均以长子统率出征军，万户以下各级那颜（蒙古贵族的统称）也派长子率军从征，并以术赤次子拔都为首，以老将速不台为主帅。

由于这次西征是以宗室、贵族们的长子为统帅，因此也被后世称为"长子西征"。

此次西征的部队人数共计十五万，战马五十万，自各个部落出发，并最终集结在一处。

蒙古人将此次西征的第一个目标选在了地处草原西北方的斡罗思（也译作"阿罗思""兀鲁思""兀罗思""斡鲁思"，指13世纪基辅罗斯等公国，位于今乌克兰基辅及俄罗斯莫斯科一带地区）以及总是不安分的钦察人。

当时，主帅速不台将手下十五万大军分成了两部分，一部分由他自己、拔都和不里带领向北去攻打伏尔加保加利亚，而另一部分则由蒙哥、贵由带领向西去攻打不安分的钦察人。

如果顺利的话两拨人很快便能完成各自的目标会合。

蒙哥与贵由带领的部队去打钦察人自不必多说，很顺利便完成了目标。

居住在伏尔加河和乌拉尔河之间的钦察部首领忽鲁速蛮一听蒙古军来了，心生恐惧，连忙派人带着金银珠宝和美女去投诚。

蒙哥与贵由对此自然是非常高兴，没想到没动一兵一卒对方就已经主动投降了，这对自己一方来说减轻了不少力气。

现在，唯有居住在伏尔加河下游的一支钦察部落还是比较顽固的，蒙哥与贵由准备将全部精力都用来对付这支不老实的钦察人。只对付钦察人对蒙古总体来说，还是非常轻松的。

而另一边拔都、速不台所带领的部队就没有那么轻松了。

老天爷似乎要故意为难一下这批自傲的蒙古人。

就在一众人马来到伏尔加保加利亚（从 7 世纪至 13 世纪东欧古国名称，又名伏尔加河卡马河保加利亚，范围是当代的伏尔加河与卡马河）的时候，却遭遇了当地人的强烈反抗。

面对这种情况，一开始长期打胜仗的蒙古人并没有放在心上。

当时年轻气盛的拔都，甚至想直接率领蒙古铁骑一口气将对方铲为平地，不留任何活口。

但当地的河流众多，因此很大程度上限制了蒙古铁骑的行军推进速度，先行派出去的侦察兵很快就被伏尔加保加利亚的哨兵发现，并且在撤退的过程中掉进对方预先设好的埋伏里。

经过双方一番惨烈的殊死搏斗，蒙古一方仅有一名侦察兵侥幸活下来逃回了军营。

拔都得知情况后，觉得震惊又愤怒。

他无法相信，自爷爷成吉思汗统一蒙古之后，一直被上天眷顾的蒙古人居然会在东欧一个小国面前栽了跟头。

但此时的他绝不能因为愤怒而失去了理智，只能冷静下来重新调整队伍，等待最佳进攻机会的到来。

南宋端平三年、蒙古窝阔台八年（1236）冬，天寒地冻，河水成冰，满天的大雪纷纷而落，白色的雪花在地面上越积越多，似一颗颗钻石，闪烁着耀眼的光芒。

这种天气，别说是人了，就算是满身厚毛的猎犬恐怕都要被冻死。

但这恰恰就是拔都要等待的机会。

曾经给蒙古军队带来困扰的湍急的河流，此时已转变成为蒙古军队渡河攻城的最好途径。

于是，拔都不再犹豫，立刻下了进攻的指令。

蒙古军队一鼓作气，越过结了冰的河面向着保加尔城直冲而去。

数万的铁骑犹如黄蜂出巢，密密麻麻，杀声震天，令人不寒而栗。

而此时，在城内的守军，并没有将眼前的蒙古骑兵当回事。

毕竟，他们所守的这座城池号称铜墙铁壁，易守难攻，而反观对面的蒙古军队，全是骑兵，连个攻城器械都没有，一看就知道不善于攻城，如何与他们较量？

但令这些保加尔城守兵没有想到的是，蒙古兵虽都是骑兵，却早已从青铜升级成了王者，且非常善于攻城。

在东方，他们已经将之前占据丝绸之路的西夏，以及占据中原腹地的金朝双双消灭了，这两个政权可都比眼前的伏尔加保加利亚强大得多。

于是，还没等城头上的东欧士兵反应过来，蒙古骑兵就已经轻而易举地攻破了保加尔城的城门，并以闪电般的速度，将整座城摧毁得不成样子了。

拔都为了给敌人好好地上一课，特意对手下士兵下令，全军三日不封刀，绝不让城中任何一个身高超过马车轮子的男人活着，对那些值钱的东西，能拿的全部拿走，一个不留。

得到指令后的蒙古兵，就像是过年一般兴奋，在保加尔城中疯狂展开行动，顷刻间，便将这座积攒了数百年之久财富的城池一扫而空，城中的男子们更是全部被蒙古人的弯刀送去了西天。

就这样，两拨蒙古军都取得了胜利，并最终整合在一处，继续向西北推进，来到了梁赞公国附近，准备开始第二轮的攻伐。

这一次，蒙古人依然是先派出侦察兵去查探各个公国的城池防御措施情况。

毕竟，知己知彼，方能百战不殆，这是自古以来，所有开战部队屡试不爽的一招，当然也是非常有效的一招。

但令蒙古人感到非常意外的是，此时梁赞的各个公国正处于内斗的状态，不是今天你打我，就是明天我打你，互相争夺"大公"老大的位子，完全没有工夫去理会蒙古人的到来。

拔都认为，这是老天在帮助蒙古人，面对这些群龙无首的虾兵蟹将，自己一方甚至不需要出一兵一卒，于是二话不说，连忙派人去劝降。

但令他万万没有想到的是，他派出去的使者，在众公国间来回跑了一个遍最终也没找到"话事人"，最终只能无功而返。

见此情况，拔都也是丈二和尚摸不着头脑，但很快嘴角便情不自禁露出了喜悦的笑容。

想不出方法的时候，使用武力一样是一种方法。

既然梁赞公国打得跟一锅粥似的，那自己不如就做一个和事佬，来帮助梁赞国化解一下矛盾。

南宋嘉熙元年、蒙古窝阔台九年（1237）十二月，拔都集结了手下兵力准备给梁赞公国来一份大礼。

梁赞名义上的大公尤里一看，蒙古大军如洪水猛兽般涌来，顿时一哆嗦，立刻向邻居弗拉基米尔公国（12—13世纪东北罗斯最大的公国，今俄罗斯境内）求助。

可是，当时的弗拉基米尔公国大公并没有理会，而是选择了隔岸观火。

弗拉基米尔公国大公之所以会有这样的心态，主要是因为早在数年之前，蒙古人第一次来的时候，也就抢一抢金银珠宝，然后就呼啸而去了。

因此，弗拉基米尔公国大公才会理所当然地认为，这次蒙古人也一定会和上次一样。

但他不知道的是，这次拔都不远千里万里，带着数万大军而来，并不只为了金银细软。

他的目的是要彻底地征服这片土地。

就在弗拉基米尔公国大公卧在自己豪华的宫殿内享受着穷奢极欲的奢靡生活时，梁赞公国的士兵们却在拼死地抵抗着蒙古铁骑的进攻。

但实力的悬殊使得梁赞公国最终在蒙古铁骑潮水般的冲击之下败下阵来。

梁赞公国引以为傲、坚如磐石的城墙在蒙古人的新式大炮面前根本不堪一击，顷刻间就被对方的炮弹炸成了豆腐渣。

就这样，梁赞公国被蒙古人轻易地攻破。

蒙古铁骑将梁赞境内的所有村庄全部"清扫"了一遍，将那些不服从，以及身高超过马车辖辘的男性全部送去了西天，剩下的老弱妇孺只能乖乖服从于这片土地上新的统治者。

拔都攻下梁赞之后，并没有沉浸在胜利的喜悦里，而是立刻带着兵马启程，开始准备打通下一个关卡。

这一回，他仅仅用了两天时间就赶到了弗拉基米尔公国的边境地带。

弗拉基米尔公国的大公尤里二世一听蒙古人来了，顿时一哆嗦。

他完全没有想到蒙古人的行军速度居然会这么快，于是赶紧派人去向自己的哥哥请求支援，紧接着又吩咐自己的两个儿子带兵去抵抗蒙古人，自己则与一帮护卫连夜逃到了别的公国寻求避难。

不得不说，尤里二世的这一决定在当时看来还算是聪明的。

但人算不如天算。

让尤里二世没有料到的是，他逃跑的速度完全赶不上蒙古铁骑的速度。

很快，拔都率领着蒙古大军便来到了由尤里二世大儿子防守的克罗姆纳（今俄罗斯首都莫斯科的东南近郊，莫斯科河与奥卡河的交汇处）要塞，并派出了侦察兵去查探。

当得知对方的排兵布阵，拔都忍不住又笑了。

因为对方将全部兵力全部压在了前线，这也就是说，对方的后方完全是空虚的，只要蒙古骑兵选择从两翼突袭，或者绕道对方后面去攻击，那么这场战争结局就已经没有悬念了。

虽然知道对方的部署之后，拔都心里已经有了必胜的把握，但这毕竟是客场作战，对方才是东道主，自己还是得留点心眼，万一对方使用障眼法来故意迷惑引诱自己入套，那可就丢人了。

于是，拔都立刻与老将速不台商议对策。

最终，拔都与老将速不台兵分两路，速不台带领一部分兵力继续从敌方正面强攻要塞，而自己则带领一部分兵力另辟蹊径，去包围莫斯科公国（13 世纪末期由弗拉基米尔大公国分封而成，首都莫斯科，位于今俄罗斯境内）。

这边，令老将速不台没有料到的是，眼前这座克罗姆纳要塞是个易守难攻的城池，蒙古人随军携带的新式大炮与投石机在它的面前就像是小孩子的玩具一般，丝毫没有发挥出应有的威力。

显然，这将会是一根难啃的骨头。

说话间，已经过去了五六天的光景，一贯战无不胜的蒙古军这一回也付出了不小的代价，才总算是将这座克罗姆纳要塞攻破，老将速不台更是第一次感觉到精疲力竭，恨不得倒下痛痛快快蒙头大睡。

而同一时刻，另一头的拔都却异常轻松地就将莫斯科这座城池给攻破了，并且将尤里二世的小儿子活捉。

当时的莫斯科还只是一座刚修建不久以贸易与通商为主的小城，因此整座城连像样的城墙都没有，就更别谈什么军事防御了。

随后拔都并没有急着继续开拔，而是下令全军休整，等待老将速不台的部队前来会合。

南宋嘉熙二年、蒙古窝阔台十年（1238）二月。

正当春暖花开、万物复苏的季节即将到来的时候，拔都也准备继续推进。

此时，弗拉基米尔公国周边有点实力的城市都已经被蒙古人攻破占领，剩下的就只有弗拉基米尔的都城了。

因此，拔都自然而然就将目标选定在了这座城池上。

在拔都的指令下，蒙古军对整座城采取了围而不攻的策略，将其围得水泄不通，连一只苍蝇都很难逃出。

不仅如此，拔都还命人将俘虏的二王子带到阵前当作劝降的筹码。

这意思很明显，只要城内的人愿意开城投降，那么拔都就会留二王子一条命，否则只能让其饮恨西北了。

但是，拔都显然低估了城内人的铁石心肠，二王子的死活，他们根本就不关心。

因为此时守城的统帅正是这二王子一奶同胞的兄弟。

看到这里也许有人会问，既然都是兄弟，为何会如此无情？

这是因为，这两兄弟在此之前为储君的位子斗得你死我活，早就将彼此的兄弟情抛到了九霄云外。

因此，此时看到二王子被蒙古人整得不成样子，城内的人又怎么会一时心软，投降救自己的兄弟呢？

拔都一看自己的这一攻心招数不管用，只有痛下杀手，在城门前，当着城内众守城士卒的面，将二王子处死。

这一举动虽然让一奶同胞的二王子毫无反应，却使得城中的士兵士气瞬间跌落至冰点。

接下来，蒙古军利用部队中的攻城王牌器械新式大炮，仅用了六天的时间便将看似固若金汤的弗拉基米尔城攻破了。

攻进城后，拔都沿袭了之前的残暴政策，将整座城洗劫一空。

至此，北俄罗斯境内已经没有蒙古人的目标了，于是拔都继续北上一直到达了今天俄罗斯的最北部边境地带。

由于当时那里是一片无尽的森林与沼泽地带，无法行军，蒙古军才不得已折回。

南宋嘉熙三年、蒙古窝阔台十一年（1239），撤回的蒙古军队在钦察草原一带整整休整了一年，后于第二年继续整装出发。

此时，拔都又将目光投向了东欧南方地带的经济、政治、文化中心城市基辅城（今乌克兰首都基辅）。

在当时，这座城池可是整个东欧地区最繁华的城市。

当然，对于在东方见过了西夏、金朝以及南宋的城市之后，眼前的这座基辅城在蒙古人的眼中根本就是一座只有几条街道、小得不能再小的村子罢了。

蒙古大军来到这里后先是不慌不忙地安营扎寨，之后便依旧按照老规矩，派出了自己一方最高危的职业——使者去劝说基辅大公投降。

之所以说使者在蒙古军队中是个高危职业，是因为在之前的对战中，蒙古使者几乎无一幸免地都被对方的将领下令斩杀。

可令人万万没有想到的是，这一回蒙古使者并没有被敌军将领所杀，而是被几个名不见经传的平民百姓给杀死了。

消息传回蒙古军营，彻底让拔都与速不台二人震惊了。

要知道，两军交战不斩来使，无论在东方还是西方，这都是一条准则。

只要派出去的使者被对方杀了，那就意味着，两方阵营必定要开始一场恶战。

但这一回，蒙古的使者还没见到对方大公的面就被几个平民给杀了，这种奇耻大辱拔都与速不台如何能忍受得了？

于是，拔都与速不台立刻决定开始对基辅实施攻城。

在得知蒙古派来谈判的使者被平民百姓所杀之后，基辅大公惊出了一身冷汗。

毕竟，蒙古人的可怕他早就有所耳闻。

但是，当亡国奴的滋味更不好受。

于是，这个大公便下令治下所有公国都要出钱出兵，一同保卫自己的国家。

当时的基辅城内，一共有五万多斡罗思士兵，所以这个大公在部署了部队之后就立刻开溜，跑去了波兰求援。

但是波兰却不肯轻易出兵帮助基辅大公去攻打蒙古军。

与此同时，拔都这边已经开始下令攻城。

设想一下，当十几万的蒙古精锐部队围攻一座用木头和石块堆建的城池是一种怎样的场景。

蒙古军在城外的四个方向架设攻城法宝新式大炮及投石机，对准基辅城，昼夜不息地对面前的这座城池展开了猛烈的攻击，第一天将其外城砸了个稀巴烂，第二天将内城攻破，第三天便与城内的守军展开了激烈的巷战，直至最终将城内的最后一座教堂摧毁。

至此，基辅也被蒙古大军占领。

多年后，罗马教皇使者加宾尼出使蒙古时，中途路过了基辅。

他在所写的《出使蒙古记》一书中写道："基辅曾经是一个非常繁华、人口众多的城市，可是现在这里已变成了一座废城，什么也没有了，剩下的人还不到二百户。"

从这段文字中可以看出当时的战争极为惨烈。

在拿下了基辅城之后，拔都并没有多做停留，而是率军继续推进，一路来到了加利奇公国（今乌克兰境内）。

如预料中一般，蒙古人很快就将城池攻破，之后便留下了三万人驻军当地，其余的则继续跟随拔都与速不台再次开拔。

但是，数月来的疾速行军使得蒙古士兵们人人身心俱疲，于是全军不得不停下脚步，再次休整。

休整归休整，拔都也没有闲着。

他派出了三批侦察兵，将剩余欧洲地图挨个查看了一遍，而得到的反馈消息是，摆在蒙古人面前的有两个对手，一个是匈牙利，另一个则是波兰。

得知了对方各自的战斗力之后，拔都与速不台立刻制订了作战计划。

北路以察合台的二儿子拜答尔为统帅，领兵三万北上去攻打波兰；南路以窝阔台庶子，蒙古宗王孛儿只斤·合丹为统帅，率领三万人绕过喀尔巴阡山脉（欧洲中部山脉）以迂回的方式前进，目标自然也是波兰。

拔都与速不台则带领剩下的兵马走中路直向匈牙利而去。

不得不说，这样的部署在当时来说非常精妙，简直可以傲视整个欧洲世界。

但令拔都与速不台想不到的是，这一次他们将会遇到一个实力较为强劲的对手，那便是享誉欧洲乃至世界的条顿骑士团（又译"德意志骑士团"，正式名称为"耶路撒冷的德意志弟兄圣母骑士团"）。

东方与西方两个最强悍的国家将会有一次针尖对麦芒的较量。

这里先介绍一下条顿骑士团是怎么回事。

在整个黑暗的中世纪欧洲，有一场战争翻来覆去，连续打了两百余年也没有划整合一，反而是越打越乱，越打越散，这场战争就叫作欧洲"十字军"东征战争。

而说起这个"十字军"东征就不得不提起一个人们耳熟能详的地名，那就是耶路撒冷。

这耶路撒冷是西方三大宗教——犹太教、基督教、伊斯兰教共同认定的圣地。

按照西方的说法，基督教诞生于公元1世纪时期罗马的耶路撒冷，并在随后的岁月中逐渐向欧洲地区扩散强大起来。

公元1096年的时候，耶路撒冷到了阿拉伯法蒂玛王朝的统治之下。

为了夺回圣地，赶走阿拉伯人，当时的罗马天主教教皇乌尔班号召欧洲各基督教公国组织军队东征，收复了阿拉伯人控制下的耶路撒冷。

因为当时出征的每个士兵所穿的盔甲胸前，胳膊与盾牌上都有十字架的标志，因此称之为"十字军"。

自公元1096年至公元1291年，近二百年间"十字军"一共进行了九次东征。

欧洲历史上的"十字军"东征之所以出名，就是因为它的三大骑士团体。

自从公元1096年第一次东征之后，"十字军"便在耶路撒冷周边建立起了四个以"十字军"为国的国家。

在那个年代，伊斯兰教国家正在不断壮大，因此这四个"十字军"国家常年处于不安的状态下。

也是出于这层原因，罗马教皇又带头组织起了三大骑士团，以此来守护好不容易打下来的耶路撒冷地区。

这三个骑士团分别是医院骑士团（又被称为圣若翰骑士团）、圣殿骑士团（正式全名为基督和所罗门圣殿的贫苦骑士团），以及之前我们提到过的条顿骑士团。

其中医院骑士团是最早成立的骑士团，也是存在时间最长的一个骑士团，发展至今它是联合国的观察员组织，其总部设立在罗马，享有外交权利。

而三大骑士团成立最晚的一个则是条顿骑士团，却是影响最大的一个。

它在公元 1198 年 3 月 5 日成立于一个名叫阿卡（Acre）的地方，也就是今天的巴勒斯坦境内。

条顿骑士团主要由德意志骑士组成。

但在公元 1520 年，条顿骑士团的团长阿尔布雷希特（Albrecht）因拒绝臣服于波兰，引发骑士团国与波兰之间爆发战争，最终骑士团国被波兰击败。

当时，郁闷之下的团长阿尔布雷希特便带着残兵败将回到了德意志，正巧赶上德意志境内进行宗教改革。

阿尔布雷希特很快被路德新教所吸引，还结识到了当时宗教改革的发起者马丁·路德（Martin Luther）。

在马丁·路德的引导下，阿尔布雷希特卸任了条顿骑士团团长一职，并将骑士团世俗化，改为了公国，成了一个以宗教为主体的团体，一直延续到公元 1929 年，又更改成为以举办纯宗教仪式、布道、传播教义等为核心内容的团体，其名称也由最初的 OT（条顿骑士团，拉丁语：Ordo Teutonicus）变更为 DO（德意志骑士团，拉丁语：Deutscher Orden），其总部设立在今天欧洲的奥地利维也纳。

如今，这个团体成员大约有 1000 人，主要以做慈善为主业。

接下来，让我们把时间调回到 13 世纪，蒙古"长子西征"的那个风云变幻的时间段。

东方与西方两支最强大的军队——蒙古与条顿骑士团即将展开一场激烈、残酷的角逐。

南宋淳祐元年、蒙古窝阔台十三年（1241）。

拔都与速不台率领着中路军向匈牙利挺进。

拜答尔率领着北路军向波兰而去。

一时间，蒙古大军逼近的消息传遍了欧洲大陆，引来一片哗然。

当时，作为整个欧洲最有影响力的罗马教皇格列高利九世（意大利籍教皇，1227—1241 年在位）便号召欧洲各公国组建一支联盟军队来抵抗即将到来的蒙古大军，并将这支联盟军队的总指挥权交由当时的德意志国王腓特烈。

很快，拜答尔的部队便抵达了波兰，并与波兰军队展开了一场毫无悬念的战争。

还没等波兰军队反应过来已经被蒙古军队闪击。

拜答尔率领着蒙古军队先是渡过了维斯瓦河（波兰境内的南部河流。这条河流是波兰境内最长的一条河流，全长 1047 千米，流域面积 19.2 万平方千米，占波兰国土面积的三分之二），之后便对着河对岸的桑多米儿城（今波兰境内东部的桑多梅日城）发起了攻击。

结果，仅仅几天的时间，城内的波兰守城士兵已经支撑不住，城池被蒙古军攻破，整座城池被洗劫一空。

消息传开后，立刻让整个欧洲震惊，并将他们笼罩在恐惧里。

而波兰面对蒙古军的入侵，不断地在向外界求助支援。

攻破了桑多米儿城，拜答尔没有做过多的停留，直接将剑锋指向了波兰的首都克拉科夫城。

当时波兰的克拉科夫公爵立功心切，便带着自己的部队，对拜答尔的部队发起了猛烈进攻。

而蒙古军队面对波兰军的正面攻击，没有选择与其硬碰硬，而是扭头就跑。

不仅如此，在逃跑的过程中，蒙古军队还将之前在桑多米儿城抢夺的财宝都丢在了路上，显得非常慌乱。

克拉科夫公爵见状，认为是蒙古人怯战，顿时大喜，于是便带领手下将士在后面疯狂追赶拜答尔等人。

殊不知，这么一来，克拉科夫公爵恰巧钻进了蒙古人为其设下的圈套。

蒙古军队最善于用这种诱敌的方式来引敌人进入为其提前设好的圈套。

先前在中原与西夏、金朝以及南宋的对战中，蒙古军队也经常用这种战术，长驱直入，最终吞并西夏、摧毁金朝、拖垮南宋。

可以说，这一招是蒙古军队最驾轻就熟、信手拈来的常用打法，且屡试不爽。

但当时的欧洲人并没有见过这种战术。

克拉科夫公爵率领着自己的波兰军队一路追赶蒙古军，一面将其丢弃的财物收进自己囊中，不知不觉就进入了蒙古人设下的圈套中。

就在波兰人沾沾自喜之时，忽然看见，原本逃跑的蒙古军此时却忽然去而复返并对他们发起了攻击。

面对这种情况，克拉科夫公爵一开始依旧没有任何危机感，命令手下士卒上前去迎战蒙古军。

因为在他看来，自己一方的军队，从人到马匹全部穿上了重达几十斤的铠甲，而对面的蒙古军的防护却极为简陋，每个蒙古士兵只有"扎甲"（指方形的甲片直接用皮条、绳索互相穿组。甲片横向纵向均互相叠压，刀剑难入）在身，这种来自古老东方的铠甲，在当时的欧洲人眼中简直就是简陋至极。

但当时的欧洲人一定想不到，铠甲这种护具的好坏与轻重并无太大关系。

好的铠甲除了能为士兵们防御来自敌人的攻击外，还要为士兵们的举手投足减轻负担。

而扎甲恰恰就完美地具备了这两点。

可惜，克拉科夫公爵对此却一无所知，因此他料定，自己一方的波兰重甲骑士们一定能够打败对方的蒙古兵。

但这世间的奇迹往往都是从自负开始的。

两方人马刚一照面，从头武装到脚底板的波兰军队便被轻便灵活的蒙古骑兵打得喘不过气来，眨眼间就被屠戮殆尽。

克拉科夫公爵大惊失色，急忙下令撤军。

但刚掉转马头，波兰军队就见后方此时也有大批蒙古军冲着自己一方杀将而来。

面对蒙古军队前后夹击的波兰军队很快便败下阵来，被蒙古军打得四散奔逃，溃不成军。

在此危急之下，克拉科夫公爵多次组织手下将士进行突围，却都以失败告终。

最终，克拉科夫公爵只能带着一旁的亲卫兵逃之夭夭，而将其余士兵抛下。

波兰将士们一见自己家的主将居然抛下整个军队逃了，顿时也没了气势，无心再战，纷纷逃跑。

但蒙古军岂能让敌人活着离开战场？于是，战场瞬间变成了狩猎场，波兰士卒被蒙古人当成了追逐的猎物一般，或射杀，或斩杀，无一幸免。

而拜答尔在大败了克拉科夫公爵之后，顺势就将克拉科夫公爵所在的公国也一口气给吞下了。

仅仅过了四五日的光景，拜答尔又率领着蒙古军队攻下了波兰境内的另一个城池弗罗茨瓦夫。

本以为，这次的攻伐将又是一场没有悬念可言的进攻。

可万万没想到的是，由于拜答尔的部队进军过于深入，战线拉得过长，拜答尔的部队刚开始进攻就遭遇上了波兰请来的救兵。

　　而这支救兵部队正是由享誉整个欧洲世界的圣殿骑士团与条顿骑士团联合组成的，可以说是当时欧洲最强悍的"特种兵部队"。

　　而反观拜答尔一方，此时全军上下满打满算也不过两万多人马。

　　但即便如此，拜答尔依旧没有慌乱，因为经验告诉他，欧洲军队都是外强中干的存在，因此根本没必要害怕。

　　加之此时，整个欧洲都是四分五裂的状态，波兰的情况也是一样，尽管他们现在组成了联军，但是也完全没有必要为其担心。

　　也因如此，手下只有两万多兵马的拜答尔才会觉得对方即便人多势众也不堪一击。

　　双方人马在今天波兰境内的尼斯河平原相遇。

　　与此同时，听闻消息后的捷克国王也带领着他的五万精锐部队气势汹汹地在赶来的路上。

　　拜答尔看着对手那数倍于自己一方的人马，顿时计上心来。

　　古语有云，知己知彼，方能百战不殆。

　　蒙古人在中原与西夏、金朝以及南宋对战多年，自然对这句古老的东方名言深信不疑。

　　也因如此，在开战之前，蒙古人早就对欧洲各国的作战方式作了一番详细透彻的了解，并对其制定了一系列的对策。

　　而波兰军一方虽然人多势众，但明显还是非常谨慎，毕竟他们面对的可是令整个欧洲都闻风丧胆的蒙古军队。

　　波兰先派出了自己一方的敢死队出战，以此来试探一下蒙古军的实力，同时也是想消耗一下蒙古军的战斗力。

　　但这一次，他们想错了，蒙古军队并不是欧洲军队，因此也不会像欧洲军队那样横冲直撞地与敌人正面较量。

　　而这一次，拜答尔也并没有运用蒙古人擅长的"佯败"战术。

　　因为他发现，此刻冲过来的只不过是一群波兰的敢死队。

自负的他认为，面对这群赶来送人头的波兰人，没有必要使用任何计策，而大招通常是要放在关键点上使用的。

况且，在开战之前，蒙古军早已在此地周围布下了天罗地网，等待对方主力部队进入圈套。

结果正如预料中的那样，一个回合过后，波兰的敢死队已经全部被蒙古人屠戮殆尽，这让拜答尔对战胜波兰联军更加有了信心。

而通过这次交锋，拜答尔也看出了对方阵营中的最大缺点，当然也是最致命的一点。

那就是，对方虽然人数众多，却是一盘散沙，各个方阵中的指挥官都只能指挥自己所在的方阵。

在当时欧洲的军队中，指挥官互相是不联动的，只能各自指挥自己的方阵。

拜答尔根据这一破绽，制定了新的作战策略，准备再次向波兰军发起进攻。

反观波兰军队一方，眼睁睁看着派出去的敢死队惨死在蒙古军的战刀之下，不但没有任何反应，反而开始互相责备起来。

而就在此时，条顿骑士团再也按捺不住了，突然抛开队友径直向着蒙古军杀将过来，而他们的表现更是让拜答尔没有想到。

这些重甲骑士个个就像铁塔一般，一上来就将蒙古军队给冲破了一个口子。

这一幕，让波兰一方的所有将士震惊。

看来欧洲"特种兵"果然名不虚传。

但拜答尔面对这种情况却依然毫不紧张，因为这一切都在他的预料之中。

条顿骑士们见蒙古军在后撤，顿时喜出望外，也不管后方的友军有没有跟上，只管追击蒙古兵，殊不知，自己一帮人已在不知不觉中进入了蒙古军为其设好的圈套。

拜答尔一见条顿骑士们中计，并没有急于收网，而是继续引诱敌方追击自己。

他想让这颗子弹再飞一会儿。

说时迟，那时快！

条顿骑士团一路追击至丘陵，这正是拜答尔等待反击的时刻，因此立刻下令让一部分骑兵从两翼包抄敌人。

蒙古骑兵用的都是复合弓，威力极大，"穿甲透铠，莫之能御"，"草原部队"充分发挥骑兵的优势，无论是跑还是追，也不管是侧面还是正面，无时无刻不在拉弓射杀敌军。

要知道，当时的欧洲军队普遍对弓箭的防护很弱。

因此面对蒙古军暴雨般地射杀，条顿骑士团根本无法阻挡，只能惨死在飞箭之下。

此时，后面的波兰联军见条顿骑士团与自己以及其他几路联军的队形实在相距甚远，即便想赶上去支援也已经来不及了。

于是，在蒙古人的攻击之下，条顿骑士团全军覆灭，而此时波兰的第一联军、第二联军及第三联军才赶到，但为时已晚。

此时联军将士们亲眼见到条顿骑士团被蒙古人团灭，气势早已全无，因此一上去就被蒙古军接二连三地清除。

拜答尔见状便不慌不忙地下令，派出了自己一方的重装骑兵。

要知道在当时，蒙古军队主要以轻骑兵为主，却也有不少重骑兵。而重骑兵在蒙古军队中就等同于现代部队中的坦克部队。

拜答尔将这支杀手锏放到最重要的时候才亮出来，意图非常明显。

仅仅一个时辰左右，波兰联军便只剩下了步兵。

而蒙古兵则顺势分成三路对敌人发起了进攻，重骑兵冲击敌人中路，而轻骑兵则从两翼对敌人继续射杀。

如此一来，波兰联军就不得不分成两部分。

但拜答尔此时却没有下令歼灭波兰联军，反而故意留出一个缺口，让对方逃走。

此时的波兰联军已经被打得喘不过气来了，一见有活命的机会根本连想都不多想一下，纷纷选择溃逃，不料这一举动，恰恰中了拜答尔的计策。

他们这么一逃，正好将后方留给了蒙古军，顿时不仅失去了翻盘的机会，连活着的机会也失去了。

蒙古骑兵在后方追击波兰人就像猎人在追击猎物一般，刹那间，战场变成了狩猎场。

而作为猎物的波兰联军，很快就被蒙古军斩杀于马下，无一幸免。

此战是当时东西方两大军事团体的正面对决，蒙古军则以压倒性的优势取得了全面胜利。

此战，波兰联军至少损失了近三万人。

而当时的波兰西里西亚大公亨利二世也在这场战役中丧生。

二、第二次西征的最后一战

波兰联军大败的消息一时间在整个欧洲世界传开，千里迢迢赶来支援的捷克国王一听波兰联军大败，顿时吓得魂飞魄散，立刻掉转马头，带领手下五万大军返回了捷克。

反观拜答尔。

在打败了波兰联军之后，并没有向着捷克方向进发，而是扭转了方向，去南方与拔都、速不台会合，准备参加对匈牙利的战争。

由此，里格尼茨城也成为蒙古人第二次西征时到达过的最远的一个地方。

而此时，远在数百公里之外的欧洲南方，拔都与速不台率领的蒙古中路军也在同一时刻越过了喀尔巴阡山脉，杀气腾腾地向着匈牙利的首都布达佩斯挺进。

接下来，蒙古军队是否能进入欧洲腹地，关键的节点就在于接下来的一战——匈牙利。

此刻的匈牙利（当时的匈牙利王国涵盖了包括今匈牙利部分地区以及特兰西瓦尼亚等周边区域）举国上下都陷入了蒙古人即将到来的恐惧之中。

国王贝拉四世更是整军备战。

加之当时的匈牙利是由马扎儿人（早期游牧于欧亚草原上的操乌戈尔语的一支游牧民族，也是匈牙利境内的主体民族）所建立的王国，因此，他们的血液中依旧还保留着不少游牧民族的基因与特质。

所以，为了即将到来的蒙古人，匈牙利国王是既兴奋又害怕。

他依照当时匈牙利的风俗，派遣使者手持带血的宝剑，号召匈牙利周边的公国前来支援，同时也向教皇和神圣罗马帝国求援，并联络库曼人（一般指钦察人）参与抵抗蒙古人的战争。

当时，匈牙利军队人数可是远超拔都、速不台等人所带领的蒙古军队，因此有绝对的优势。

贝拉四世为此战一共集结了八万余人的队伍，摩拳擦掌，就等着蒙古人一出现，冲锋的号角一吹响，千军万马奔赴沙场的那一刹那。

反观拔都一方。

在得知了匈牙利的军事部署情况之后，拔都与速不台便开始谋划设计攻伐匈牙利的策略。

为了迷惑匈牙利，拔都找来了翻译，假意给贝拉四世写了一封信，谎称自己是想找寻逃跑的奴仆，无意攻打匈牙利，因此希望贝拉四世行个方便，不要阻拦自己一方人马前行的路。

但这种做法明显是此地无银三百两，贝拉四世又怎会轻易上当？

何况，蒙古人的凶残早已传遍了整个欧洲大陆，之前的斡罗斯、基辅、波兰等公国的结局都是最好的前车之鉴。

因此，对于拔都的来信，贝拉四世视而不见，不做任何回应。

见贝拉四世没有反应，拔都又写了一封信叫人给他送去，但没想到的是，贝拉四世依旧毫无反应。

虽然贝拉四世对于拔都的来信毫无反应，却在暗地里开始排兵布阵，做好了随时开战的准备。

而拔都也是非常有耐心，你不回信没关系，我继续给你写。

除此之外，拔都也没闲着，他将部队分为南北两路同时开拔，北路军由自己亲自统率，速不台则带领南路军。

这一年的五月，蒙古大军两路人马顺利进入了匈牙利的境内，并仅仅在数天的时间内，攻占了第一座要塞。

此时的蒙古大军在匈牙利如入无人之境，所到之处居然没有任何抵抗就主动献城投降了。

这样的局面让拔都等人颇感意外，难道这一次蒙古军真要不费一兵一卒就拿下整个匈牙利了吗？

殊不知，之所以会造成这样的局面，是因为之前贝拉四世的统治过于残暴，以至于境内的百姓与周边依附于匈牙利的小国都非常不满，导致各地的领主们早就有了叛逆之心。

贝拉四世无奈，只能拉着外族库曼人帮忙，以此来加强自己的实力，从而起到打压反对他的人的目的。

但没有想到的是，这种做法不但没有解决问题和矛盾，反而加剧了贝拉四世与众人的矛盾。

而那些来到匈牙利的库曼人，与当地人相处得也并不融洽，双方经常起冲突。

但贝拉四世为了自己的利益，拉拢库曼人，自然而然对这些问题视而不见。

久而久之，匈牙利境内的百姓便对贝拉四世产生了极度的反感。

拔都在得知匈牙利内部的情况后，不由得心中大喜，于是下令加快推进速度，希望早点攻破匈牙利。

为了刺激贝拉四世，这次拔都又给他写了一封信，而信的内容也和之前大体一样。

仅仅三个月的时间，蒙古大军就离匈牙利首都布达佩斯仅有数十公里。

眼看着大敌当前，而国王贝拉四世却还在忙着处理与手下的君臣关系。

由于匈牙利各地的公侯们各个都有属于自己的兵权，因此即便贝拉四世想将这些人团结起来拧成一股绳也很难做到，更无法斩草除根。

而就在此时，蒙古人拔都等人的到来给这种局面更是浇了一桶油。

由于当时的欧洲大陆的政治实行的是封君制度，和中国古代先秦时期的春秋战国很像，因而导致君主没有多大的执行权，只能指挥自己身边的人。

所以，当贝拉四世号召各大公侯们团结起来对付蒙古人时，匈牙利各地的公侯们则对国王贝拉四世提出了相应的要求。

贝拉四世是个能屈能伸的人，在大敌当前的时刻，他意识到宁可受点儿委屈也比最后做亡国君好，等解决了蒙古人的问题后再来收拾这些不听话的公侯也不迟。

于是，在贝拉四世答应了一系列的条件之后，公侯们才一个个派出了自己的部队。

但这些情况，拔都与速不台等人并不知晓。

当拔都率领着蒙古大军来到匈牙利腹地之时，贝拉四世也正好在匈牙利首都布达佩斯城外部署了大量军队来抵御蒙古人的入侵。

拔都依旧是先派出一支侦察小队对匈牙利军队进行侦察，不料却在半道上遭遇了匈牙利的军队。

于是，这支蒙古侦察小队便被匈牙利军很快击退，如此一来使得匈牙利全军上下信心倍增，竟然主动向蒙古人发起了进攻。

速不台一看敌人竟然出兵，便立刻下令以老战术"佯装"败退。

匈牙利一方并不知道蒙古人的策略，以为对方真的是因害怕了而退兵。

于是，在贝拉四世的带领下，匈牙利一方共集结了十万人讨伐蒙古军。

而此时的蒙古人见状立刻向着赛约河（位于今匈牙利境内，该河在历史上也被称为蒂萨河相关流域区域）而去，准备在那里将敌人全部送上西天。

同年的四月，蒙古军埋伏在北面的森林之中等待着敌人的出现。

而与此同时，贝拉四世带领着数万匈牙利将士沿着蒙古人留下的足迹追到了赛约河畔。

为了防止敌人的埋伏，贝拉四世比较谨慎。

他先派出了一支侦察部队前去河边查看。

但这些侦察兵属于非专业人士，转了一大圈，别说是蒙古人，就连个人影子也没发现。

侦察兵们潦草地结束了侦察工作，返回营地向贝拉四世汇报说没有发现敌人踪迹。

不得不说，贝拉四世这个人做事还是很谨慎的，一听河岸边没有发现敌人踪迹，便在半信半疑中又派出了自己弟弟带兵前去查看情况。

反观拔都。

在等到敌人侦察兵离去之后，便立刻派出一支人马，以最快的速度占领了整条河的唯一一座桥梁，之后又派出一支人马从河岸的东面渡河进行埋伏。

部署好之后，整个赛约河最有利的地形全部被蒙古人控制。

本来这是一个天衣无缝的军事部署，但令拔都万万没有想到的是，就在这个时候，贝拉四世的弟弟带着一支匈牙利部队也来到了河岸的桥头。

于是，在桥头的蒙古骑兵便与匈牙利士兵展开了一场血腥的厮杀。

匈牙利一方的人数远远超过了蒙古骑兵，而且是多兵种作战，因此没过多久，蒙古人便落了下风，最终被对方全部歼灭。

拔都得知这一消息后震惊不已。

他想不到匈牙利军队竟然如此厉害。

为了防止失去战争的主动权，他只能下令全军提前向匈牙利发起进攻。

但赛约河此刻唯一的一座桥已经被匈牙利一方占领，拔都要想对敌人进行突袭，就必须先将这座桥夺取下来。

几波冲刺过后，桥头上的匈牙利士兵依旧坚守，飞箭如同仙女散花纷纷向蒙古军射击，使得蒙古军无法靠近。

眼看天色渐渐暗了下来，蒙古军却始终与桥上的匈牙利军队僵持着，无法推进，拔都的心里焦急如焚。

可是心急吃不了热豆腐，这个道理拔都也是非常清楚的，于是他便不断地告诫自己冷静。

等到心情完全平复后，冷静的他作出了战术调整。

他让部队中的轻骑兵绕到敌人后方进攻，而正面则拉出了他的两大秘密武器——投石机与新式大炮。

与此同时，匈牙利的士兵们看到蒙古军多次被自己一方击退，不由得心中大喜，认为传说中可怕的蒙古人也不过如此，于是便在当晚提前举办了庆功宴。

正当这群匈牙利人沉浸在狂欢之中时，前线突然响起了一连串惊天动地的响声。

蒙古人开始了猛烈攻击。

匈牙利士兵哪里见过这种高科技武器。

还没等他们反应过来，蒙古人的重骑兵已经杀到了他们的面前，刹那间，尸山血海，惨叫连连，混乱成一团。

不过，仗着比对方人马多几倍，并且在匈牙利的重装骑士们的顽强抵抗之下，匈牙利的士兵们总算从惊慌中恢复了一些理智，开始有组织地对蒙古军进行反击，成功顶住了蒙古人的第一波攻击。

在此战况进入胶着状态，也是最残酷的时候，从匈牙利的侧面又突然冲出了一波蒙古军，在匈牙利守桥部队的侧面发起了进攻，打得匈牙利士兵一个措手不及。

原来，拔都在对桥头上的匈牙利军队进行攻击之前就听从速不台的建议，将整支部队分为两部分，一部分从正面攻击，另一路则迂回到敌人侧面去攻击。

在这样的攻势下，匈牙利一方即便是人数众多也无济于事，最终桥头失守，被蒙古人夺了下来，而匈牙利的残兵败将逃回了贝拉四世先前布置好的车阵大营（所谓的车阵大营是古代防御骑兵的战术之一，守军一方在作战时，将数辆战车环扣在一起，从而组成一个坚固的圆形车阵，再配以骑兵在战车外围引战敌军，这种战术不仅在中世纪的欧洲被使用，在我国先秦时期也有类似的作战布阵）中。

而此时，在车阵大营中的贝拉四世一看蒙古人发起了进攻，立刻下达了全军抵抗的命令，却遭到了手下个别公爵的反对。

于是，在战事如此胶着的情况下，各个公爵却开始了一波激烈的窝里斗，争吵得天翻地覆。

有人提出应该全军出击野战，有人建议用车阵战术拖垮蒙古人，还有人则建议别打了，直接投降算了，但无论是哪种观点此时都无法动摇贝拉四世要与蒙古人决一死战的信心。

于是，在他的一声号令之下，匈牙利全军与到来的蒙古军展开了正面交锋。

但让贝拉四世没有想到的是，就在他们这些人争论得面红耳赤之时，蒙古一方的速不台已经带领着一批蒙古骑兵从河岸的上端越过了赛约河，准备赶来与拔都一方会合。

我们再回到战场上匈牙利一方。

虽然蒙古骑兵的攻势迅猛，但匈牙利军队的实力也不弱，他们顶住了蒙古军一波又一波攻击，没有给蒙古人可乘之机，反而将攻击的蒙古军给击退了。

随着时间的流逝，双方的战争到了白热化阶段，而人数上并不占优势的蒙古军队的形势也越来越危急。

拔都见情况不妙便组织手下部队开始撤退，希望与敌军拉开距离之后再战。

但此刻，身后便是赛约河，蒙古军队根本无路可退。

眼看敌军就要追上来了，而自己一方也想不出解决的方法，急得拔都脑门儿都要冒火星子了。

加之此时身旁将领的牺牲使得拔都失去了冷静，但让他就这般投降，却又是万万不可能的。

情急之下，他下令部队重新集结，全力朝着敌军的主将所在的方向攻击。

但所谓"心一乱，必出乱"。

匈牙利一方的士兵也并不弱，他们不但阻挡住了蒙古人的冲锋，还缩小了包围圈，将蒙古军死死困在其中，使其无法脱身，死伤惨重。

而就在此时，速不台带领的蒙古军已经赶了过来，并快速地从侧翼袭击了匈牙利军队，给了其沉重的一击，打得匈牙利军措手不及，战场局势瞬间逆转。

拔都一见速不台带着援军来了，顿时来了精神，带领手下将士展开了反击。

最终，匈牙利一方被蒙古军包了饺子，全线崩盘。

贝拉四世面对这种情况也是十分无奈，只能丢下匈牙利的将士们，在亲卫的护送之下逃之夭夭。

匈牙利将士们一见自己的国王居然跑了，顿时也失去了斗志，纷纷放下武器投降了拔都。

历史记载，此次战争，匈牙利一方损失惨重，大量人员伤亡和军队溃败，匈牙利的军事力量受到了严重削弱。

很快，匈牙利惨败的消息传遍了欧洲，剩下的还没被蒙古人侵略的法国与奥地利大公被吓得瑟瑟发抖，坐立难安。

但上苍明显没有想让蒙古人横扫欧洲全境的意思。

因为就在这个时候，不可一世的蒙古军队却意外地停止了继续进军的步伐，转而打道回府，全面向东撤退而去。

这一举动，使战战兢兢的欧洲各国都愣住了，不知道蒙古军队此举究竟是何目的。

殊不知，蒙古的这次撤退并不是筹划什么更大的军事行动，而是因为收到了一个惊天的噩耗，才不得不选择了撤军。

原来，从遥远的东方，蒙古本部传来消息，大汗窝阔台驾崩了。

按照当时蒙古人的习俗，只要是大汗驾崩，所有的王公贵族都必须去参加新一届的库里台大会，选出新的大汗。

没想到窝阔台的驾崩，阴差阳错拯救了整个欧洲世界，历时七年之久的长子西征也到此结束。

试想一下，如果没有"窝阔台驾崩"这件事，以当时蒙古人的实力，真的能将整个欧洲都团灭了。

　　不过即便如此，蒙古通过这次西征又将自己的版图扩大了不少，横跨了欧、亚两大洲。

　　而且，蒙古的征伐也并没有因窝阔台的驾崩而结束。

第六章　南宋处于艰难境地

一、汗位之争

"人生一世一半是为了享乐，一半是为了英名。当你放松时，你自己的束缚就放松，而当你约束时，你自己就受到束缚。"

以上这句话是蒙古大汗窝阔台的座右铭。

从表面上理解，说的是，人追求快乐是为了满足自己的情感需求，追求名誉则是为了满足自己的社会需求和自我价值感。另一方面，过度的约束会限制人的自由，而过度的放松则可能导致放纵和失控。因此，一定要找到一种处在其中间的平衡点，既要享受生活，也要维护自己的名誉和尊严，如何找到这其中的平衡点是每个人都需要面对的挑战。

但从窝阔台本人后半生的生活状态来看，他说这句话只不过是在给自己放纵无度找了个理由。

因为他一点儿也不想约束自己。

自从灭了金朝之后，窝阔台便不再亲自领兵上阵，只是派遣身旁的兄弟、将领们率兵出征，而对于朝政更是交由身旁的大臣们去处理，自己则逐渐过起了逍遥自在的生活，整日沉浸在美酒与美人之间不可自拔。

众所周知，无论多么健康的人，一旦长期过度饮酒，外加过度的性生活，必将会对身体健康造成重大影响。

窝阔台也不例外。

他嗜酒如命，到了后来更是发展到了喝酒如同喝水一般，而且经常因为喝酒而彻夜不眠，身边无论谁劝都没有用。

当时，在他身旁的谋士耶律楚材见到这种情况便多次劝阻，甚至还拿着铁酒槽对窝阔台道："铁之为酒所蚀，至然不已，夫身之五脏，远胜于铁，独可不畏酒乎？"

但窝阔台却不以为然，依旧秉着"继续奏乐，继续舞"的理念，荒怠朝政。

南宋淳祐元年、蒙古窝阔台十三年（1241）二月里的某一天，窝阔台自外游猎回到寝宫，心情大好，于是便又开始痛快畅饮，自命酒量不凡的他，却因为这一次的喝酒差一点儿葬送了自己的性命。

史书上记载，窝阔台在这次喝酒的过程中忽然"遂致疾笃"，导致重度昏迷，随后便召来宫中太医，被告知已经没有了脉搏。

众大臣和太监、宫娥们一听顿时大惊，以为窝阔台已驾崩。

谁知，就在这个时候，只见窝阔台又苏醒了过来。

看到这里，众人一颗悬着的心才渐渐恢复了平静，而耶律楚材再次劝谏窝阔台道："今后不能再打猎，也不能再这么狂饮无度了，应该好好调理身体。"

于是，往后的一段时日，窝阔台果然听取了耶律楚材的建议，调理休整了数日，身体才逐渐好了起来。

但俗话说：好了伤疤忘了疼。

这句话用在窝阔台身上也一样适用。

这一年的冬季十一月，窝阔台再次出游狩猎，足足五日之后的傍晚才带着数支骑兵队由外面回到了寝宫并在行帐中观看歌舞、亲近歌姬、畅饮美酒，纵情豪饮至深夜才散。

然而，第二天等宫娥们入室探视时，发现窝阔台已中风不能言语，不久便断了气，时年五十六岁。

窝阔台去世之后，蒙古内部很快便陷入了混乱。

由于窝阔台生前并没有指定自己的继任者，因此在他去世之后，蒙古贵族们召开忽里台大会。

与此同时，作为大会发起人，窝阔台的皇后乃马真特意私下找到了当时已经是相国的耶律楚材商议，希望立自己的儿子贵由为新一任大汗。

原来，在窝阔台在位期间，身为长子的贵由并不受他的喜欢，反而喜欢三儿子阔出，因此便有了想立三儿子阔出的想法，但没想到的是，这阔出并不是个长命的主儿，在南宋端平三年、蒙古窝阔台八年（1236）蒙古与南宋发生战事的时候，他死在了战场上。

这个时候，窝阔台并没有想从自己其他的儿子中选定继承者，而是想直接立阔出的儿子为储。

但是这个想法还没来得及立诏，窝阔台就去世了。

于是便有了乃马真皇后暗地里找耶律楚材，希望得到对方的支持这档子事。

皇后乃马真对耶律楚材道："先帝在世时，曾有意把皇孙失烈门立为继承人，但是皇孙失烈门年纪还小，而目前长子贵由又正在西征没有回来，如今群龙无首应该怎么办呢？"

乃马真皇后这句话既是在刺探耶律楚材的想法，同时也是在暗示耶律楚材，希望其能支持贵由继位。

不得不说，这世上的大多数母亲都偏向自己的孩子，皇后乃马真显然也不例外，但作为皇后，是母仪天下的存在，她这种带有私心的想法自然就不现实了，也不会得到多少人的支持。

而耶律楚材显然就是那个不会支持她的人。

但毕竟两人之间还有君臣之别，所以耶律楚材也不好把话说明，免得乃马真皇后下不来台，于是便说道："大汗生前既然有将汗位让皇孙来继承的想法，那我们就应该遵照大汗的意思，让皇孙失烈门来继承汗位。"

乃马真皇后听了耶律楚材这句话，气得差点儿没当场发飙，心想："你耶律楚材真是会揣着明白装糊涂，这明显是要和我对着干。"

与乃马真皇后一同前来的还有一个西域人，名叫奥都剌合蛮。

他本是一个商人，因为善于曲意逢迎、阿谀奉承而被窝阔台和皇后乃马真喜欢，成为两人眼前的红人，在窝阔台死后便顺理成章地成了为皇后乃马真出谋划策的重要人物。

此时，他见耶律楚材与皇后乃马真各执一词，陷入僵局，便借机插言道："皇孙失烈门目前年幼，太子贵由又没有回来，为什么不请皇后暂时称制，等忽里台大会召开后，众王公贵族们选出新任大汗为止，如此一来，既遵从了大汗的意思，又可以稳定住群龙无首的局面，何乐而不为？"

耶律楚材知道奥都剌合蛮没安好心，他熟读经典，深知自古以来，但凡是皇后垂帘听政称制的都没什么好结果，而且会引发君臣离心、诸王互相残杀的后果，于是立刻摇头说道："不妥，此事尚须熟虑。"

谁知，他这句话还未说完，乃马真皇后便立刻道："在这种时候，暂时称制也是没办法的办法，我想大概也不会有什么大问题。"

耶律楚材一看情况不妙，欲要再说，却突然被一旁的奥都剌合蛮瞪了一眼，便将到了嘴边的话又咽了回去。

他虽贵为丞相，但毕竟与皇后乃马真有着君臣之别，因此不敢当面与皇后翻脸，只能将怨气压在心底，任凭皇后乃马真与奥都剌合蛮两人胡作非为。

乃马真皇后称制后，乐得嘴都合不拢了，四处拉拢权贵排除异己，一时间使得朝纲混乱。

然而，就在皇后乃马真手握大权、胡作非为之际，东道诸王（成吉思汗建国后，将怯绿连河以东至哈剌温山"大兴安岭"一带的东部地区封给四个兄弟：哈撒儿、哈赤温、铁木哥斡赤斤、别里古台）之一的铁木哥斡赤斤，得到了窝阔台驾崩的消息后，便立即放下手边事务，领着手下大批兵马从自己的封地快马加鞭，往汗庭和林赶去，准备趁着这次机会，利用自己手上的兵权，夺取汗位。

与此同时，身为窝阔台长子的贵由也带着自己的兵马从前线赶到了叶密立（今新疆维吾尔自治区塔城地区额敏县），并从此地直赴和林而去。

而刚当了几天太后还没过足手握权力的瘾的乃马真，在得知铁木哥斡赤斤带着兵马正往京城而来后，脸上的笑容瞬间僵硬。

她派人去见铁木哥斡赤斤，并向其质问，同时又打算率领人马与心腹们西迁放弃汗庭，来保全自己，避其锋芒，避免与铁木哥斡赤斤发生冲突。

她很清楚，此时铁木哥斡赤斤既然已带着兵马向京城而来，那么其他的皇亲宗王也必定如法炮制，与其坐以待毙，不如为自己，也为自己的儿子留条后路。

但显然她的顾虑是多余的。

因为铁木哥斡赤斤是个没有谋略，且面对重大的事情经常会不知所措的人。

在面对皇后派来质问他的使者，他居然被对方问得哑口无言，半天说不出一个字。

而他在汗庭和林做质子的儿子此时也跟着使者一起来了，见他被对方问得半天说不出一句话，便劝说他放弃争夺汗位的想法，并将贵由的行踪也说了出来："贵由目前已带着大批人马抵达叶密立，不久将会到达京城，您真的希望与他为了汗位拼个你死我活吗？如果真是这样的话，那么当年大汗辛辛苦苦建立起的政权就有可能因你们的争斗而四分五裂，这是您愿意看到的吗？"

铁木哥斡赤斤听罢，觉得自己儿子说得有道理，不能因为自己的一己私利就将兄长成吉思汗建立的蒙古政权给瓦解了，于是当下率军返回了自己的封地。

于是，随着铁木哥斡赤斤的退出，一场尸山血海的厮杀得以避免，而乃马真则继续称制，直至五年后忽里台召开。

在大会召开前夕，蒙古上层的王公贵族们便都从四面八方齐聚到了都城。

此时，由于"长子西征"拔都作为统帅，横扫了欧洲，使得他的名望在蒙古贵族间很高，因此众人都认为他是大汗之位的最终人选，可听到的消息，却是由贵由继承大汗之位，这让众人感到非常不满，于是纷纷找理由，拒绝前去赴会。

但即便是这样，也无法阻挡乃马真要立贵由为大汗的决心。

因为朝中的大臣们早已被她笼络收买，因此即便现在那些远道而来的贵族宗室们对贵由继任大汗有所不满，对最终的结果也没有什么影响。

在大会召开的时候，贵由本人也展现出了表演的天赋。

他故意称自己能力有限，德不配位，再三推辞，而那些被乃马真收买的大臣们也很配合他演戏，再三劝进。

经过了一番出色的表演之后，贵由最终得偿所愿地坐上了大汗之位，受百官叩拜，那时他四十一岁。

而在贵由做了大汗之后，乃马真依旧干涉朝政，把控着大权，贵由则像个傀儡一般事事听从于她，直到数月后乃马真去世，贵由才终于真正亲政。

在乃马真称制的五年多的岁月里，为了给儿子贵由创造继承汗位的条件，乃马真胡滥赏赐宗室和大臣，以取得他们的拥护，严重搅乱朝纲，弄得朝野一片混乱，乌烟瘴气。

可事实证明，乃马真的宝贝儿子贵由也不是一个命长的君主。

他天生体质就很弱，手足还患有拘挛病，而且在上台之后，也像他的父亲窝阔台一样，昼夜沉溺于酒色之中不能自拔，长此以往，身体就更加虚弱。

在他上台的两年后，也就是南宋淳祐七年、蒙古贵由第二年（1247）秋，作为蒙古第三任大汗的他便在远征的途中病逝了。

二、一夫当关，万夫莫开

贵由病逝之后，蒙古内部又陷入了混乱，诸王为了汗位斗争不断，分裂也越来越激烈，直到南宋淳祐十一年（1251）忽里台大会再次召开，成吉思汗之孙、拖雷之子蒙哥被诸王拥立为大汗，乱了十多年的蒙古政局到此才算是得到了些许的缓解。

而从南宋淳祐元年（1241）窝阔台去世到南宋淳祐十一年（1251）蒙哥登上蒙古大汗之位并且在位执政的七年后，也就是南宋宝祐六年、蒙古蒙哥八年（1258），中间足足有十五六年的时间蒙古完全处于自顾不暇和整顿朝纲的状态。

在这段时间内，蒙宋之间没有发生过大规模的战争，双方总体处于一种对峙状态，只有因边境摩擦问题而进行过一些谈判。

例如，南宋自知在军事上抵不过蒙古，为了自保，于是想出了一个对己方有利的缓兵之计，提出与蒙古一方"以江为界"的方案。

很显然，这个方案是南宋做出的一大让步，承认蒙古对江北地区的统治，以此来稳住蒙古，意图阻止对方再次南下侵犯。

虽然这样的方案在今天看来，是以"土地换和平"的方式来获得短暂的安宁，可在当时那种敌强我弱的情况下，南宋做出的这种让步的确是一种保全自己的聪明做法。

蒙古一方自然也猜透了南宋的心思，但此时，蒙古的野心已经远远不满于南宋每年贡来的那点岁币与丝绸。

他们想要的其实更多。

所以，对于南宋提出的方案，蒙古一方是既没有点头，也没有摇头。

当然，南宋提出的这个与蒙古的协议也注定是一个权宜之计，无法从根本上解决南宋面临的危机。

因此双方谈判的结果也就此不了了之。

但也因为如此，使得地处长江以南，原本偏安一隅，政权摇摇欲坠的南宋忽然有了难得的平安祥和、韬光养晦的机会。

南宋朝廷自然不会错过如此良机来着手反攻，收复巴蜀一带的失地。

当时负责此艰巨而光荣任务的人名叫余玠。

余玠，字义夫，号樵隐，金水芳山（今浙江省开化县）人，侨寓蕲州（今湖北省黄冈市蕲春县东北），乃是南宋末年为数不多的一员猛将。

余玠年少的时候就饱读诗书，将自己比作诸葛亮、郭子仪那样的人物，是个胸有大志的人。

南宋端平三年、蒙古窝阔台八年（1236）二月，也就是在蒙古进行"长子西征"的那一年，由于当时的蒙古集团实行的是双线作战策略，因而除了派出部队前往西方实行版图扩张外，还继续南下侵扰着宋境。

而这时候的余玠正好在做蕲州守城将领，因协助并组织了军民守城，配合南宋援兵击退蒙古军而受到了南宋朝廷的重视。

南宋嘉熙元年、蒙古窝阔台九年（1237）十月，余玠跟随赵葵去救援安丰军（今安徽省寿县西南一带），击溃了进犯的蒙古军，使淮右（指南宋时期的淮南西路：寿州、庐州、光州、黄州、舒州等地区）得以保全。次年，朝廷论功行赏，余玠被封赏，加官晋爵，连升三级，被南宋朝廷任命为招信军知军与淮东制置司参议官，进工部郎官。

南宋嘉熙二年、蒙古窝阔台十年（1238）九月，蒙古大帅察罕进攻滁州（今安徽省滁州市），余玠再次奉命率精锐前去抵抗蒙古，大胜而归。

除了以上这些战绩之外，南宋嘉熙三年、蒙古窝阔台十一年（1239）与南宋嘉熙四年、窝阔台十二年（1240），余玠被朝廷提拔为淮东提点刑狱兼知淮安州，主持濠州以东、淮河南北一带防务。

在这之后，根据《宋史·余玠传》的记载，余玠在南宋淳祐元年、蒙古窝阔台十三年（1241）秋的时候，率兵在安丰军（今安徽寿县西南一带）抵抗了蒙古大帅察罕部队的再次侵扰。

直至次年的冬季，也就是窝阔台病逝后，蒙古内部忙着内斗，无暇顾及的时候，远在南方的宋理宗赵昀则再次将保卫整个南宋江山命脉的重任交付给了第一猛将余玠这位南宋末年化腐朽为神奇的"钢铁侠"，任命他为兵部侍郎、四川制置使兼知重庆府，全面负责四川防务。

估计这个时候的宋理宗赵昀也看出来了，蒙古如果再次南侵，最有可能先从四川这片区域下手。

因为在当时，整个南宋都在走下坡路，只有四川经济依旧繁荣。

这里拥有肥沃的土地和丰富的水资源，粮食产量较高，而且纺织、造纸、酿酒等行业规模也非常可观，所以在对外贸易上非常发达。

此外，这里的矿产与木材资源也十分丰富。

更重要的是，在战略性方面当时的四川具备了以下几个特点：

1. 地理屏障：地处西南，是南宋抵御北方政权的重要防线。

2. 经济支撑：丰富的资源和发达的经济，为南宋提供物资支持。

3. 军事要地：复杂的地形有利于军事防御和作战。

4. 人口优势：众多的人口提供了充足的兵源和劳动力。

5. 交通枢纽：连接西南地区与中原的重要通道。

6. 文化中心：文化繁荣，对周边地区有一定影响力。

因此，只要四川在，南宋朝廷就有足够的精力与北边的蒙古继续僵持下去，而一旦四川失守，那么整个南宋朝廷将会提前灭亡。

余玠接到任务之后便立下誓言"愿假十年，手掣全蜀之地，还之朝廷"，随后立刻起身，沿着长江逆流而上赶赴四川上任。

"新官上任三把火"这句话用在余玠身上一点儿也没错。

抵达四川之后，余玠大改弊政，广纳贤才，整顿军政，设置屯田，恢复经济，安抚民心。同时加强战备，并且采纳播州（今贵州省遵义市）人冉氏兄弟的建议以山为垒，棋布星罗，着手在嘉陵江南岸的钓鱼山上修筑钓鱼城，同时又在三江沿岸山险处筑十多个城池。各城皆因山为垒，棋布星罗，屯兵聚粮，形成坚固的山城防御体系，可谓固若金汤，坚不可摧。

这冉氏兄弟是亲哥儿俩，大哥叫作冉琎，弟弟叫作冉璞，两兄弟少年时就读于播州学堂，因为聪颖勤奋，敏于事而慎于言，所以常被周围人夸赞。

早年，哥儿俩游遍了巴蜀名胜和关隘重镇，同时也目睹了南宋朝廷的腐败与无能，对朝廷心灰意冷，于是便决定双双隐居山林，从此过上了不问世事，自给自足，丰衣足食的日子。

直到余玠任四川安抚制置使兼重庆知府，积极准备抵御蒙古军南侵，两兄弟听闻余玠是位少有的贤能统帅，这才出山前来投奔，并献上计策："蜀口形胜之地莫若钓鱼山，请徙诸此，若任得其人，积粟以守之，贤于十万师远矣，巴蜀不足守也。"

余玠一听，顿觉甚是有理，便采纳了冉氏兄弟的计策，还密奏朝廷，任命冉琎为承事郎，代理合州（今重庆市合川区东）知州，任命冉璞为承务郎，代理合州通判。

有了冉氏兄弟的协助，余玠在四川自然也是如虎添翼。

除了筑城之外，余玠还凭借着自己以往与蒙古军作战的经验得出了几条御敌策略。

1. 以逸待劳，不可轻战。

2. 聚宝山险，不居平地。

3. 多用夜袭，不可昼战。

4. 收聚粮草，勿以资敌。

南宋淳祐三年（1243）至南宋淳祐四年（1244），也就是蒙古窝阔台死后，乃马真皇后称制的时候，余玠与蒙古军大小三十六战，战果显著，得到朝廷的奖赏。

在四川任职的这几年里，余玠除了做好了边防军队的建设，也整治了当地不良的经济秩序与官场风气。

他在这段时间里开屯田以备军粮，整顿财赋，申明赏罚，使得每个抗蒙有功将士都得到奖励，违法的将官，他也毫不留情面地处置。

当时，四川当地的利州都统制王夔凶残跋扈，号称"王夜叉"，由于不听余玠调度，到处劫掠，余玠便毫不留情地依军法将王夔斩首示众。

经过了他的这一番整治，四川驻军声势大震，百姓们提起余玠都纷纷竖起大拇指，对其赞不绝口。

见南宋在四川又重新建立起了防御体系，蒙古一方坐不住了。

南宋淳祐六年，也是蒙古贵由做大汗的头一年（1246），蒙古军分兵四路南下进攻四川。

蒙古一方原本的计划是想来个出其不意，彻底击垮南宋在四川所建立起来的所有防御，顺便在城中劫掠一番。

但让他们没有想到的是，这一回面对他们的是余玠建立起的山城防御体系。

这套防御体系的坚固程度与攻破难度系数远远超过了他们的想象。

蒙古军队死伤惨重，而南宋一方却连个皮都没有磨破。

最后，惨败的蒙古军队只得灰溜溜地北撤。

南宋朝廷得知此消息后，为表彰余玠守蜀有功，升其为兵部尚书及拜资政殿学士，给予执政官相同待遇，继续驻守四川地区。

一切似乎都在往好的方面发展。余玠为了守护南宋河山力挽狂澜，竭力经营巴蜀，为支撑南宋王朝半壁河山作出了杰出贡献。

只可惜即便有了余玠这样的"钢铁侠"在，但上苍还是没有打算给南宋朝廷特殊照顾。

整个两宋的官场一向都有个通病，从来都是共患难容易，但同富贵难。

就在南宋宝祐元年、蒙古蒙哥三年（1253），宋理宗赵昀听信了朝中谢方叔等人的谗言："山高皇帝远，余玠在四川现在声望极高，大有拥兵自重的趋势，百姓们甚至只知道有他余玠，不知有皇上您，照此发展下去后果将不堪设想。"

谢方叔，字德方，号渎山，威州（今四川省理县东北）人，乃是南宋末年的大臣，由于长期在南宋对蒙古是战还是和的问题上与余玠意见不合，加之又看着跟自己一派的姚世安被余玠的亲信所取代，因而心生恨意，于是指使身边人在外散布余玠的谣言，并唆使姚世安等人收集余玠的过失，再通过自己的职务之便"陈之于帝前"，弄得宋理宗赵昀对余玠顿时便起了疑心。

而姚世安则凭借与谢方叔的关系，有恃无恐地继续和余玠对峙，弄得远在四川的余玠心烦意乱。

南宋淳祐十二年、蒙古蒙哥二年（1252）。

蒙古大将汪德臣率兵攻略成都，围攻嘉定（今四川省中部偏南地区），余玠率领南宋官兵殊死抵抗，最后将蒙古军击退。

虽然在战场上获得了胜利，但在政治上，谢方叔并没有打算放过余玠。

于是便有了之前谢方叔在宋理宗赵昀面前诋毁余玠的那段话。

宋理宗赵昀长期懒政，沉迷于酒色，被身旁一些别有用心的大臣裹挟，早已是非不分，此时一听谢方叔这话，心中怫然不悦，于是立刻下令将余玠召回朝中。

远在四川的余玠听闻朝廷要召自己回去的消息后，便立刻猜到定是有人在皇上面前煽妖风、点鬼火，自己若真回去了，必定是九死一生，心里顿时惶恐不安，最终还没等启程回朝便暴卒于四川。

关于余玠的死因，千百年来众说纷纭。

有一部分人认为，余玠当时是怕受到政敌的迫害因而自杀了。

也有一部分人认为，余玠有经常吃隔夜变质食物的习惯，所以中毒导致死亡。

还有一部分人认为，余玠是被当地政敌派来四川的刺客所杀，并且伪造了自杀的假象来迷惑众人。

当然，除了以上这三条外，还有人认为，余玠是畏罪自杀的，因为之前，他在没有上报朝廷的情况之下，擅自将朝廷命官利州都统制王夔处死。

余玠的死无疑是一种遗憾，也从此反映出当时南宋朝廷的政治腐败与黑暗。

当然，对于当时的南宋朝廷来说，死了个能干的大将也没什么可惜的，毕竟自诩人才济济的大宋不会因此而亡国，之后肯定还有更有能力的人会出来扛起大旗。

但实际情况是，蒙宋之战不是小规模的战争，所比较的也不是短期内谁强谁弱，因为战线长，时间持久，因此比的是双方的综合实力，比的是谁有钱，谁耗得起。所谓大炮一响，黄金万两，就是这个道理。

而将首都设立在离战场几千里之外，位置处于东南方向的临安的南宋朝廷，是不可能完全掌握前线战事和全国战局的，所以如果帝王不给驻守边关的主帅权力，放手让他们去经营边关前线，又怎能让将领们安心去排兵布阵与敌人对战呢？

所以当有一夫当关，万夫莫开的余玠被朝廷逼死，其余将领噤若寒蝉的时候，就预示着南宋朝廷的命数已将近，再做任何努力都是徒劳的。

而与此同时，蒙古一方则经历了一场旷日持久的权力斗争，最终拖雷的长子蒙哥做了大汗，并经过一番整治，巩固住了自己的地位，又启动了对外的征伐战争，其中自然也包括对南宋的再次征伐。

于是，在这种情况之下南宋的局势不但没有转好，反而变得非常严峻，岁贡等负担加重了民众的经济压力，加之一些官员借此机会谋取私利，更进一步加剧了南宋的政治腐败。

三、兄弟猜疑

当然，这些问题在南宋已经不是一两天了。

自端平入洛失败后，南宋朝廷就已经是一天不如一天，一阵不如一阵。

而此时唯一有机会力挽狂澜，挽救南宋衰败局势的余玠也已死，宋理宗赵昀本人更是意志消沉，完全已没有了早先的那种励精图治的精气神儿。

他厌倦朝政，开始彻底躺平，只将注意力放在酒色与奢靡的享乐之中，朝中大事全部交由丁大全、马天骥、董宋臣这样的奸臣来处理，弄得朝野一片乌烟瘴气，群魔乱舞，民间百姓是苦不堪言。

即便如此，他还是没有一点儿醒悟，依旧在临安城内修建了一系列亭台楼阁与佛寺道观，还单独为自己的爱妃阎贵妃花巨资修建了一座功德寺。

那阎贵妃原本并不是贵妃，只因在南宋淳祐七年（1247）的时候，宋理宗赵昀最宠幸的爱妃贾贵妃去世，宋理宗赵昀才索性将这阎氏封为了贵妃，又因当时阎氏被封为贵妃时膝下无儿无女，因此宋理宗赵昀又把贾贵妃生前所生的瑞国公主交由她来抚养。

宋理宗赵昀为了修建这座功德寺，不惜花费巨资，挪用国库公款。还派遣吏卒到各州县收集木材，闹得临安城百姓不得安宁。最终花了三年多的时间才修成，而且修得比自家的宗庙看起来还要气派雄伟。

就在这样世风日下的社会风气中，有人看不惯，便在朝门牌匾上用牛头般的大字写下了"阎马丁当，国势将亡"，暗指阎贵妃、马天骥、丁大全、董宋臣四人祸乱朝政。

写这八个字的人明显是想警告他，再这样不理朝政，沉迷于酒色，任奸臣当道，江山社稷定会毁于一旦。

得知此消息的宋理宗赵昀非常恼火，于是他派人彻查，却最终一无所获。

也许是应了那句老话：一语惊醒梦中人。

宋理宗赵昀觉得一般无权无势的人不敢做这种事，一定是朝中的某些大臣对自己有所不满，因而用这种方式来提点自己，所以立刻采取了一些措施。

但可惜的是，此时老天留给南宋的时间已经不多了。

因为就在宋理宗赵昀开始重整旗鼓，整顿朝纲的同时，北方蒙古的新任大汗蒙哥也在紧锣密鼓地筹划着南侵的战略部署。

南宋淳祐十二年、蒙古蒙哥二年（1252）七月，为了进一步扩大蒙古的版图，实现南北夹击灭亡宋朝的战略目的，蒙哥作出了"斡腹"大理国的决策，于是命自己的弟弟忽必烈领兵十余万南下远征大理国。

据专家推测，"斡腹"这个词有可能是由古代蒙古族创造，又被当时的中原人所翻译过来的术语。字面上的理解就是"掏肚子"，也可以理解为"下勾拳"。而用现代军事上的术语来解释，可以理解为是迂回到敌方背后，出其不意地攻击对方设防薄弱部位的一种军事策略。

南宋宝祐元年、蒙古蒙哥三年（1253），蒙军在六盘山集结后，从忒刺（今甘肃省迭部县与四川若尔盖县之间的达拉沟）分兵三路进军川滇。

西路军由速不台的儿子兀良合台率领，自忒刺西进，经阿坝草原进入藏区，大将也只烈率东路军，忽必烈自己则率中路军。

兀良合台的部队途中经过今四川省的色达、甘孜、新龙、理塘、稻城、得荣等地。

这些地方都是水草丰美的高山草原地带，因而为蒙古军队提供了充足的粮草，使得行军非常顺利。

所以，兀良合台所率的西路军自然也是最先到达大理国的一支南征部队，并从当时大理的旦当岭（今云南省境内）入云南境，遂至金沙江。

中途位于大理以北的摩些（今纳西族）等部落纷纷归顺了蒙古。

同年冬季，忽必烈派使臣入大理劝说招降，但大理国却拒绝投降蒙古并将蒙古使臣杀死，忽必烈见状也不再废话，一不做二不休对大理展开了攻城。

其间，大理国第二十二世国王段兴智与相国高泰祥两人率军出战，可最终大理国还是兵败于蒙古。

虽然打了胜仗，但忽必烈并没有像蒙古其他那些宗王悍将一般，立刻将对方一网打尽，然后再烧杀抢掠一番。

由于当时他的身边有一帮汉臣智囊团在辅佐，因而忽必烈也是熟读经典，深知以怀柔的方式对待敌人，比直接杀了对方效果会更好，起码也得有个先礼后兵的过程。

于是这个时候，他再度诚意满满，派出使者去招降，不料却仍遭到对方的拒绝。

这一下，忽必烈也有了翻脸的理由了，便干脆率军攻破大理城。

而段兴智一见蒙古人攻破城门，也不硬扛，立刻在身边护卫的保护下逃往善阐（今云南省昆明市旧城南关外），而丞相高泰祥则逃往姚州（今云南省姚安县）后被蒙军俘杀。

南宋宝祐二年、蒙古蒙哥四年（1254）春季，忽必烈率领部队向北，继续对大理国周边的一些未投降的西南少数民族部落开始征伐，并留下速不台的儿子兀良合台及其部队在大理进行驻扎戍边。

同年秋季，兀良合台继续率兵攻打善阐城，目的是捉拿段兴智，不久后善阐城被攻破，段兴智又逃往了昆泽城（今云南省宜良县），但最终还是被蒙军擒获。

次年五月，段兴智为了保命，不得不协助兀良合台征服了大理周边那些未降服蒙古的诸少数民族部落。

南宋宝祐四年、蒙哥六年（1256）春，兀良合台携段兴智向蒙哥汗献大理国。

至此，大理全境归属于蒙古，国祚三百余年的大理国也正式退出历史舞台。

这一信号同时也意味着，蒙古彻底扫清了障碍，对其狩猎名单上的最后一个猎物南宋展开了全面性的军事大包围。只待最佳时刻的到来后发动进攻。

在这段蓄势待发、养精蓄锐的日子里，蒙哥逐渐对自己的亲弟弟忽必烈产生了戒备之心。

原因是当时忽必烈长期在中原汉地经营，身边又有一批足智多谋的汉臣名将给他出谋划策，由此蒙哥便担心忽必烈会借此机会坐大势力，从而威胁到自己的地位。

于是，蒙哥便派出自己的亲信陕西行省大必阇赤阿蓝答儿等人到达中原去调查忽必烈，搜罗其罪状，只要忽必烈有反动苗头，蒙哥这边就会立刻采取措施，收回忽必烈在中原的军事权力。

为此，蒙哥已经提前安排好了人选来接替忽必烈管理中原，此人名叫塔察儿。

塔察儿全名叫作孛儿只斤·塔察儿，是成吉思汗幼弟铁木哥斡赤斤之孙，只不干之子，他不仅是能征善战的将军，同时也是宗王之一。

南宋宝祐五年、蒙古蒙哥七年（1257），陕西行省大必阇赤阿蓝答儿等人在关中设钩考局，查核京兆（今陕西省西安市）、河南财赋。阿蓝答儿等从河南经略司、京兆宣抚司的官员中，罗织一百余条罪状，旨在除灭忽必烈所信用的官员，削弱他的势力。

这一切显然就是冲着忽必烈来的。

忽必烈与蒙哥的关系顿时令人猜测万端，虽然是亲兄弟，但蒙哥下起手来却一点儿也不留情。

当然，忽必烈也不会坐以待毙。

恰巧这个时候，他身边有个名叫姚枢的谋士给他出了个主意。

他建议忽必烈将自己的家人送到都城，送到蒙哥汗的眼皮底下，作为人质，以此来打消蒙哥的猜疑之心。

这姚枢字公茂，号雪斋、敬斋。原籍营州柳城（今辽宁省朝阳市），因祖、父赴中原担任金朝官员，曾迁居汾州（今山西省汾阳市）、洛阳、许州（今河南省许昌市）等地，是金末元初著名的政治家与理学家。

蒙古军攻陷德安时，姚枢随军南下，寻求各界高人，得识名儒赵复，随其研习理学，并力劝其北上讲学授徒，使理学在北方传播渐广。

姚枢从赵复处尽得程朱传注诸书，始攻习理学，后出任燕京行台郎中，旋即弃官隐居于辉州苏门（今河南省苏门县）。

后来，在忽必烈所派使者的邀请下，五十岁的姚枢才再次前往漠北，并向忽必烈讲述儒家传统的帝王之学、治国之道，从此便留在忽必烈身旁，为其出谋划策，深受忽必烈器重。

自从姚枢做了忽必烈的谋士之后，每次提出的点子都会受到忽必烈的重视。

但这一次，忽必烈听了他的计策之后，却并没有立刻作出决定，而是犹豫了很久。

根据《元史·姚枢传》记载，见忽必烈下不了决心，姚枢便为忽必烈条分缕析："大汗君也，兄也；大王弟也，臣也。此事不可多作计较，远离朝廷本就易遭不白之冤，当务之急，在于消弭大汗之疑，此所谓釜底抽薪之法也。"

等到了第二日，姚枢又一再敦促忽必烈也要返回都城，到蒙哥身边去，彻底解除对方的猜忌。

忽必烈思量再三之后，终于作出了决定："行，那就依你的意思。"

于是，这一年的十一月，忽必烈先后两次派人去见蒙哥，表白自己的忠心，并表示愿意"归牧"漠北的心意，得到蒙哥的诏许后，忽必烈立刻启程亲自去都城见蒙哥。

兄弟相见，免不了要寒暄一番。

蒙哥表现得非常高兴，立刻下令设宴为忽必烈接风洗尘。

宴席上忽必烈向自己的哥哥敬酒，之后毕恭毕敬地退回到自己的位置上，没过一会儿，又再次起身向蒙哥敬酒，又再次退下。

等到忽必烈第三次起身向蒙哥敬酒时，蒙哥不知怎么了，眼眶中竟然已有了一丝泪光。

就在这时，忽必烈的双眼也同样有了泪光，欲要开口时，却见蒙哥突然向他摆了摆手，示意他不要说话。

这一刻，兄弟两个你注视着我，我也注视着你，仿佛有千言万语要说，却又觉得多说一个字也是多余。

终于，蒙哥站起身向忽必烈快速地走了过去。

两兄弟很有默契地同时张开双臂紧紧地抱住了对方。

在《元史·姚枢传》中这样记载当时蒙哥的做法："及世祖见宪宗，皆泣下，竟不令有所白而止，因罢钩考局。"

蒙哥派去调查忽必烈的人员虽然被叫停了，但忽必烈仍然被解除了在中原地区的兵权，并被蒙哥留居在漠北。

　　然而，忽必烈并没有因此而消沉，因为仅仅一年之后，一切就有了三百六十度的大反转。

第七章　铁血、坚守、传奇战

一、蒙哥汗南下亲征

南宋宝祐六年、蒙古蒙哥八年（1258）。

这一年注定是不平常的一年。

因为这一年里，蒙古对外征伐发展到了一个新的高度。

在西方，西征统帅旭烈兀灭了残酷统治与压迫人民的阿拔斯王朝，结束了该地区几个世纪以来的黑暗时代。

而在古老的东方中原大地上，蒙古对南宋的征伐也即将迎来一个新的转折点，因为它将会改变当时世界政治格局走向，也可以说是由于这一年的惨烈的蒙宋之战阴差阳错保护住了欧洲的文明，使其得以继续发展。

与此同时，在漠北闲居了整整一年的忽必烈，却在某一天的清晨突然接到了自己哥哥蒙哥的委派，命其立刻点齐兵马启程南下攻伐南宋。

蒙哥的态度之所以会突然转变，全是因为这一年，塔察儿率领蒙古军队进攻南宋樊城，本想一口气将南宋彻底打垮，但不巧的是正赶上当地的雨季，大雨一下就是一整月，似洪水猛兽一般挡住了蒙古军队行军步伐，根本无法前行。

于是，这次攻城计划便告吹，塔察儿被迫班师回朝。

这件事表面上看是一件小事，却令蒙哥郁闷至极。

之前由于蒙古内部的政局混乱，从而耽误了南下的步伐，而如今政局已然稳定，蒙哥就想借此机会，南下将南宋吞并，却万万没想到，自己非常看重的塔察儿竟然是以这样的方式失败了。

蒙哥背着双手来回踱步，忽然想起了那被自己委屈了的能干的弟弟忽必烈。

忽必烈久居中原，对那里的气候以及风土人情都非常了解，倘若换成他去攻打樊城，说不定就是另一番模样了。

于是，这一年的夏季六月，蒙哥便重新调整了南下攻宋的策略，以南宋囚禁了蒙古使者为借口，制订了一个庞大的灭宋计划，决定由两翼分三路军进攻南宋。

事实证明，蒙哥的这一次南下攻宋的前半段过程还真的是比较顺利的。

他统率精兵数万大军，自六盘山祭祀完成吉思汗之后便挥师南下，打算一口气彻底将南宋灭了。

首先，他命自己的弟弟忽必烈率领部队从南面攻击南宋的鄂州（今湖北省武汉市武昌区），又命兀良合台自云南北上广西去策应忽必烈，蒙古宗室帖哥火鲁赤及大将带答儿自利州、兴元（今陕西省汉中地区）南北对进夹攻四川；左翼命塔察儿、驸马帖里垓攻南宋两淮；右翼北路军由元帅帖哥火鲁赤及带答儿率领沿嘉陵江、渠江南下，而他自己则另外再亲率一支部队直攻四川，企图东出葵门（今重庆市奉节县瞿塘峡夔门山麓）顺江而下，三路大军同时进攻南宋，分散南宋一方的兵力，之后在鄂州会师，并一同顺势而下直取临安城。

看到这里，也许有人会好奇地发出疑问，既然当初蒙哥的最终目的是南宋的都城临安城，却为什么要大费周章先从距离临安城千里之外的四川开始下手，绕这么大一圈的路呢？

更何况，唐代诗仙李白曾经有诗云："蜀道难，难于上青天。"

四川道路基本都是七拐八绕的山路，是出了名"鬼见愁"的难走，而善于骑射，常年与马为伴的蒙古人为什么放着平原不走，偏偏要走这难走的山路呢？

其实，当初蒙哥之所以会作出这样的战略部署，主要还是因为受金钱与粮草这两样东西的吸引。

在前文中笔者提到过，四川地区在当时是个富庶之地。

当年南宋朝廷偏安江南，苟延残喘，朝野上下腐败得一塌糊涂，弄得民间百姓苦不堪言，怨声载道，但唯独四川地区依旧繁华富裕，因此在当年，南宋几乎一半的国库收入都来自四川地区。

因此，蒙哥若要想彻底将南宋灭亡，自然就得先将其经济主要来源地四川地区拿下。

可以说，蒙哥的这种战略部署是天衣无缝，想得非常周到的。

除此之外，这次攻打四川还有一个更重要的原因，那就是蒙哥作为至高无上的大汗想要通过这一战在蒙古内部树立自己的威信。

为什么这么说呢？

因为草原民族资源有限，但是流动性却很强，因此对天下的事物，包括风土人情了解得就非常多，也是因为这个客观原因，使得草原民族有个明显的特点，能够在很短的时间内建立起一个沃野千里的庞大的以军事为主的政权，但是也很容易瓦解，而这个庞大的军事政权存在的基础，是必须得有一个富有极强号召力以及权威的领导者将众人凝聚在一起。

但要将众人凝聚在一起，并且树立权威，最好的捷径就是依靠军事来达成。

所以，消灭南宋，建立不世之功就成了蒙哥这次决定亲征南宋的第二个缘由，也可以说是他个人的一个小算盘。

根据史书上记载，此次三路蒙古大军进入四川后，摧城拔寨，行军一直都非常顺利。

而南宋一方也毫无意外地从战争一开始就被蒙古军队按在地上一顿打，节节败退。

北路军的忽必烈，一路自北向南，势如破竹，很快便突破了南宋的淮西防线，饮马长江；兀良合台一路也很顺利，自南边突破了南宋的军事防线，带领着手下将士，挥舞着手中战刀，如一阵旋风一般，呼啸着杀到了潭州（今湖南省长沙市一带）。

当时这两路的蒙古军队虽然不是主力的大部队，但论实力也足以将南宋吊打得无法还手。

而与此同时，西边由蒙哥亲自率领的部队也是不费吹灰之力就突破了南宋的防线，一路所向披靡，攻破了利州（今四川省广元市）、苦竹（今四川省广元及剑阁县东北剑门关西第二道关隘上）、长宁山（今四川省苍溪县白桥乡、亭子乡及剑阁县鹤龄乡交界处）、鹅顶堡（今四川省剑阁县东南鹤龄镇长林山南）、大获城（今四川省广元市苍溪县城以东20公里处的王渡乡大获山上）、运山城（即燕山寨，今四川省南充市蓬安县境内）、青居城（今四川省南充市高坪区境内）、大良城（又名大良坪，今四川省广安市前锋区观阁镇境内）等要塞，逼近钓鱼城。

在蒙古军队如此猛烈的攻击之下，四川境内除了余玠当年所构筑复杂多变的山城防御体系外（重庆以东，钓鱼城以南的地方），其余绝大部分都已被蒙古军队攻破。

照着此等情况发展下去，只要后期兀良合台与忽必烈两路人马在鄂州一会面，蒙哥一边的人马再顺势沿着长江南下，拿下长江一带，南宋朝廷基本上就可以提前退出历史舞台了。

造成这种局面的主要原因还是怪南宋朝廷对在外的边关将领不放心，不愿意放权所导致的。

在南宋边关前线虽然有很多像余玠那样有才又有能力的将领，但这些人却不能完全像余玠那般总览整个战况的全局，当南宋面临如此大的状况时，这些人很难以一当百，发挥自身最大的优势。

万幸的是，就在蒙古军队以摧枯拉朽之势将南宋边关的城池一个个拔掉时，驻守在嘉陵江钓鱼城的两万余名南宋军队在统帅王坚的指挥下，以烈士之勇的不怕死精神和意志，死死地拖住了蒙古西路军队那如猛虎般的进攻势头。

这王坚为南阳邓州彭桥人，生于南宋宁宗赵扩庆元四年（1198），是南宋末年与余玠、孟珙等齐名的将领之一。

南宋嘉熙年间（1237—1240），王坚在京西湖北路（今湖北全省和湖南省的部分地区。南宋在这一地区设置京西湖北路安抚制置使司，以统一指挥对金、蒙古的防御）安抚制置使的孟珙部下任职，曾领兵烧毁蒙古军在邓州（今河南邓州）一带所积船材。后被调入四川，曾与宋将曹世雄一同率兵击退攻略合州、广安军（今四川省广安市东北）的蒙古军。

早在南宋宝祐二年、蒙古蒙哥四年（1254）七月，余玠还在担任兵部侍郎、四川制置使兼知重庆府时，王坚就已经跟随着余玠北伐过汉中地区，还因为战功卓著、奋勇杀敌，被任命为兴元都统制兼知合州。

王坚知合州时坚定地听从余玠的指挥和调令，执行余玠部署的一切防御策略，还调集当地所属五县民丁共计十七万余人，大规模修筑钓鱼城，并且开始积极训练军队，组织民兵，安顿人民，垦种农田，储薪囤粮，加强战备，为的就是抵抗随时有可能南下的蒙古军队，守住南宋半壁江山的关卡。

当时，王坚在钓鱼城的南北两面分别修筑了"一"字形城墙，一直延伸到了江边。

这钓鱼城是修筑在钓鱼山上，山顶较为平坦，四面都是陡坡峭壁，坡度可达七十度，可谓名副其实的"陡崖"，加之其城墙城楼都是建在陡崖边缘，而且钓鱼城四周陡崖的平均高度都在二十七米左右，相当于今天的九层楼的高度。

此外，钓鱼城护国门旁边的陡崖可达三十六米左右，整座山城最高的城墙则位于高度达四十一米的山崖顶上。

整座山城充分利用了陡峭的山崖，用坚硬的山石修建环山城墙，并且在城区之内依据地势修建多层城墙，城门采用双层条石的拱券结构，抗击能力自是不用多说，也不易垮塌，同时利用山上自然的植被作为掩护，又修建了飞岩洞、皇洞等暗道，以便用来偷袭敌军。

当然，除了以上这些，先前所说的钓鱼城南北"一"字城墙又将环形的山城与嘉陵江、渠江的南北水军码头紧紧联系起来，形成了一个完善而立体的防御体系，既可以固守城池，也能利用强大的水军封锁江面，防止敌军顺江而来攻打城池，又可以同时确保城池与外界的联系。

而在城中日常生活的普通百姓则是春播秋收，并将收获的粮食储备起来，为守城的南宋军队解决了粮草问题，做好了后勤工作；城中有器械作坊、练兵场、帅府衙门、大小天池等，有了这些，即便是遭遇敌军的长期围困，城中的军民也不会缺乏物资，为长期防守城池提供了物资与精神方面的双重保障。

南宋宝祐六年、蒙古蒙哥八年（1258）年底，蒙哥开始计划攻打钓鱼城。

这钓鱼城坐落于嘉陵江钓鱼山之上，山势异常险峻，四周峭壁悬崖，东西南三面据江，可谓易守难攻之地。

"山在州治之东北，渡江十里其下，其山高千仞，峰峦岌岌，耸然可观，其东南北三面据江，皆峭壁悬崖，陡然阻绝。修城之后，凿山通道，路曲之次，方可登临。其西南山稍低，与此筑城，高二十仞……"

与此同时，驻扎在四川随时待命的蒙古军队接到蒙哥大汗的命令之后，便迅速从四面八方向大汗所在的主力军靠拢。

其中，最大的两支部队是由纽璘与汪德臣两名将领所率领，他们各有三四万人马，集结之后，蒙哥手上所控制的部队人数共达十多万，可谓声势浩大。

这纽璘又作"纽邻"或"纽隣"，蒙古珊竹带氏，祖父字罗带，曾是铁木真身旁的怯薛，随窝阔台灭金国，后镇守河南，父亲是都元帅太答儿。

初期，纽璘跟随父亲太答儿四处征战，因为智勇善谋，屡立战功，所以在部队中很受大家敬佩，并受到了蒙哥的赏识，将其收为己用。

而汪德臣，乍一看这名字，一定有不少人会认为是汉人或是南宋的降将，其实不然。

汪德臣隶属于蒙古汪古部，他的父亲名叫汪世显。

根据记载，汪德臣的父亲汪世显，原先在金朝时期担任过平凉知府事及陇州防御使的职位。

也就是说，汪世显的家族应该是较早受到了中原文化影响，有着较高文化修养和地位，并且是效忠于金朝的蒙古汪古部的上层贵族。

南宋绍定二年、金朝正大六年（1229），汪世显任巩昌府（今甘肃省陇西县）治中，辅佐完颜仲德召集兵马。

南宋绍定五年、金朝天兴元年（1232），汴京危急，完颜仲德奉旨率军队去救援，汪世显任便宜总帅，代统军队留镇巩昌。因与元帅粘葛完展不和，杀之，成为秦巩地区最强大的武装势力。

南宋端平二年、窝阔台七年（1235），蒙古皇子阔端兵临城下，围攻巩昌，派遣使者去向汪世显招降，十月四日，汪世显所统诸城军民归降蒙古，阔端赐以蒙古章服，令仍任其旧官职。

当父亲汪世显投降蒙古时，汪德臣才十三岁。

那时候，蒙古皇子阔端不仅赏识其父汪世显，而且也赏识汪德臣。

十四岁时，征得父亲汪世显同意，汪德臣到了上都，觐见窝阔台大汗，赐名"田哥"，命随侍皇子，从此扶摇直上。

南宋淳祐八年（1248），汪德臣奉命率兵讨伐西羌。

他指挥队伍越过川北荒凉的草地，直抵松潘，将羌人击退而还。

短短几年之间，汪德臣身经百战，进攻时他总是冲杀在前，撤退时则亲自断后，勇冒锋镝，奋勇当先，成为蒙古军中很有名气的青年将领。

虽说这纽璘与汪德臣是蒙古军队中的两名悍将，但在此之前却一直没有拿下四川地区。

究其原因，还是前文中笔者所提到余玠在四川这里构筑的那套极为独特且复杂的"以江为线，以山为点"的山城防御体系。

有了这套防御体系，纵使蒙古人马快刀快，善于野战，可到了这里却完全派不上用场。

这里的南宋军队不跟你打野战，而是靠这些山城要塞堵截你。

八座要塞，号称"四川八柱"，密不透风，层层设防，别说是人了，就算是只苍蝇也很难飞进去。

依靠着这套山城防御体系，多年以来，南宋军队抵挡住了无数次蒙古骑兵的进攻。

但是，再好的防御体系，也架不住有个从上至下摆烂的朝廷，这一点恐怕是余玠当年怎么也想不到的。

况且，多年来，长期保持战时状态，却没有一点儿好转的势头，这已经使得四川地区的南宋将士们陷入了一种疲态，其次就是蒙哥打仗是真的凶猛，出手相当狠。

在蒙古第二次西征的时候，蒙哥不仅屡立战功，还亲手活捉了钦察部落的首领，因此打出了"人见人怕"的名声。

因而，这一次蒙哥亲率蒙古军队南下攻宋，蒙古军队一直势如破竹，将南宋军队吊打得节节败退，最后只剩下了钓鱼山上的这座孤城。

所以，当如此顺利的进军速度被一个小小的钓鱼城所拦住了步伐的时候，蒙哥也没有将此事放在心上。

胜败乃兵家常事，再强大的军队，也不可能每一回都胜利，一时的输赢说明不了什么。

多年与南宋较量的蒙哥自认为对南宋军队的综合实力了解得非常清楚：此时坚守在山城中的南宋军卒只有区区两万余人，这个数字与自己一方十多万的兵马相比起来可是天壤之别，所以他一点儿不着急。

但他也明白，这钓鱼城既然修建在如此陡峭的山崖绝壁之上，必定易守难攻，而且城内军民一心，实施"坚壁清野"的策略，倘若自己一方强攻，即便攻破山门闯了进去也会是损失惨重的局面。

看到这里也许有人会问，钓鱼城是一座建立在钓鱼山之上，总面积不到三平方公里的小城，这样的面积对于南宋来说完全可以忽略不计，那么蒙哥为何要大费周章一定要拿下它呢？

要说清楚这个问题，当然就不得不提这钓鱼城独特的地理位置了。

在前文中我们曾提到过，这钓鱼城建立在钓鱼山之上，而钓鱼山又在嘉陵江南岸。

站在钓鱼城的城头就能看见对面的另一座城池，那边便是合州，也称作合川城，那里才是蒙哥的必争之地。

那么问题又来了，为什么合川城对于蒙哥来说如此重要呢？

原因很简单，因为合川是三江汇流之地，涪江、渠江两江都从这里汇入嘉陵江。

在南宋时期，合川是连接川北以及长江的重要水道，蒙古南下的军队要想入长江而下直取临安城，就必须经过这合川，因此这里对于蒙宋两方来说都非常重要。

但是，合川对于南宋一方来说有一个避不开的致命弱点——不好守护。

其中的原因就在于，此地水路发达，加之整座城是通的，涪江、渠江、嘉陵江三江之水穿城而过。

但是，有了钓鱼城之后就完全不同了。

钓鱼城依山而建，可以俯瞰整座合川城，只要合川城一出事，在钓鱼城内的南宋守军就可以立刻出动。

因此，钓鱼城虽是一座建在山顶上小到不能再小的城池，却是合川城的守卫，同时也是南宋钉在这里的一根钉子，蒙古军队要想从合川顺利通航就必须拿下这钓鱼城，否则永无宁日。

明代合州进士冯衡诗句"三江送水开天堑，千嶂排方控蜀疆"，确切地道出了地势之险峻、位置之重要。

于此筑城，居高临下，控扼三江要塞，屏障巴蜀荆湖，随之又选形势险要处筑起了青居、大获、云顶、天生、大梁等十余城，屯兵聚粮，互相呼应，组成了以合州为中心的川中防御体系。

据考证，当时蒙哥到达钓鱼城下之后便将自己的中军大帐扎在了钓鱼城东城附近的石子山，隔着天涧沟眺望这座渺小的山城。

但是，在正式与钓鱼城内的南宋守军开战之前，面对近在眼前的钓鱼城，蒙哥是一直眉头紧锁的。

二、易守难攻，层层设防

因为这钓鱼城一共不到三平方公里，却有八道城门，按照常理，城门越多，城内的驻军越不好守护，可钓鱼城的八座城门都开在悬崖峭壁之上，而且城门前面就是栈道，所谓的"栈道"指的是沿悬崖峭壁修建的一种道路，又称阁道。

在七八百年之前的那个冷兵器时代，钓鱼城内的南宋守军只要将栈道一收，蒙古军队就根本攻打不到钓鱼城的城门。

当然，除了城门之外，钓鱼城的城墙也不好攻。

因为合川这个地方一直以来都是阴雨天肆虐，晴空万里的时候屈指可数，而且一下雨不光是天气非常湿冷，连带着城墙下的陡坡泥泞不堪，让人无法攀爬，再加之城墙上又有南宋的守军严阵以待，使得蒙古军队很难进攻上去。

另外，当时作为蒙古军队的最高统帅蒙哥还发现一个情况对蒙古军队十分不利，那就是位于钓鱼城南外城嘉陵江边的水军码头。

这水军码头与钓鱼城南外城紧密结合，构成了钓鱼城主城之下山地设防和江岸设防的综合攻防体系，并由此而形成水军码头依托外城、外城依托主城的梯次配置。

这一充分利用地形，层层设防，退可守、进可攻的防御布局相当于是钓鱼城的一个结界。

蒙古军队虽然包围了钓鱼城，但这种包围仅限于陆地，连通钓鱼城的这条水路并没有被蒙古军队堵死，从这可以直接连接到下游五十公里之外的恭州（今重庆市）。

这对钓鱼城内的南宋守军们来说意味着两个字"退路"。

有了退路的南宋守军自然士气就不容易下降，而这一点对于包围钓鱼城的蒙古军队来说就是非常头疼了。

若在这种条件下进行"霸王硬上弓"的强攻手段，蒙古军队的牺牲概率显然非常大。

经过了连续几天几夜的研究和部署，最终在南宋开庆元年、蒙古蒙哥九年（1259）的农历二月初三，蒙哥发出了进攻的命令，他命驻扎在对面东山的史天泽和驻扎在西面的汪德臣合并一处，对钓鱼城的水军码头发起进攻。

于是，蒙古军队攻打钓鱼城的第一战便从水军码头拉开了序幕。

当然，这里必须要说明的一点是，根据相关史学家的研究，在开战之前的那一天，蒙哥下达的命令有可能不仅仅是对水军码头发起进攻，而是全线进攻。

其一，当时的蒙哥手下有兵马十几万，而钓鱼城内的南宋守军才不过区区两万余人，与之相比，蒙古军队的兵力优势非常明显。

其二，若单单进攻一个水军码头，城墙空间有限，而蒙古军队人数众多根本拉不开距离，因此很容易拥堵在一处，也根本发挥不了应该有的兵力优势。

其三，蒙哥本人有着独特的用兵如神之道。

兵法有云："虚者实之，实者虚之。"

全线进攻，可以虚实结合，避免暴露自己一方的主攻目标，同时也可以找到钓鱼城周围其他的防御破绽点进行攻击。

也因为如此，在开战的当日蒙宋双方都是抱着必死的心态，全力以赴。

蒙古军队踏着泥泞不堪且十分陡峭的山路拼了命往山上攻，而在钓鱼城内的南宋守军则在城头上顽强坚守。

刹那间，钓鱼城上空乌云密布，杀声连连，城墙下则是尸山血海，白骨成堆，一幅惨绝人寰的人间炼狱景象。

当然，最惨烈的还是水军码头的东西"一"字城。

在这里，蒙古军队的统帅汪德臣身先士卒，奋勇杀敌，像一头荒野巨兽一般，双眼冒着血丝，向钓鱼城杀了过去。

他显然是已经杀红了眼。

而与此同时，钓鱼城城头上的南宋守军主将王坚也是亲自在城头坐镇指挥。

两军相遇，从清晨到傍晚，依旧杀得是难解难分。

尽管汪德臣素有"弯刀所向，攻无不克"的名声，但是这一回他却是遇到了克星。

根据《元史》一书中记载："公，力战，夺船数百余艘，杀伤不可计。"

即便如此，在第一天的对战中，汪德臣却依旧没有拿下水军码头。

虽然书中记载很清楚，但当时的战况依旧保留着很多疑惑。

因为当时的钓鱼城依山而建，城墙都是建在悬崖峭壁之上，可唯独水军码头背靠的这个东西"一"字城。

这里并没有像其他处那样的悬崖峭壁作为屏障保护，而当时的蒙古军队也已经在中原之外的地区征服了中亚、西亚以及大半个欧洲地区彪悍的军团。

所以，当时的蒙古部队，已经不再是仅仅只有骑兵了，而是具备了世界上所有先进部队的特点，并且是多兵种配合的超级部队。

况且当时蒙古军队中有一支工匠组成的队伍叫作"炮手军匠"，是专门用来攻城的部队。

因此，当时的蒙古军队无论是从攻城技巧还是兵力优势方面来看，拿下一座没有绝壁保护的小小城池绝对是轻而易举的事情，可为什么他们偏偏就是做不到呢？

这无疑就是疑点最大的地方。

原来，看似平平无奇的钓鱼城，还有一个不为人知的秘密。

在位于钓鱼城南外城的东面有一处"一"字城。

此处是一个断面，从外观便可看出，处于最外侧的断面是一面极为厚实的墙面基础，在最里面的一段便是南宋淳祐三年（1243）冉氏兄弟奉余玠的命令修筑的第一道城墙，而夹在两者之间的一段是后来王坚担任了钓鱼城主将之后加修的一段钓鱼城城墙，最后一段则是在王坚离开了钓鱼城之后，他的继任者张珏修的。

因而，此处虽然没有悬崖峭壁作为屏障保护，但是东西"一"字城的城墙，却经过了冉氏兄弟、王坚、张钰的修建和加固了好几层，使其厚度与坚硬程度超出了人们的想象，最终造成了蒙古军队在此处是大费周折、死伤惨重，却依然攻不下来的结果。

但是，这个原因又引发了一个新的问题，那就是在当年像钓鱼城这样的城池一共八座，号称"四川八柱"。

但是，这"八柱"当中没有绝壁保护的城墙，而且前后多次加厚的城墙却只有钓鱼城东西"一"字城这一座，这又是为什么呢？这座城与其他几座城池有什么不同呢？

说到这里就不得不提一个有关钓鱼城的另外一个惊人的秘密。

原来，在钓鱼城之内还隐藏着一座隐秘的宫殿。

看到这里，相信作为读者的你一定会很疑惑，因为南宋的都城在临安城，离四川钓鱼城有千里之遥，但为什么在钓鱼城会隐藏着一处宫殿呢？

而在《宋史》一书中，也没有任何关于这处宫殿的介绍。

由此，后世研究钓鱼城的专家们便猜测，这有可能是当年南宋朝廷的一个秘密安排，或者是钓鱼城守军们的一种自我安慰的期待：一旦有朝一日蒙古大军进入了江南地区，南宋的皇帝可以移驾到四川钓鱼城来，继续统领众人进行反抗。

虽然以上观点仅仅只是一种推测，但钓鱼城内宫殿的存在证明了此地在当年确实比其他几座城池更加重要。

说完了这钓鱼城的秘密之后，接下来咱们再将目光转移到当年蒙古军队围困钓鱼城的时候。

在汪德臣、史天泽二人攻打钓鱼城失败之后，作为蒙古军队最高统帅的蒙哥却并没有立刻在战术上作出任何调整，反而加强了对钓鱼城的进攻，而且不仅从水上派出部队，还派人从东西"一"字城的左右两侧向城内的南宋守军发起了进攻。

惨烈的战争，使得蒙古军队死伤惨重，白骨成堆。

终于，在激战的第五日时，战况有了转机。

根据史书记载，当钓鱼城城头上的一位年轻的南宋军官被一箭射中之后，城中的其余守军开始乱了阵脚。

而与此同时，钓鱼城的城墙也被蒙古军队给攻破了。

虽然城墙被攻破，但整个钓鱼城却并没有失守，蒙古军队也依旧隔绝在钓鱼城之外，入不了城。

造成这种现象的原因就在于这钓鱼城不止有一道城墙，而是由里及外多道城墙，只要城门一关，几堵城墙就如同迷宫一般，完全与外界隔绝了，即便蒙古军冲了进来占领一片区域，也无法控制整座城池。

另外，钓鱼城内城城墙全部都建在悬崖峭壁之外，内城的马道也是四通八达，只要哪个城头有军情告急，处在其他区域的援军就可以迅速调动赶去救援，守城的物资也可以直上城头。

不得不感慨，七八百年前的四川钓鱼城真不愧是少有的要塞防御杰作。

因此，虽然蒙古军队拿下了水军码头以及东西"一"字城，但是地处于钓鱼山之上的钓鱼城依旧是稳如泰山，毫发无伤。

绝壁之上，护国门、始关门与小东门，这几座城门依旧将十余万蒙古军队死死地挡在了内城之外。

可想而知，当年不知详情的蒙古兵，一见城墙破了便蜂拥而至地冲进去了，结果却发现城墙的里面还是城墙，最终只能被南宋守军赶入死角内，一个个地被剿灭。

据《宋史》一书记载，面对如此窘境，作为蒙古军队最高指挥官，蒙哥下达了命令，让当时的蒙古军队"合诸道兵围合州……凡攻城之具无不精备"。

于是，当年的农历二月初九，也就是拿下水军码头仅仅一天之后，蒙古军队便开始对钓鱼城的内城发起了第二轮的进攻。

这一次，蒙古军队依旧是虚实结合，全面进攻。

当时，在钓鱼城内最西端的镇西门是战斗最激烈的地方。

这镇西门的门外只有一道山梁通向山门，攻城的通道十分狭窄，而攻此山门的蒙古元帅依旧是悍将汪德臣。

他率领着骁勇善战的蒙古士兵一波又一波地向镇西门发起猛烈的冲击。

眼看着蒙古将士们一个个地倒在血泊中，却依旧舍生忘死地向前冲，大有不破此门誓不罢休的架势，那画面可真是惊心动魄，又震撼人心。

蒙宋双方的这一战从清晨一直打到了黄昏还没有结束。

元代时期，著名的文学家、诗人姚燧曾经写过一篇碑记，其中对这次蒙古军队打钓鱼城作了详细的描述。

其中有一句话，充分表达了当时蒙宋双方战争的残酷，叫作："炮矢不可及也，梯冲不可接也。"

从这句话中便可体会到当年蒙古军队攻打钓鱼城的困难程度是非常大的。

而面对钓鱼城的绝壁高墙，以及城头上南宋守军统帅王坚的顽强抵抗，蒙古军队虽然付出了惨重的代价，却最终还是无可奈何。

三、坚如磐石，勇冠三军

这里不得不提钓鱼城守军统帅王坚。

不足三平方公里的钓鱼城之所以能够抵挡住蒙古人那三番四次、凶猛无比的进攻，除了建城之初余玠的精妙设计之外，作为主帅的王坚自然也是功不可没。

他不但主战意志坚定，而且还能未雨绸缪。

当年，北川失利，撤退下来的四个戎司中的兴戎司，兵数虽不多，估计不足五千人，却是曹友闻牺牲后剩下四川南宋军的精锐，后来这些人被王坚收留并且整编进了钓鱼城。

当时不仅是士兵，还有很多百姓也随败军逃难到了钓鱼城来，王坚则不分贵贱，一并将这些人收留，在对抗蒙古大军的时候，在他的英明领导和团结之下，这些百姓们也纷纷组成了民兵，自愿加入了守城的队伍当中。

另外，王坚还非常睿智，在钓鱼城内自主打造了多个抛石机，专门用于对抗前来进攻的蒙古军队。

正是依据地利、意志，加上精良的装备，王坚与钓鱼城中的其他南宋守军才能挡住蒙古大军波涛汹涌的攻城势头。

从农历的二月一直到了三月，前后足足有二十多日，钓鱼城这座矗立在钓鱼山上的小小城池依旧巍然地俯视着城外十多万的蒙古大军。

这样的局面是让一个人万万想不到的。

这个人当然就是此次蒙古南下侵宋大军中的最高统帅蒙哥。

在他以前参与过的历次战役中，即便中间也会有些惊险的波折，但结局都是他直捣黄龙，无往不利。

但这一次，眼前这座小小的城池却让他有了深深的挫败感。

而更令他犯难的是，多日以来，因连续进攻所造成的蒙古军将士的伤亡，不但使他的兵力锐减，而且也严重影响到了军中将士的士气。使得众人对面前这座小小的城池产生了一种恐惧心理。

有什么办法能破解眼前这种困局呢？

南宋开庆元年、蒙古蒙哥九年（1259）的农历四月初三这一日，蒙古对南宋的进攻戛然而止了。

根据《元史》一书记载，蒙古人之所以会在这天停止对钓鱼城的进攻，并且这一停就是二十多日，原因则是从这一天起当地就开始下大雨，而这一下就是将近一个月，导致仗无法打下去。

而作为整个蒙古军队的最高统帅，也是足智多谋的战略家，蒙哥恰巧也借着这一机会重新谋划对钓鱼城的用兵策略。

他坚信，任凭钓鱼城的城墙再固若金汤，地理环境易守难攻，也一定有其破绽。

那么，绝壁之上的钓鱼城真的有破绽吗？

答案是，有。

经过了一番对钓鱼城地势的细心研究，最后蒙哥找到了一处钓鱼城的防御漏洞。

当然，这也是唯一的漏洞。

在钓鱼城的西北方，也就是奇胜门的边上有一座山名叫马鞍山，而就在马鞍山的山下又有一处名叫"大天池"的湖泊。

这大天池对于钓鱼山上的钓鱼城是非常重要的，因为它是城内军民们最重要的水源之一。

而更巧的是，当时看守这大天池的并不是钓鱼城内的南宋兵将，而是一群由当地乡民组成的民兵。

对于蒙古人来说，这简直就是天赐的良机。

只要蒙古人掐断了钓鱼城这处唯一的水源，或者在此处做点文章，钓鱼城内必定大乱，到那时拿下钓鱼城就易如反掌了。

发现了这个破绽之后，蒙哥再也没有多做犹豫，立刻对钓鱼城出手了。

同年农历四月二十二日的午夜，月黑风高之时，借着夜色的掩护，一支由几十人组成的精锐从蒙古军营中快速而出，直奔奇胜门而去，准备夜袭宋军夺取大天池的水源。

几十人中带头的不是别人，正是之前勇夺水军码头奋勇杀敌的蒙古军将领汪德臣。

据《元史》一书中记载，当时的汪德臣"夜登外城，杀宋兵甚众"。

那一夜，汪德臣带领的几十名蒙古兵登上了钓鱼城外城城墙，并且与钓鱼城内的南宋守军展开了一场血淋淋的厮杀。

被偷袭的南宋守军对于突然出现的蒙古兵完全没有心理防备，当汪德臣与其余蒙古兵出现在他们眼前的时候，众人顿时慌了阵脚，四散奔逃。

于是，一场猎手与猎物之间的追逐绞杀游戏便展开了。

然而，就在汪德臣一行人即将得手的时候，只听得城头下顿时一阵大乱。

不知是从哪儿忽然杀出来了一批南宋兵将。

只见这批南宋军二话不说，一出现便对着汪德臣一干人等的背后迅速搭弓射箭"嗖！嗖！嗖！……"一顿猛射。

汪德臣等人对这一幕也是始料未及，于是猎物与猎手的身份瞬间转变，前后两波宋军将汪德臣等人进行了两面夹击的攻势，使其完全退无可退，躲无可躲。

不得不说，这一支南宋援军来得非常及时，倘若稍晚一步，钓鱼城在那一夜就有可能失守，而与之相对应的欧亚历史也不可能被改写。

显然，这支突然出现的南宋援军是钓鱼城主将王坚派来的。

但是，当时的钓鱼城已经完全被蒙古军队包围，那么王坚派出的这支援军又是如何从已经被包围的城池中赶过来救援的呢？

原来，在钓鱼城内有一条暗道可以直接通往外界，由于这条暗道的出口是由天然的石缝改造而成的，而石缝的外面又有城墙和跑马道来做掩护，加之本身就是在悬崖的边上，外侧又有茂密植被遮挡，因此非常隐秘，在外城的蒙古人也根本发现不了。

因此，当汪德臣等人趁夜色偷袭的时候，这支南宋的援军便从钓鱼城内的这条暗道借助着绳索而下，绕到汪德臣等人的后方发起了进攻。

但是，这一而再，再而三的攻城失败却并没有使得足智多谋、善用兵法的蒙哥气馁。

他还有第二套方案。

于是，在接下来的数日内，奇怪的现象便发生了。

在这段时间里，蒙古军队没有再对钓鱼城组织过任何攻城行动，仅仅只是在城外围着，而主帅蒙哥与其他蒙古将领则是偶尔到阵前巡视一番，之后便返回自己营帐里饮酒作乐，好似逢年过节一般轻松快活。

这一幕，让在钓鱼城内的王坚感到十分疑惑："蒙古人究竟在搞什么鬼？难道他们只是想将我等困死在城中，等到城中断水断粮的时候再冲进来？"

想到这里，王坚不禁又摇了摇头，喃喃地道："不对，蒙哥应该不会这么简单，他一定还有其他计划。"

王坚之所以会如此肯定，是因为当时的钓鱼城中不但有十四口天井和九十二口水井，即使没有大天池，城中也永远不会有缺水的情况，而且为了应对各种意外情况，主帅王坚也早已提前做好了应对的准备。

每年除了冬季之外，他都会组织城中的百姓及时进行播种与收割粮食，所以城中的粮草也绝对是充足的。

况且，外城马鞍山之下的那处大天池里也有鱼，就算有朝一日，真到了断水断粮的时候，他们这些人还可以去捕鱼来解决温饱。

关于以上这几点情况，王坚相信蒙哥那边也早就了解到了，因此他怎么也想不通蒙哥究竟在打什么算盘。

在蒙古伊利汗国著名政治家、历史学家及医学家拉施都丁所著《史集》一书当中，记述了当时的情况。

原来，自从南宋开庆元年、蒙古蒙哥九年（1259）的农历二月，蒙哥便开始御驾亲征钓鱼城，可一晃数月过去了，钓鱼城却依旧岿然不动，等到了该年农历五月夏季的时候，合州地区的天气已经是既闷热又潮湿，如同蒸笼一般使人难受。

这样的天气对于常年生活在北方草原上的蒙古人来说自然是非常要命

的。

而在这种难熬的情况之下，蒙古军营中又不凑巧地开始大规模流行疾病。

一边是难熬的气候，而另一边又是被感染上就会要人命的疾病，在这样的双重压力下，蒙古军队自然不会有什么气势再战下去了。

而王坚在得知敌方阵营的情况之后便再不迟疑，立刻采取了行动。

以其人之道，还治其人之身。

既然蒙古人能冒险偷袭宋军，那么宋军为什么不能偷袭蒙古人呢？

正是基于这一点，因此王坚决定要亲自上阵带领一支敢死队，夜袭蒙古大营，刺杀蒙古军队最高统帅蒙哥汗。

这个决定无疑是个大胆而冒险的决定，但是蒙宋之间的这场战争已经持续了几个月，再拖下去，谁也受不了。

在某种程度上，这场战争已经变成了蒙宋双方主将们的意志较量。

蒙哥的终极目的是消灭南宋，完成统一欧亚的雄图霸业，而与之相比，钓鱼城守军主将王坚想的则是击退敌军，守住钓鱼城，守住南宋这摇摇欲坠的半壁江山，因此从某种角度上来说，两人的志向都同样高远宏大，令人敬佩。

于是，在某个月黑风高的深夜，王坚亲自率领一支由他本人挑选出的数十名精兵组成的敢死队，悄悄从钓鱼城内的暗道来到外城，向着石子山的蒙古大营方向而去。

根据《元史·赵阿哥潘传》记载，王坚组织人马在蒙古军营中小心摸索，最后终于找到了蒙哥所在的中军大帐。

而巧的是，那一刻，蒙哥正好就在营帐之中休息。

说时迟，那时快！

眼看王坚手中的长刀距离蒙哥的项上人头仅仅只有不到一尺距离，即将得手的时候，从营帐外忽然又冲进来数十名身手矫健的蒙古兵，瞬间将王坚等人团团围住。

原来，就在这关键时刻，蒙古临洮府（今甘肃省临洮县）元帅赵阿哥潘带着手下兵丁赶来救援。

赵阿哥潘仅凭一人之力便在瞬息之间斩杀了十余名南宋将士，使得原本危险至极的局面瞬间扭转。

王坚见状本想上前与其拼个你死我活，不料却被身边人及时拦住道："将军，留得青山在，不怕没柴烧，当务之急应保住性命要紧，切勿意气用事，破坏了大局啊！"

情急之下王坚也顾不得多想，只能长叹一声，向蒙哥撂下一句狠话道："记着，今日不是我王坚不杀你，而是老天有意要留你一条性命！"说罢，便在身旁南宋兵丁们的掩护之下，离开了蒙哥的营帐，消失在了茫茫夜色之中。

历史就像多米诺骨牌一样，一个无意间的举动，往往就能够改变整个历史的走向。

倘若当晚王坚刺杀蒙哥的行动成功，那么蒙古将会很快再次陷入混乱之中。

当时的蒙古幅员辽阔，横跨了整个亚欧大陆。如此大的一块版图，在管理上难免会遇到不小的障碍，因此蒙古无法像中原历代王朝那样实行中央集权制度，只能采取类似于前秦东周列国时期的分封制，将蒙古的部分土地分给成吉思汗的四个儿子及后代，也就是所谓的黄金家族来管理四大汗国，从而成为臣服于大汗领地之外的属国。

到了蒙哥南下攻打钓鱼城的这一年，蒙古内部结构已经发生了很大的变化，不再是原先的样子。

例如，俄罗斯、中亚、西亚等地已经由成吉思汗的三个儿子及后代各自统辖，并形成了三个蒙古汗国，但是这些人却依旧盯着中央大汗的位子，所以这种管理制度是很脆弱，很容易从内部自我瓦解。

因为按照蒙古人的传统，每个成吉思汗的后代都有资格成为蒙古的大汗，而且每个成吉思汗的子孙也都想成为大汗。

更主要的是，当时的蒙哥并没有明确指定自己的继承人是谁，因此只要他一死，必将会给整个蒙古带来无穷隐患。

四、蒙哥命丧钓鱼城

然而，王坚的这次行刺计划并没有成功，蒙哥依旧活着，这就为后来的事情带来了许多变数。

说话间，便来到了这一年的农历六月初五的夜晚。

钓鱼城的西北外城突然响起了警报，蒙古军队对钓鱼城突然发起攻击，搭起了云梯往城里硬冲。

当时，在西北外城把守的是钓鱼城内的民兵。

众人一看蒙古人立起大云梯向城里冲，当下便进行了顽强的抵抗。

但是，也就在城内民兵们一致抵抗蒙古兵，守护城墙的时候，忽然从外城的城里又神奇地出现了一支蒙古军。

于是顷刻间，守护城墙的民兵们应接不暇，遭遇城里城外双重敌军的攻击。

看到这里，相信作为读者的你又会觉得很奇怪，这批突然出现的蒙古兵是从哪儿冒出来的呢？

殊不知，这一切正是蒙哥的计划。

原来，自从之前蒙军停止对钓鱼城进攻之后，两个月以来，蒙哥一直派人秘密地挖一条从钓鱼城外通向钓鱼城内的隧道，准备实施偷袭。

这条隧道宽度约一米五，高度约一米三，是当年蒙古军队从马鞍山蒙古部队的驻扎营地开始挖，一直到钓鱼城的奇胜门为止，也就是前文中所提到那一批突然出现的蒙古军所在的地方。

一座小小的钓鱼城，居然能迫使蒙古人用上了"地道战"，足可见当年状况的惊险与惨烈。

根据史料记载，当时蒙哥选择的突破点十分精准。

当时，在马鞍山内侧有一段内城墙，这段城墙几乎是与地面平行的，而蒙古军突破钓鱼城外城之后，将领汪德臣等人直奔目标点而去。

而就在山下的一块小洼地上，蒙古军恰巧与当时在此守卫的钓鱼城民兵们迎头相撞，蒙古军想夺城，而钓鱼城的民兵们则誓死抵抗，用性命来守护钓鱼城，顿时双方战在了一处，杀得是昏天黑地，难解难分。

但是，这些民兵不是正规部队，在整体战斗力上终究还是无法与蒙古的正规军相比。

所以，最终的结局便是，那一晚钓鱼城所有抵抗蒙古军的民兵无一幸免，全部惨死在敌人的刀下。

一时间，钓鱼城西北内城墙战况紧急，眼看就要失守了。

要知道这里可是钓鱼城的最后一道城墙，一旦失守，余玠、王坚等人苦心经营守护多年的钓鱼城将会立刻落入蒙军之手，南宋朝廷也将危在旦夕，整个欧亚大陆上的历史也将会是另一副模样。

然而，这世间的事情，有时候就好像是老天在和你故意开玩笑一样，无巧不成书。

就在守护西北内城的民兵们全部战死，汪德臣带领着手下蒙古兵以闪电般的速度向钓鱼城内城发起进攻之时，钓鱼城主帅王坚带领着大批援军也及时赶到了，双方又是一场恶战。

在这场激战中南宋守军王坚身负重伤，差点儿丢了性命，而其余南宋将士们也是死的死、伤的伤，情形十分危急。

好在这个时候，形势再度扭转，蒙古军翻越城墙的云梯忽然断裂了，在云梯上的兵士瞬间从梯子上跌落下去，砸死、砸伤者不计其数，而其余士兵也无法进城。

与此同时，钓鱼城内，赶来支援的南宋守军也越来越多，汪德臣一方的人数明显不占优势。

在这种情况下，要夺取钓鱼城显然已是不可能完成的任务。

于是，汪德臣为了不做无谓的牺牲，只能暂时停止进攻，带着手下蒙古兵快速撤离。

经此一役，钓鱼城虽然有惊无险地保住了，但是其防御体系却再也不是那么牢不可破了。

因为，当钓鱼城的外城还在的时候，钓鱼城就像一座处在云端之上的高塔，并且有坚固的防护罩作为加持，外面的蒙古军队想要攻城，只能攀爬而上，费时又费力。

另一头，蒙哥见夜袭钓鱼城再次失败，是又急又怒。

他怎么也想不到，一个小小的钓鱼城居然花费了他几个月的时间搭上了数千名将士的性命，却连一点儿破城的希望都没有。

"显然硬攻是不行的。"想到了这里，他便放弃了"霸王硬上弓"的猛攻策略，随即调整策略，转用了以往蒙古人常用的"劝降"方案，去试一试。

当然，这"劝降"也只是权宜之计，无论能不能成功，他都要用这一招威逼利诱一番，好给钓鱼城中以主将王坚为首的南宋守军们一些刺激，使其军心动摇。

既然是要让对方军心动摇，那么这个去劝降的人一定要有能刺激到对方的作用，最好这个人就是从南宋一方投降自己的人。

一想到这里，蒙哥的脑海中就浮现出了一个名字——晋国宝。

这晋国宝乃是南宋的降将，所以让他去做这个招降的人最为适合，即便招降不成，晋国宝死在对方手里，对于蒙哥来说也没有什么损失。

因为，晋国宝去劝降只是他的第一套方案，除了晋国宝之外，他还有第二套方案。

至于这第二套方案是什么，咱们先暂时放到一边，稍后再说，先来看看晋国宝这一头。

很显然，晋国宝本人并不愿意去做这个冤大头。

他非常清楚自己如果去了，有可能就再也不能活着回来了，因此相当害怕，再三推脱。

可军命难违，况且蒙哥说出的话任何人都只有服从，违抗命令者的后果也只有死。

于是，降将晋国宝只能硬着头皮，迈着重如千斤的步伐，毫不情愿地向着钓鱼城的方向走去。

这段路程虽然并不长，但晋国宝走了快一盏茶的时间。

在这期间，晋国宝想了不下七八种劝说王坚投降的说辞，以此来缓解自己内心中的忐忑不安。

可有句话说得非常好：不做亏心事，不怕鬼敲门。

显然，晋国宝并不是这样。

投降了蒙古人就是他所做的最大一件亏心事。

当进入钓鱼城内见到了王坚的那一刻，晋国宝的心都快要从嗓子眼儿里蹦出来了。

由于心慌和心虚，导致晋国宝一张口就迫不及待地极力劝说王坚投降蒙古人。

"良禽择木而栖，贤臣择主而事。如今蒙古人的实力就摆在那儿，赵家江山迟早要完，兄弟你不如早做打算；投靠了蒙古人，不但钓鱼城内的军民能全部性命无忧，兄弟你自己也能荣华富贵，享用不尽啊！"

他接着又说道："但如果再这么负隅顽抗下去，这城内的所有军民们最后的下场都要遭殃，到时肯定血流成河、生灵涂炭，这样的局面我相信你也不愿意看到，你说是不是？"

人在紧张的时候，大脑难免会判断错误，而一旦犯了错就容易说错话、做错事。

而晋国宝所犯的错误就在于他只顾着说出自己要说的话，却忘记了自己根本不了解王坚究竟是怎样的人。

王坚静静地听着晋国宝说，其间并没有打断，等到晋国宝说完之后，他才突然冷笑道："说实话，我真的挺佩服你的。"

晋国宝道："什么？你佩服我什么？"

他显然并不明白王坚说这句话的意思。

只听王坚道："一个做叛徒的人还能如此理直气壮，说起话来还能脸皮这么厚的，放眼天下恐怕也找不出几个人了，你说我怎么能不佩服你呢？"

晋国宝的脸顿时又红又烫，被王坚这么一说之后，整个人顿时如坐针毡，恨不得立刻找个耗子洞钻进去。

王坚对晋国宝的叛徒行径恨不得剥其皮、啃其骨，将其碎尸万段，此刻看到他还这么恬不知耻，真是火冒三丈。

王坚的一双眼如刀锋般死死盯着晋国宝道："我只奇怪一件事。"

晋国宝道："什么……什么事？"

王坚道："像你这种不忠不义不孝之人，怎么还有脸活在世上呢？"

这句话一出，晋国宝顿时哑口无言，额头上豆大的汗珠直往外冒。

他已经预感到再待下去，自己恐怕很难活着离开，便立刻有了想脱身的念头，寻思片刻后，他对王坚说道："既然你心意如此坚定，那我也就不好再说什么了，咱们各为其主，好自为之。"说罢，便起身要走。

可王坚哪会如此轻易饶过他？

王坚道："好不容易来了一趟，才说这么两句话就要走了？你这样回去如何向你的新主子交差？"

晋国宝道："我知道，无论我如何劝你，你都是绝不会投降的，因此我也不必再多费口舌了。"

王坚冷笑着道："钓鱼城可不是你想来就来、想走就走的地方。"

说到这里，他不等晋国宝反应，突然抬手重重地拍了一下面前的几案，大声喝道："来人，给我将这蒙古奸细拿下！"

说话间，立刻有七八名威武健壮的卫兵从屋外冲了进来，二话不说将晋国宝五花大绑捆了起来。

这个时候，王坚已经动了斩杀晋国宝的心思，但身边幕僚立刻拦住了他，说道："两军交战，不斩来使。晋国宝这贼人虽是我宋国叛将，但他现在的身份却是蒙古大汗派来的使者，我们就这样将他杀了，实在太便宜他了，不如先将他关押起来，然后逼他说出蒙古军营中的情况，如此一来，岂不是对我们更有利？"

王坚一听这话，觉得幕僚说得也有道理，于是命人将晋国宝关押了起来。

本以为一切到这里就该告一段落了，谁知当天深夜，被关押的晋国宝竟然趁着守卫疏忽，连夜偷出城门逃跑。

他原本以为自己可以顺利地逃回蒙古大营，不料就在这时，几个人骑快马突然追了上来，拦住了他的去路。

显然，这些人都是王坚派来捉拿晋国宝的。

晋国宝被这一幕吓得脸色大变。

然而就在这时，只见跑在最前头的一匹马上的南宋将士横刀立马、威风凛凛，大喝道："叛将晋国宝你休想逃！"

晋国宝颤抖着声音说道："两……两军交战，不斩来使。你……你们可不要乱来，前面就是蒙古大营了！"

那名威风凛凛的南宋将士厉声道："大胆叛将，死到临头还敢口出狂言。你脚下的每一寸土地，都是我宋国江山领土；你原本也是我宋国一员将领，却贪生怕死，投靠了蒙古人，此刻我等正是奉主帅命令，来取你这奸细的项上人头，拿命来！"说罢，便手起刀落，砍下了晋国宝的脑袋。

得知晋国宝人头落地之后，王坚将城内所有的军民全部聚集在一起，慷慨激昂地发表了一番振奋人心的讲话，令众人大受振奋。

"胜利永远只属于勇者。如今蒙古人兵临城下，困住我钓鱼城，他们天真地以为这样就可以迫使我们投降了，简直是痴人说梦……我们钓鱼城有田、有粮，也有人，我相信，只要我们在场的每个人都齐心协力，不抛弃不放弃，胜利永远是属于我们的！……"

另一头，当得知晋国宝被宋军砍下头颅当场毙命之后，蒙哥的第一个反应便是立刻启动他的第二套方案。

那么，他的方案究竟是什么呢？

其实，这说来也很简单，就是在自己部队驻扎地马鞍山建一座瞭望塔。

当西北外城被攻破了以后，蒙哥终于找到一个可以直通钓鱼城内城，并且是可以从外部与其平视的制高点。

这个地方自然就是马鞍山。

有了这块"风水宝地"，蒙哥自然是要好好利用一番。

自从这一年的二月，蒙哥领兵攻打钓鱼城以来，蒙古军队前后一共有两次重大战果，一次是成功占领水军码头，而另一次便是这回攻破钓鱼城的西北外城。

虽然，这两次的小胜也让蒙古军付出了不小的代价，却使得蒙哥对全面拿下钓鱼城，更加有了信心。

因此，为了尽快达成目标，蒙哥不顾将士们的疲劳和传染病的肆虐传播，马不停蹄地开始为第三次全面进攻钓鱼城做准备。

自从这一年的农历二月，蒙哥御驾亲征钓鱼城到现在足足已经过去了四个月的时间，这严重影响了他挥师南下吞并南宋的计划。

要知道，当时蒙古军队入川，拿下整个北川地区也才用了不到三个月的时间，而眼前这座小小的钓鱼城却耗费了他如此大的精力与时间，这如何让他心里不着急呢？

所以这一战，也必将是蒙宋双方在钓鱼城的决战。

当时，蒙哥命人在钓鱼城西门（镇西门）外搭建了一座瞭望塔，而搭建这座瞭望塔的目的就是为了战时观察战局，指挥作战。

而且在瞭望塔竣工的当天，蒙哥还亲自登塔视察，可谓是煞费苦心。

经过长期与钓鱼城内的南宋守军作战，蒙哥认为钓鱼城的镇西门就是最佳的突破点。

因为到了这个阶段，他考虑的问题已不再是自己一方人马如何突破钓鱼城的第一道城墙的问题，而是突破第一道城墙之后再向哪里进攻最容易胜利。

而经历了这几个月的攻城战之后，他断定钓鱼城的镇西门应该是最容易突破的地方。

但蒙哥恐怕万万也想不到，即便现在的他已经找到了钓鱼城的破绽，拿下了水军码头和钓鱼城的西北外城；即便他有十万大军能将钓鱼城里三层外三层地团团围住，可这次的决战他还是功亏一篑，损失惨重，不仅阵亡了一名得力的大将，甚至最后连他自己的性命也葬送在了这里。

他损失的一名得力干将不是别人，正是前文中笔者曾反复提到过的屡获战功的汪德臣。

那一日，征蜀先锋汪德臣在蒙哥面前立下了军令状，要通过这一战彻底拿下钓鱼城。

在汪德臣看来，只要蒙古军队攻破了钓鱼城的外城墙，那么内城就近在咫尺，而城内的南宋守军主将王坚也必将黔驴技穷，无计可施。

因此，为了在蒙哥面前表现，弥补先前偷袭钓鱼城失利的错误，他竟然在突破了外城之后，大着胆子孤身一人单骑至内城城墙下喊话劝降。

显然，他的这种做法比起前不久才掉了脑袋的晋国宝也好不到哪里去。

来到钓鱼城城墙下，他便对着城头上的南宋守军主将大呼道："王坚，我来活汝一城性命，宜早降！"

他原以为，这个时候，待在城中的王坚应该是心浮气躁、六神无主了，可不料，还没等他这句话说完，自己就已付出了惨痛的代价。

因为，正当他这句话说到一半的时候，忽然就听得"轰隆！"一声巨响，紧接着就看见从城墙内飞出一块巨石，冲着他头部又狠又准地迅速砸了过去。

这瞬间的变化实在太突然，使得城下的汪德臣根本躲闪不及，当场被这块飞来的巨石砸得脑浆四溅，呜呼哀哉了。

这一幕实在太突然，让正与南宋守军作战的其余蒙古军顿时军心涣散，慌了阵脚，不知是该继续作战，还是应该撤退。

而待在后方中军大帐之内坐等战报的蒙哥在得知汪德臣被飞石砸死于钓鱼城城墙外时，顿时也傻了眼，大脑一片空白。

要知道，自攻打钓鱼城这几个月以来，蒙军中已经有御前翻译买哥、宿卫称海、马塔儿沙等数名将领陆续战死在钓鱼城战场上。

而在这些人当中，汪德臣算是蒙哥身边最得力的干将，如同他的左膀右臂一般。

就在今日开战前蒙哥还在想，倘若这次汪德臣能够凯旋，自己一定要给他加官晋爵，好好奖励一番，可想不到才一眨眼的工夫，汪德臣就已经战死疆场，这变化实在让蒙哥始料未及。

与之相比，钓鱼城守军主将王坚却依旧站在城头上排兵布阵，镇定自若地指挥南宋守军以及城中数以千计的民兵们抵抗蒙军的进攻。

这样的反差，实在太过于讽刺。

过了好一阵，蒙哥才总算回过神儿来，随即像个发狂的野兽般大声怒喊道："给我全力进攻，给我屠城！……"

在《史记·廉颇蔺相如列传》中衍生出一句至理名言："狭路相逢勇

者胜，勇者相逢智者胜，智者相逢仁者胜，仁者相逢义者胜，义者相逢忠者胜，忠者相逢儒者胜，儒者相逢德者胜，德者相逢道者胜。"

以上这段话体现了不同品质在不同情况下的重要性和优势，但若将这句话引用到战场上，也同样适用。

因为，此时此刻的蒙哥已经被愤怒冲昏了头脑，而人一旦失去了理智的判断能力，必将出现重大失误。

而这个时候，失去理智判断的蒙哥正一步步陷入一个巨大的危机当中。

进入盛夏以来，合川地区的气候是一天比一天潮湿，也一天比一天闷热，这对于蒙古军队来说是一件非常糟糕的事情。

闷热潮湿的天气，使得本就在蒙军中蔓延的疾病更加肆虐，大批的将士一边要忍受潮热的天气和疲惫的身躯奔赴前线与南宋守军拼死相搏，一边又要忍受随时会被疾病感染的风险，在这样双重的压力下，将士们的斗志与毅力已然都非常薄弱，所以全军上下的战斗力大幅下降。

在这样的情况之下，作为蒙古军队的最高统帅，蒙哥只剩下了两个选择。

一是全军出击，与钓鱼城内的南宋来一场速战速决的战斗；二是为了手下将士们考虑，先行退兵，休养生息，等到来年再战。

倘若选择第二种方案的话，那势必会影响到蒙古灭亡南宋的终极目标。

要知道，自蒙哥上台做了蒙古的大汗之后，混乱不堪的局面虽然有所缓解，但内部却一直在暗流涌动，危机四伏，随时随地都有可能再度陷入混乱不堪的局面。

而蒙哥这次之所以会南下御驾亲征南宋，也完全是为了在众贵族面前树立威信。

因此，眼前一个小小的钓鱼城就要迫使他撤军，他又怎么会心甘情愿呢？

如此一来，摆在蒙哥面前的只有一条路可以选择，那就是全力以赴，跟钓鱼城内的南宋守军来一场决战，而且要速战速决。

于是很快，蒙哥再次调兵遣将，全面向钓鱼城发起进攻。

这一回，他一定要将这颗挡在自己面前的钉子彻底拔掉。

与此同时，钓鱼城内的军民们也疲惫不堪。

五个月左右的时间内，他们无时无刻不是在极度紧张的状态下度过的，看着身边昨日还在一起说笑的战友兄弟，今日就已经变成了一具具冷冰冰的尸体，这种冲击，使每个人的精神都面临着随时崩溃的危险。

在这样的状态之下，他们还能抵挡得住城外山下那如潮水一般涌来的蒙古军吗？

在前文中笔者提到过，南宋宝祐六年、蒙古蒙哥八年（1258）这一年注定是不平凡的一年。

因为这一年里，蒙古对外征伐发展到了一个新的高度。

而到了南宋开庆元年、蒙古蒙哥九年（1259），钓鱼城之战愈演愈烈的这一年，中亚地区雄霸一方的花剌子模王朝早已被蒙古铁骑所征服；在西亚地区神秘的木剌夷王朝城堡，虽然建在山巅之上，但最终还是被蒙古军队夷为平地；欧洲地区曾经被誉为传奇的骑士军团也只不过仅仅几天的时间，就被蒙古人打得不成样了。

毫不夸张地说，什么称雄一方的巴格达、阿巴斯等强国，在十三世纪的蒙古铁骑面前，都是一副脆弱得不堪一击的样子。

毫不夸张地说，当时世界上没有一个国家或城池能够抵挡得住这支来自神秘东方草原上的部队。

而当时，无论是经济还是科技都领先于世界的南宋也是硬撑着与其抗争，皇帝宋理宗赵昀更是做好了随时南迁的准备。

可是现在，一个小小的钓鱼城却让十多万蒙古军停滞不前，还让他折损了那么多名将领，这怎么让蒙哥不心急呢？

所以，他绝不能因此而退缩，他一定要将钓鱼山上的那座城池夷为平地！

一转眼，时间很快便来到了南宋开庆元年、蒙古蒙哥九年（1259）的农历七月初。

这一日，黑云压顶，天地之间，除了山谷中偶尔的虫鸣鸟叫外再也听不到任何声音。

钓鱼城城头上的南宋守军们凝神注视着城墙外的山谷丛林，提防着随时都有可能出现的敌军，丝毫不敢懈怠半分。

虽然没有人说过，但直觉告诉他们，一场大战即将开始。

这是一场决定命运的战斗，他们必须坚守钓鱼城，直到最后一刻。

时间似流沙般一点一滴地溜走。

不知从何时起，整个山谷间开始起了雾。

从镇西门位置向东北方向看去，远处的钓鱼山与马鞍山都笼罩在如密云般的浓雾之中。

而在这片浓雾之下，蒙古大军已经到达了提前测算好的攻击位置，只待号角吹响，鼓声雷动，千军万马黑压压似群蜂一般一同攻向山上的钓鱼城的那一刻……

根据史书记载，当年蒙哥攻打钓鱼城的这最后一战的当日，作为全军最高统帅的蒙哥亲自为将士们擂鼓助威，鼓声雷动，似马踏青石，响彻云霄，在数里之外都能听得清清楚楚。

当然，除了雷鸣般的战鼓之外，山谷中还回荡有双方将士们那撕心裂肺的呐喊声。

蒙古军队为了这一场决战，完全拼上了全力，他们用投石机、弓箭、火攻等武器，不断攻击钓鱼城。

但不管蒙古军队的攻势有多凶猛，钓鱼城军民都能凭借着坚固的城墙和英勇的战斗精神，一次又一次地击退蒙古军队的进攻。

然而，在蒙古军队持续不断地进攻下，钓鱼城的城墙开始出现裂痕，眼看就要垮塌了。

如果城墙被攻破，钓鱼城内的所有人将面临灭顶之灾。

于是，城内的军民们在主帅王坚的带领之下，纷纷开始用砖石和泥土进行修补，并加强了城防。

钓鱼城是南宋抵抗蒙古军队的最后一道防线，如果它失守，南宋就将注定走向灭亡。

没有人放弃，也没有人畏惧，每个人心里都很清楚，这是一场决定命运的战斗，而作为钓鱼城内的一分子，他们每个人也都必须要坚守，直到最后一刻。

城头上的守城军民来自不同的地方，他们中有农民、有商人、有文人，但在这一刻，他们全部化作了一个身份，那就是钓鱼城的守卫者；他们手中的武器虽然简陋，但他们的意志却坚不可摧。

"元主千一百人……列队……之急、飞丸……守城栈……殁，发必中！"

以上这段文字来自公元 1998 年在重庆钓鱼城马鞍山下出土的一块斑驳的南宋题刻。

这些被辨认出的斑驳字迹，记述的正是当年钓鱼城那场惨烈的战争。

从这些字迹中，我们不难想象，当年蒙宋双方决战时那悲壮而惨烈的画面。

随着时间的推移，战况越来越激烈，一个个鲜活的生命在血泊中倒下，但很快又有新的成员来顶替。

箭雨如注，投石机发出震耳欲聋的轰鸣声，火把点燃了城墙外的草地，烟雾弥漫，熏得城头上的军民们不停地咳嗽，眼睛也在不停地流泪，但即便如此，城内的所有人，从两鬓斑白的老者，到七八岁的孩童，没有一个人退缩。

每个人用他们手中简陋的武器奋勇抵抗，用血肉之躯筑起了一道坚固的防线。

当战争发展到最关键的时刻，在马鞍山处，有一个蒙古人爬上了瞭望塔，正打算抬眼查探钓鱼城这边的战况。

可就在这时，一颗礌石自钓鱼城内的投石机上发射而出，似流星一般划破长空，呼啸而来，不偏不倚径直砸向了瞭望塔，也正好砸中了瞭望塔上的那个蒙古人。

仅仅一瞬间，瞭望塔与塔上的蒙古人当场被砸出了百步之外。

不用想也知道，被这么大一块礌石砸中的蒙古人会是什么样的后果。

神奇的是，从那一刻起，原本山城对面蒙哥大汗那响彻云霄、震破山谷的战鼓声在这一刻却突然停止了。

而且随着鼓声的停止，数万蒙古军队也随即停止了对钓鱼城的进攻，纷纷匆忙地退去，结束了战斗。

当时，在钓鱼城内勇猛对抗蒙古军队的南宋军民们并不知道砸中的这个蒙古人是谁，主帅王坚同样也不知道。

但神奇的是，不久之后，驻扎在马鞍山的蒙古军队便悄然地拔寨草草退兵而去。

直到此时众人才反应过来，当时被砸死的那个蒙古人或许不是一般人，极有可能是此次御驾亲征的蒙古大汗蒙哥。

当然，至于蒙哥当年死亡的真相究竟是什么，几百年来一直众说纷纭，有的说蒙哥当时是被从钓鱼城内投石机发出的礌石砸死的；有的说蒙哥当时是中了毒箭毒发身亡而死的；也有的说，蒙哥是因为被传染了疾病，久治不愈，最后病重而死。

多年以来，许多专家学者为解开这个历史谜团，在钓鱼城古城遗址上寻找着蛛丝马迹。

2005 年，在钓鱼城西北的古地道中，专家学者们发掘出 80 余片弧形铁器残片，经研究后确定是铁火雷爆炸后的碎片。

到了 2013 年的时候，钓鱼城范家堰遗址又出土了一枚铁火雷爆炸后的弹片。

随后 2017 年又在该遗址出土铁火雷残体一枚。

结合技术测定与相关史料分析，专家学者们认为，钓鱼城战役中，蒙古军开凿地道想以"地突"战术攻城，而宋军则以铁火雷御敌。

根据当时发现的小弹片的数量推测，当时投入战斗的铁火雷，可能数以百计。

2017 年出土的这枚铁火雷残体呈圆球形，直径 11 厘米左右、壁厚 1 厘米左右，差不多有一个脐橙那么大，采用硬度非常高的白口铸铁作外壳，内腔用于填充火药。

重庆市文物考古研究院（重庆文化遗产保护中心）副院长袁东山曾经对此发现说过："这些铁雷外观设计精巧，内置药线引爆，有着相当威力，在当时的战场上可谓是安全、精准、高效的先进武器……作为我国古代四大发明之一的火药，到宋代已演进为初级火器。北宋出现火药箭和火球，南宋创制出铁壳火球——铁火炮和各种火枪。刀光剑影的冷兵器战场上，开始弥漫炮火与硝烟。"

此外，根据史料记载，在南宋理宗宝祐五年（1257）的时候，京湖制置大使李曾伯提及，京湖地区的荆州等地每月生产"铁火炮"在 1000—2000 件，库存多达十几万件；开庆元年至景定二年（1259—1261）建康府（今江苏省南京市）知府马光祖提到，建康府在两年时间内，生产火攻器具 6 万余件，其中各种规格铁炮壳 3.5 万余件，平均每月也有 1000 多件。

袁东山说："此前发现的宋代火器实物少之又少，而钓鱼城的这些发现，为宋代火器研究提供了弥足珍贵的实物材料……重要的是，这些铁火雷的发现，也为蒙哥死因的学界争议，提供了新的解读视角。"

根据明万历年间的《合州志》一书中记载："宪宗为炮风所震，因成疾……次过金剑山温汤峡而崩。"其中"炮风"被认为是因发射的礌石所致。

另外，元朝初期著名的词人、文学家、书画鉴赏家周密在《癸辛杂识》中记载："守兵百人皆糜碎无余，楹栋悉寸裂，或为炮风扇至十余里外……"这里记载，公元1280年扬州炮库爆炸事件时，也有提到"炮风"，因而袁东山认为，从文中推断"炮风"应该指的是爆炸时产生的冲击波，结合钓鱼城发现的球形铁火雷，蒙哥大汗有可能是被铁火雷类火器炸伤后死亡。

"护国城头飞炮烈，温泉寺内大王横……"

袁东山认为："火器在钓鱼城之战中发挥出意想不到的作用，这并非偶然，通过多年考古发掘，重庆地区的南宋球形铁火器遗存不断被发现，说明这种火器并不是昙花一现，而是有着成熟的制造技术，且在战争中得到普遍应用。这种先进的武器对当时局部战役有着重要影响，甚至改变了战争的走向。"

如今的我们虽然无法知道当时蒙哥重伤之后都发生了什么，但可以通过想象来脑补还原蒙哥在临死之前，身受重伤之后的场景……

蒙哥怀着对钓鱼城的不甘和对蒙古的不舍离开了人世。弥留之际，蒙哥回顾自己，一生戎马，却在这小小的钓鱼城里丢了性命，除了钓鱼城奇特的地形外，真正令人闻风丧胆的该是城中军民一心所筑起的坚固堡垒，所谓民心难得。钓鱼城所折射出的军民一心的气概才是真正让这座城池熠熠生辉、历史流传的原因之一。

倘若蒙哥没有死的话，历史的后续发展谁也说不好会走向哪条线。

蒙哥在位九年有余，虽然时间并不算长，却是可圈可点的。

他在位期间非常勤勉，而且也不贪财好色，这一点与他之前的几任蒙古大汗例如窝阔台、贵由等都有着明显不同，活脱脱是一个明君的形象。

但是，谁也想不到，就是这样一个有着雄才大略的人物，竟然会在对合川钓鱼城的攻伐之战中突然暴亡，这不仅是对南宋朝廷，乃至是整个世界历史的影响都非常大。

虽然蒙哥死了，但钓鱼城却还在，因此蒙宋双方之间的角逐也并没有结束。

当时，蒙古所有在外征伐世界的部队，在听到蒙哥去世的消息后纷纷撤兵选择东归。

与此同时，蒙哥的死也为另一位有着雄才大略的人物提供了发挥的空间。

这个人就是忽必烈。

第八章 汗位落谁家

一、鄂州城的战与和

南宋开庆元年、蒙古蒙哥九年（1259）九月，忽必烈从使者口中得知自己的亲哥哥蒙哥战死钓鱼城的消息，一时间心里五味杂陈，也不知消息是真是假，使者督促忽必烈赶紧北归，不要耽误。

然而，忽必烈心里虽也想赶紧撤兵，却担心其中有诈，就对使者说道："吾奉命南来，岂可无功遽还？"仍继续南征，并率军夺取阳逻堡，强渡长江。

南宋一方面对如此强悍的蒙古军队，是节节败退，无力对抗。

最终，江上防线被蒙古军队突破，忽必烈率军成功渡江。

九月初六，忽必烈已达鄂州城。

为了保险起见，忽必烈采取了招降与进攻两种策略。

他先派出汉将王冲道、李宗杰等前去城下招降。

王冲道、李宗杰等行至东门，宋军箭如雨下，以示恐吓。

忽必烈知道南宋军有所准备，于是在初九便率军将鄂州团团围住，并下令开始进攻城池。

当时，南宋贾似道临危受命，并擢升为右丞相兼枢密使，晋封茂国公，与四川制置副使吕文德等人率领的大军都在支援长江上游。

此时的鄂州城只有都统权州事张胜主事，兵力十分空虚，根本无力与蒙古军队对战，守备顿时危急起来。

十一日，蒙古人抓住了几名南宋士兵，于是押至城下劝降，此时张胜一方完全没有能力与蒙古军队硬碰硬，于是假意投降，想以此来诱骗忽必烈撤军。

没想到这一招果然有用，忽必烈中计，带着麾下兵马撤走了。

就在这个时候，南宋将领高达、邛应从江陵率军入援，正好与撤退的忽必烈军队碰上了。

狭路相逢勇者胜，双方军队便展开了一场厮杀。

南宋将领高达埋下伏兵后假意撤退，一举擒杀蒙古军汉将巩彦晖，双方杀得难解难分，一时间鄂州之战处于相持状态。

宋廷得知此消息后，十分着急，开始四处招募民兵乡勇，招募新兵，增筑平江（今江苏省苏州市境内）、绍兴以及庆元府（今浙江省宁波市境内）的城墙，同时调淮东、沿江的南宋军队。

另一头，忽必烈一方的蒙古军队在围困了鄂州城之后，用了与他哥哥蒙哥在钓鱼城马鞍山一样的方法，在城外建造了一座五丈高的瞭望台。

当时，忽必烈还"日居其上"，亲自指挥攻城。

十月，贾似道自汉阳（今湖北省汉阳市）进入危急的鄂州城内督师，亲自指挥鄂州保卫战，并派出水独之师及时赶往鄂州救援。

蒙古军队久攻不下鄂州城，于是"作鹅车，洞挖那城，另外派遣勇士先登，攻击他的西（束）南角，多次打败他"。

　　已移军鄂州城内的高达一面率军力战，一面组织士兵修补城墙，城屡破而屡筑，使蒙军不能得逞。

　　同时，贾似道命南宋军沿城墙内壁建造木栅，形成夹城，以防蒙古军队穴城而入；木栅于一夜之间筑成，忽必烈闻之，不得不承认贾似道的军事才干，他感慨地对身旁近臣说："吾安得如似道者用之。"

　　此时，蒙古军队久攻鄂州城不下，有些将领就归罪于士人，说都是他们力劝忽必烈不可杀人，造成鄂州城不肯投降之故。

　　忽必烈驳斥道："彼守城者只一士人贾制置，汝十万众不能胜，杀人数月不能拔，汝辈之罪也，岂士人之罪乎！"

　　在贾似道的指挥下，南宋各路援军纷纷奔救鄂州，尤其是吕文德部自重庆沿江而下，在岳州（今湖南省岳阳市一带）击败张柔部的拦截后，于同年十一月初一日遣抵鄂州城，使"城守愈坚"。

　　虽然鄂州暂时可保，但是宋朝的军事形势仍不容乐观。

　　因为与此同时，从云南北上的蒙古军队，在兀良合台率领下，于开庆元年（1259）六月侵入广西，在南宋军队的顽强抵抗下，攻打柳州（今属广西壮族自治区境内）和静江府（今广西壮族自治区桂林市一带）都不能下，才于十月初从小路绕道进入湖南，并于十一月十七日抵达潭州（今湖南省长沙市一带）城下。

　　同时，江西一带也受到了蒙古骑兵的骚扰。

　　消息很快便传到了临安城，宋理宗赵昀听到消息后，是又害怕又着急，悲痛无奈之余下了一道罪己诏向民众谴责自己，同时勉谕各制司进兵赶赴前线救援，一面出内府缗钱千万、银5万两、帛5万匹给宣司，缗钱500万、银3万两、帛3万匹给沿江副司，用以犒赏援鄂之师。

　　此外，他还命御史陈寅赶赴淮东，调兵5万人马支援前线，命御史沈炎赶赴沿江制置副司，提兵援鄂州城，并相应地拨内库缗钱200万、银万两、帛万匹给沿江制司。

当时，湖南安抚副使兼知潭州的向士璧"亲率军民，且战且守。既置飞虎军，又募斗弩社，朝夕亲自登城慰劳"，勉强把蒙古军队阻挡在潭州城下。

南方腹地几乎已无一幸免，四面开花，这一情形使得南宋朝野上下一片震惊，有了迁都的打算。

监察御史饶应子上表宋理宗赵昀道："今精兵健马咸在阃外，湖南、江西地阔兵稀，虽老臣宿将可以镇压，然无兵何以运捍敌之来？当自内托出，不富自外赶入。"

宋理宗觉得饶应子言之有理，便下诏，命贾似道移司黄州（今湖北省黄冈市黄州区），在那里组织起一道新的防线。

然而，黄州地处鄂州东面的长江北岸，"乃北骑往来之要冲"，从鄂州突围到黄州，是一条十分危险的道路。

最后，由吕文德遣孙虎臣率精兵七百护送贾似道进入黄州，途中险遇蒙古军队。

不料，这群蒙古军都是老弱残兵及所掠金帛、子女、降将，实力很弱，根本不堪一击，虎臣率军将其打败后，贾似道便顺利进入黄州。

贾似道移司成功，鼓舞了两淮、江西一带的士气，"下流之兵始振"。

虽是如此，但贾似道深知蒙宋在军力上实力悬殊，鄂州城破已经是时间问题，一旦鄂州失守，岳州、潭州等地必定出现连锁反应，南宋朝廷将会危如累卵。

于是，他秘密派遣使臣向忽必烈求和。

忽必烈原本并不想和谈，便派身边的一个名叫赵璧的谋臣去应付南宋使臣。

这赵璧字宝臣，云中怀仁县（今山西省怀仁市）人。

赵璧少年时，母亲李氏便让他跟随名师九山李微、金城兰光庭研习儒术，"朝诵暮课"，学业长进很快。

后来等到了宋理宗淳祐二年（1242），二十三岁的赵璧被藩王忽必烈召至驻牧之处。

当时，渡漠北去的儒人不多，赵璧以接对精敏受到忽必烈厚遇，命王妃亲制衣服以赐，见面时但呼"秀才"而不名之。

赵璧奉忽必烈之命，来见了南宋使臣，并且一见面就说道："驻濮州未拜旗时，汝国遣行人来议尚可。今已渡江，江南之地，悉为我有，何出此言？"

一句话说得南宋使臣不知如何回答，于是便只能无功而返。

可是很快，忽必烈就作出了率军北返并同意和南宋议和的决定。

因为，就在这个时候，忽必烈得到了自己的正妻察必派使者的密报，说朝中的大臣们绝大部分都想立忽必烈之幼弟阿里不哥为新一任大汗，而且阿里不哥已经派阿蓝答儿在开平（今内蒙古自治区正蓝旗境内多伦西北一带）附近调兵，并以脱里赤为断事官、行尚书省事于燕京，有夺取汗位的企图，请忽必烈速返。

虽然忽必烈早已有了心理准备，但当亲耳听见自己的弟弟正在为夺取汗位而"排兵布阵"，心里还是不是滋味。

"煮豆燃豆萁，豆在釜中泣。本是同根生，相煎何太急？"

虽然自古以来，人们对那些为了利益而兄弟相残的人或事非常鄙视，但往往轮到自己时，却常常还是会将道义与廉耻抛诸脑后，毫不犹豫地向着自己的一奶同胞挥刀。

忽必烈背着双手，仰天长叹道："不如还我，我与汝是骨肉至亲，岂与仇等？"

话虽这么说，但大汗的位子对他的诱惑力岂非不大？

正在他犹豫之际，身边有位名叫郝经的谋士对他说道："如今这机会实在是千载难逢，当务之急应该赶紧与南宋进行谈判，之后便可以带着大汗的灵柩回都城和林，名正言顺地坐上大汗之位。"

这郝经字伯常，泽州陵川（今属山西省）人，金元时期著名大儒、政治家、诗人。

郝经原本是金朝人，在金朝灭亡后随父母流落河南地区，后又迁家到了顺天，才慢慢崭露头角有了名气。

宋宝祐四年、蒙古蒙哥六年（1256）。

忽必烈在金莲川（原名曷里浒东川，在今内蒙古自治区锡林郭勒盟正蓝旗上都镇和河北省张家口市沽源县滦河上源闪电河地区）开府招四方贤士，郝经于南北上应召，从此成为忽必烈潜邸旧侣之一，为其出谋划策。

此刻，郝经的这番话虽说得直白，却正中问题的根本。

因为蒙哥生前没有指定自己的继承者，等他一死，未来的大汗之位由谁来坐充满了悬念，所有的皇亲兄弟都虎视眈眈地盯着空缺出来的汗位，尤其是自己的亲弟弟阿里不哥在众皇亲中最有竞争力，这当然也成为忽必烈争夺汗位路上最大的障碍。

一想到这里，忽必烈也就无心再与南宋交战，便立刻接受了郝经的建议道："行，马上谈，赶紧谈……"

显然，他已经作出了最终的选择。

现在，他只想赶紧返回都城和林，不然被弟弟阿里不哥抢了主动权，坐上了大汗之位，一切就都晚了。

于是双方便很顺利地谈成了。

谈判的结果是，蒙宋双方以长江为界，南宋向蒙古称臣，然后每年再给蒙古二十万两白银、二十万匹绢。

其实从蒙哥对忽必烈有了戒心之后，便有意提拔自己的幼弟阿里不哥。

在蒙哥南征的时候，就让自己的幼弟阿里不哥留守蒙古本部和林，而让忽必烈加入南征的队伍中去。

这样的安排从表面上看是遵照蒙古传统，让家里最小的一个孩子看家，实则却是在自己南征时有意外情况发生时，远在都城和林阿里不哥好"近水楼台先得月"继任大汗之位。

南宋开庆元年、蒙古蒙哥九年（1259）的十一月二十八日，忽必烈决定撤军，从牛头山出发后，一面声言趋临安，留大将拔突儿等帅诸军继续围鄂；一面于闰十一月初一，还驻青山矶。

第二日，忽必烈在长江岸边，派张文谦告谕诸将，六日后撤离鄂州；自己则率军北返，开始了自己蒙古汗位之争。

然而，就在这个时候，贾似道却再次派出使臣去与蒙古人进行谈判岁币之事。

显然，他对之前谈判的结果十分担忧，赔这么多的钱，回去后自然不好向宋理宗赵昀交差。

郝经的想法是，南宋一时难灭，因而建议"姑与之和，而图后举"。

忽必烈急于北归去与自己的弟弟阿里不哥争夺大汗之位，于是便命赵璧等语之曰："汝以生灵之故来请和好，其意甚善，然我奉命南征，岂能中止。果有事大之心，当请放朝。"便暂时将南宋的请和搁置了起来，维持着不战不和的局面，留张杰、阎旺以偏师去接应无良和台的军队，自己则率大军急匆匆北归。

至此，"鄂州和议"宣告了鄂州之难的结束，使南宋摆脱了一场近似亡国的危机。

而作为总指挥的贾似道也班师回朝，却只字不提和议的事情，还上表称："诸路大捷，鄂围始解，江汉肃清。宗社危而复安，实万世无疆之休！"

被蒙在鼓里的宋理宗赵昀，误以为贾似道在前线如诸葛孔明当年一般，神机妙算，用兵如神，成功阻挡住了蒙古人南下的步伐，因而十分高兴，亲自在临安城外等候迎接，"依文彦博故事，郊劳于城外"，"择日对御赐宴"，赞扬贾似道奋不顾身，吾民赖之而更生，王室有同于再造。

除此之外，宋理宗赵昀还下诏加封贾似道少傅、卫国公等头衔，可谓隆恩浩荡。

自此，一代奸相贾似道扶摇直上，正式走上了南宋末位权臣的道路，成了一人之下，万人之上的存在。

二、暗流涌动，兄弟相争

说完了贾似道如何隐瞒事实，从宋理宗赵昀那里骗取了高官厚禄之后，回过头来，咱们再说一说忽必烈这边的事。

同年闰十一月二十日。

忽必烈回到了燕京，并在此过冬。

其间，他采纳了麾下谋士"先发制人"的建议，在诸王也先哥、塔察儿、合丹、穆哥等人的支持下，自行召开了忽里台大会，塔察儿"率先"劝进，移相哥（合撒儿子）、忽剌忽儿（合赤温孙）、合丹（窝阔台子）、阿只吉（察合台曾孙）等合辞推戴，于是忽必烈于南宋景定元年（1260）三月，在自己的王府所在地开平正式称大蒙古国皇帝即蒙古大汗，接受百官朝拜。

这一年的忽必烈已经是四十六岁的中年人了。

他虽然不是众兄弟中最会打仗的一个，却是所有兄弟中最有智谋、最会用人的一个。

因为他相信，在这世间有一种神秘的力量比武力更强大，那就是思想。

武力虽能征服一片地域，以及生活在这片区域上的人，但它却很难让被征服的人心甘情愿地臣服于他。

在他的身边，此时既有像八思巴这样具有凝聚力的精神导师不断提点和支持，也有如刘秉忠这样的汉臣谋士，为他出谋划策，运筹帷幄。

因此，忽必烈不是一个人在战斗。

在登极后不久，忽必烈又发布了《皇帝登宝位诏》，其中他自称"朕"，称蒙哥为"先皇"，并且提出了"祖述变通""稽列圣之洪规，讲前代之定制"，提倡"文治"的政治纲领。

显然，忽必烈从这一刻开始，已经开始想将蒙古人的旧传统改变，采用对自己有利的中原制度，建立一个与中原经济基础相适应，且前所未有的中央集权制政权。

这个政权显然有别于之前传统的草原政治。

在此之前的几十年里，忽必烈的爷爷铁木真（成吉思汗）率领着蒙古铁骑横扫了整个亚欧大陆，征服了古往今来最广阔的土地，并对蒙古民族形成共同体意识起到了非常重要的作用。

但是，铁木真并没有建立起一个稳定的国家政权。

在铁木真去世之后，蒙古内部的政治斗争、汗位争夺便此起彼伏，屡见不鲜。

而附着在这种武力之上的权力体系则非常脆弱，也很容易从内部坍塌。

在忽必烈之前的十多年里，这个由草原游牧部落建立起来的政权一直在马不停蹄地向外激烈扩张，大汗之位也是"你方唱罢我登场"地几易其主。

而现在，在忽必烈的身边集中了很多能人异士，他们来自不同的区域，也有着各自不同的信仰。

忽必烈就像宽广的草原一般，接纳了他们，而他们也因缘际会在忽必烈管理的汉地并建立了金莲川幕府后陆续加入进来。

他们都是在战乱中成长起来的世人，非常期盼国家能够完整统一，而且这种统一不再是一朝一夕，或者一姓，而是一个真正不分你我，稳定繁荣的大国。

英雄不问出处。

在他们看来，无论何人，只要能够行大国中庸之道，那么这个人就是中国之主。

而忽必烈显然就是这么样的一个人。

忽必烈渴望为自己的家族建立不世功勋，哪怕前方的路有很多凶险，他也会勇往直前，直到自己拼尽所有。

就在忽必烈称汗不久后，远在都城和林的阿里不哥一听自己的哥哥忽必烈居然抢先自己一步称汗了，顿时火冒三丈，大发雷霆。

身边有近臣借机给阿里不哥出主意道："既然忽必烈能开忽里台大会称汗，您为什么就不能呢？"

阿里不哥道："哦？"

近臣接着说道："现在朝中大臣分两派，一派支持他忽必烈，一派支持您，而支持您的大臣数量又显然比支持他忽必烈的多，况且当初蒙哥汗之所以会将您留在都城代他处理朝政，其目的不也就是为了在发生意外情况时，您能够顺利接替这大汗之位吗？……现在，只要您愿意，相信还是有很多朝中大臣愿意站队到您这一边来的。"

于是，同年的四月，阿里不哥在都城和林也举行了一次忽里台大会，并被众臣推荐而即位。

他还任命刘太平、霍鲁海在关右行省任职，并与六盘山守将浑都海等人约定，让他们从关中进军反叛忽必烈，并派断事官脱里赤在燕京搜括汉民为兵。

一时间，大蒙古国前所未有地同时出现了两位并立的大汗。

面对来自亲弟弟赤裸裸的挑衅，忽必烈并没有半点退缩与心软，全力以赴地将精力放在了争夺汗位上，招兵买马，存储粮草，为即将到来的大战做准备工作。

他要亲自上阵与阿里不哥来个了断。

一场兄弟之间残酷而血腥的权力之争就此展开。

如果单从军事上来看，当年的忽必烈对这一场竞争赛并没有足够的信心与把握，能让他有足够信心的并不是手里的军队人数和整个部队的后勤粮草，而是他身边聚集的一个个能人异士。

一个人的内心若有强大的信念，那必将是走向胜利的开始。

早在忽必烈受命管理漠南及中原腹地之时，身边的谋士刘秉忠等人就曾向他献上今后治理该地区的良策。

这良策的核心内容便是结合了当时中原地区历朝历代的政治逻辑和蒙古游牧部族制度而提出的一种最具有实用性的方略。

这是一个充满了中原传统儒家、道家理想的施政蓝图。

蒙古人可以马上取天下，却很难在马上治天下。所以应该将中原地区千百年来的治国经验作为样本来颁布一套典章制度。

正是这些谋士献出的治国良策，使得忽必烈在短短的几年时光里就积攒了大量的钱财以及粮草，具备了如今的称汗勇气。

尤其是在经济发展方面，忽必烈所管理的漠南和中原地区，明显比弟弟阿里不哥以及其他诸王所管理的封地更加繁荣富庶，也更加具有竞争优势。

而对于两军开战来说，一方若在人才、粮草等方面具备优势，那么就意味着在战争中也有足够的优势取胜。

同年五月，忽必烈因阿里不哥反叛，向天下发布诏令，调遣七千兵马在延安等地扼守重要关隘，命令汪世显的第四子总帅汪良臣统领陕西汉军沿黄河把守关隘，防备浑都海等向东进军；征召各路兵马三万驻守燕京附近地区，作为后备军，准备时机一到即大举挥师南下。

当时，东路军由阿里不哥的次子药木忽儿、宗王合剌察儿统率，大军自蒙古都城和林一路向南过大漠；西路军由反世祖小先锋阿兰答儿亲自统领。

大军浩浩荡荡，直奔六盘山。

这意图非常明显，就是要接管从四川前线退回，当初与蒙哥一起攻打南宋的部队。

该部队在蒙哥驾崩之后便归了蒙哥次子阿速台管理。

而阿速台在自己父亲死了之后选择阿里不哥阵营，因而与忽必烈对峙。

先前，蒙哥在南征东南诸国之时，留下大量后勤辎重并有大量军队镇守在六盘山老营地，以大将浑都海为最高长官统辖，而在戍卫东、西两川之地也留有大量蒙古军队，这些军队都纷纷支持阿里不哥，反对忽必烈。

七月，忽必烈率军亲讨阿里不哥，阿里不哥引军迎击，前锋军被击败，后军惊溃，阿里不哥率军北遁。

九月，浑都海知道京兆府（今陕西省西安市一带）有准备，便率军渡黄河西，到甘州（今甘肃省张掖市一带），当时阿兰答儿自和林率领军队到，于是集结军队向东挺进。

忽必烈麾下儒将廉希宪遣宗王合丹、汪良臣、巴春等合兵，分三路阻击，于西凉（今甘肃省武威市一带）地区与之接战。

廉希宪，一名忻都，字善甫，号野云，出生于燕京，乃是汉化的畏兀儿人，祖籍西域回鹘时期的高昌国（今新疆维吾尔自治区吐鲁番地区），大蒙古国至元朝初年杰出的政治家，燕南诸路廉访使布鲁海牙之子。

南宋淳祐九年（1249），十九岁的廉希宪随父北上觐见，入忽必烈王府为宿卫（怯薛），因其"笃好经史，手不释卷"的勤学精神，深得忽必烈赏识，从此成为忽必烈身边的近臣，常伴左右。

而这一回，镇守和林的忽必烈同母弟阿里不哥密谋争夺汗位，派断事官脱里赤在燕京搜括汉民为兵，准备与自己的亲哥哥忽必烈争夺汗位。

廉希宪与谋士郝经一起因为此事力劝忽必烈迅速北返："先发制人，后发人制。天命不敢辞，人情不敢违。事机一失，万巧莫追。"

当时正遇上大风吹沙，汪良臣命令骑兵下马步行作战，首先突破对方左翼，绕到阵后，再次击溃他们的右翼，巴春攻击对方正面，结合丹率领精锐骑兵截断他们的退路，打败了反对忽必烈的一众叛军，最终阿里不哥麾下的浑都海、阿兰答儿被俘杀死，叛乱算是平定了。

十月的时候，阿里不哥发现关陇地区的援助断绝，士兵和粮食都匮乏。

阿里不哥心里十分畏惧自己的哥哥忽必烈会借着这个机会全军追杀自己，于是在谋臣的建议之下派出使者假意向忽必烈一方求和谈，以拖延时间，待后面恢复了元气好卷土重来。

使者怀揣着阿里不哥的亲笔书信来见忽必烈，信中情真意切地向忽必烈表达了自己的错误，还说等到了来年开春马肥之时，自己会亲自前来给忽必烈当面请罪。

忽必烈看到自己弟弟阿里不哥的亲笔书信，脑子里不自觉地回想起他们儿时在一起玩耍的场景，也想起了当年的阿里不哥与他心爱的那把弹弓叉……单纯的快乐，平凡的少年时光。

如今，这些儿时的往事已远了，模糊了，快让人分不清是真是假。

"唉，本是同根生，相煎何太急啊！……"

虽然，他一看这封信就知道这是阿里不哥假借求和的缓兵之计，但还是同意了。

为什么忽必烈一看到信中的内容就知道阿里不哥是假意投降呢？

就是因为他们是亲兄弟，他对自己这弟弟太了解了。

而且此时，忽必烈自己也是十分艰难。

此次攻打阿里不哥，他的部队深入漠北苦寒之地，战线拉得又长，使得部队补给成了一大困难，久而久之便难以再坚持打下去了。

除此之外，地处长江以南的南宋此时也没有消亡，随时都有可能对自己进行反扑，这样的局面对自己非常不利。

因此忽必烈作了一番权衡之后，还是决定要以中原汉地政局为重，于是便留下了麾下大将也孙格驻守和林，自己则率军返回开平。

第二年的秋天，阿里不哥果然又反了。

他瞅准机会，袭击了也孙格，乘胜越过沙漠向南而行。

十一月，忽必烈率军亲自讨伐阿里不哥，战于昔木土淖尔（约在今内蒙古自治区达来诺尔湖西南一带）。

当时，塔察儿为左翼，亲王合丹、驸马纳陈为右翼，亲王拔绰将中军，大败阿里不哥军，斩杀阿里不哥手下将士近三千人。

阿里不哥惊慌不已，赶紧在身边亲卫的护佑下挥鞭打马向北逃窜。

忽必烈下令大军不必追赶。

毕竟他与阿里不哥兄弟一场，因此不想对其赶尽杀绝。

他相信，阿里不哥总有自我悔过的一天。

然而，忽必烈的这种仁慈宽厚的做法，却让骄傲自负的阿里不哥误以为是忽必烈军力有限，所以才不敢追击自己。

于是，十日之后，自认为已经缓过劲儿来的阿里不哥便去而复返，第二次率领部队向南返回进发，到了忽必烈的部队驻扎所在地，并与忽必烈大军展开了一场激烈的大战。

双方杀得昏天黑地，尸山血海，可是一直到了当天的黄昏依旧没有分出胜负。

最后，两边人马实在已经累得没有力气了，便停战，各自收兵返回。

但是，令人万万没有想到的是，就在这个时候，戏剧性的一幕发生了，使得胜利的天平彻底倒向了忽必烈这一边。

第二日，原本属于阿里不哥阵营的察合台汗国大汗察合台之孙阿鲁忽突然反水，斩杀阿里不哥麾下大将唆罗海，并砍下了其项上人头，带着手下人马跑到了忽必烈那边，归顺了忽必烈。

当阿里不哥听到这消息后，整个人都呆住了。

他不知道阿鲁忽为什么要这么做，也不知道他反叛自己原因何在。

殊不知，这世上一切看似奇葩的后果产生，都是有原因的。

当初，忽必烈派察合台曾孙阿必失哈去察合台汗国夺汗位，途中却被阿里不哥俘获。

从阿必失哈那里得知事情经过之后的阿里不哥，自作聪明地让阿鲁忽赶紧返回察合台汗国的都城阿力麻里（今新疆维吾尔自治区伊犁哈萨克自治州霍城县西北的克干平原，即新疆生产建设兵团农四师61团附近）夺取汗位。

结果，阿鲁忽倒也真听了阿里不哥的话，返回自己老家夺取了汗位，却也从此脱离了阿里不哥阵营，转而投向忽必烈的怀抱，给阿里不哥来了个回马枪，弄得阿里不哥措手不及，只能带着残兵败将向西逃窜而去。

到了此时此刻，大局已定，谁胜谁负也非常清楚了。

忽必烈吃准了自己的弟弟阿里不哥这个时候已经是黔驴技穷，手下能打能杀的将领更是寥寥无几了，于是便安心地带着兵马返回了燕京。

他始终不愿对阿里不哥下狠手，即便自己这个弟弟对自己一点儿也没有手足之情。

他想给阿里不哥一点儿时间，因为他相信自己这个弟弟有朝一日一定会心甘情愿地来向自己请罪。

南宋景定五年、元至元元年（1264）的七月，阿里不哥因本部出现饥荒，使得军心涣散，百姓一度怨声四起，而他自己又实在无力回天，最终走投无路，被逼无奈只能向忽必烈认输。

至此，历时了四年的兄弟之战终于有了结果。

忽必烈等来了阿里不哥亲自南下，三跪九叩地向自己乞降。

面对这个曾经出尔反尔、用诈降的手段偷袭过自己的弟弟，忽必烈宽宏大量地赦免了阿里不哥，并赐予他自由。

这一举动，证明了他在向过去传统游牧民族的那种杀戮无度的告别。

从这一刻起，他已经不满足自己只是一个草原政权的大汗了，他要做的是这整个天下的君主。

"天地之好生，王者之神武不杀。"

当时，阿里不哥一系的党羽被拘捕问罪的蒙古王公贵族及各级大臣一共有数十人之多，但最后忽必烈只处理了他们其中的十人。

这是他选择了用中原的儒学和仁慈而不是暴力来赢得天下民心的第一步。

这一步的迈出，不仅仅是他一个人的胜利，而是他和与其站在一队中的所有人的胜利。

而这些人都是来自他所建构的那个总领汉地军国庶事的机构，一个庞大的智囊团。

这个智囊团被后世称之为"金莲川幕府"。

这里人才济济，有专门致力于制度和文化建设的中原正统儒生，也有精通天文、地理以及卜卦的术士，更有善于经商理财的西域人。

这些人均来自不同的地域，有着各自不同的语言、信仰和人生经历，却最终都自愿来到忽必烈的麾下，为其出谋划策，成就一番伟业。

也正是有了他们的辅佐，忽必烈才能定下安邦之策，开创千百年以来的盛世伟业，努力将原本单纯的草原政权引向强盛的中原王朝发展，同时为后世中华多民族再一次融合作出了贡献。

忽必烈在他们的辅佐下，在以往中原王朝官僚体系的基础上创造出了一套新的体系。

这套体系中保留了原先的中书省与枢密院、御史台分掌政治、军事、检察三权，又将原属于尚书省的六部划归到了中书省管辖。

三、刘整降蒙

而从南宋景定元年、蒙古中统元年（1260），一直到南宋咸淳三年、蒙古至元四年（1267）的七年时间里，由于忽必烈与弟弟阿里不哥进行着汗位之争，因此无暇顾及处于长江以南的南宋，也无力对其发起新一轮的攻伐。

当两人的争夺愈演愈烈之时，这场风波也顺势吹到了川蜀地区。

巧的是，当时的南宋朝廷内部的文武官员们也在忙着互相争权夺利，从而错失了收复川蜀地区失地的良机，同时也触发了更大的矛盾，发生了刘整降蒙事件。

刘整，字武仲，祖籍京兆樊川（今陕西省西安市长安区境内），后迁居邓州穰城（今河南省邓州市东南），原本是金朝的将领，却在金朝快灭亡的时候投靠了南宋阵营，隶属于南宋名臣赵方麾下，赵方临死之前，对儿子赵葵说：刘整才华横溢，汝辈不能用，宜杀之，勿留为异日患。

可赵葵却是左耳朵进、右耳朵出，完全将父亲的话没当回事。

因为沉毅有智谋，又善骑射，刘整因而在南宋阵营时立了不少战功，后来在机缘巧合之下又跟随南宋名将孟珙攻打金朝的信阳。

在这场战役中，刘整任前锋，晚上率领骁勇十二人，渡过沟登城，袭击生擒守。

孟珙得知大为震惊，认为刘整是唐末名将李存孝的转世，惊呼道："真是赛李存孝啊！"

古有"十三太保"李存孝带领十八名骑兵攻克长安，今有刘整带十二人取信阳。

南宋宝祐二年、蒙古蒙哥四年（1254），刘整又随南宋四川宣抚使李曾伯入蜀，选拔为将，成为四川制置司下的四大主力将之一，屡建战功。

南宋宝祐六年、蒙古蒙哥八年（1258），刘整率军在箭滩渡（今四川省遂宁市境内一带）阻击了纽璘带领的蒙古军队，以功奏捷。

南宋开庆元年、蒙古蒙哥九年（1259），刘整又与南宋将领曹世雄来了一出"出奇斫桥袭寨"，将纽璘及所带领的蒙古军架设在沛州蔺市的浮桥攻断。

南宋景定元年（1260）的四月，刘整任泸州知府（今四川省合江县西北焦滩乡南老泸）兼潼川路（辖地包括今四川省东部、重庆市西部及云南省北部部分地区）安抚使。

到这里，应该说当时刘整作为一个北方人在南方人地盘上混得还算不错了，但问题就出在这里。

南宋那些将领一见刘整这升官的速度居然这么快，都已经成了自己的顶头上司了，心中自然是羡慕嫉妒恨，进而明里暗里地挤对他，还给他起了个外号叫"北方野人"。加之刘整自身性格也有问题，欠缺为人处世的情商；平日里与周围人相处也是拿下巴看人，不仅说话直不拐弯，而且还经常有事没事就与他人来一场"辩论赛"，直到把对方气得口吐白沫当场晕厥才罢休。

当时有个叫吕文德的南宋将领对刘整最是看不惯，甚至一度怀疑刘整是北边蒙古人派来的奸细。

这吕文德布衣出身，因抗击蒙古立下战功而不断升迁，无论是在南宋官场还是军营，吕文德都是个活脱脱的名人。

尽管他战绩确实亮眼，却是个心胸狭隘的小人。

在吕文德眼中，刘整一个外来人，却凭借战功在短短的时间内升官比自己这个南方将领还快，这让吕文德心里十分不爽。

于是，他利用自己手里的权力，对刘整的建议置若罔闻，还隐瞒其功绩。

在得知手下将领俞兴与刘整有矛盾后，吕文德便将刘整调到俞兴手下，打算借俞兴之手将刘整除掉。

吕文德与俞兴勾结，打算诬告迫害刘整。

随后，作为上级的俞兴假称有军情商议召刘整前往，但刘整并不傻，猜测俞兴不怀好意，惶恐不安了一夜之后，便立刻派自己的亲信到临安城去告御状。

但是，好巧不巧的是，这个时候，原本看重他的上级江万载已辞去了一切公职，回老家养老去了，因此刘整的这次"告御状"自然也就不了了之了。

这一下可把刘整急坏了。

与此同时，南宋朝廷上下官员们的互相争权夺利也让他渐渐失去了信心，觉得自己若再在这种环境里待下去，肯定没有什么好结果。

于是，为了自保，刘整便暗地里派人去忽必烈那里表达自己愿意归顺蒙古的心意。

得知刘整要归顺自己，忽必烈自然是非常高兴。

而相反的是，在亲耳听见了刘整说准备要投降忽必烈的消息后，跟随他出生入死的将士们顿时一片哗然。

有一名心直口快的将领实在忍不住，就当众反驳了他几句，结果被他当场处死。

"如今我心意已决，你们若跟着我一起投降忽必烈，日后只要我有一口肉吃，就绝不会让你们大家饿着，但你们若是反对我，那么，下场就会和他一样！"

一句狠话丢出来，众人吓得再不敢吭声。

最后，为了封锁自己投降忽必烈的消息，刘整还杀了从重庆派到神臂城征粮的官员。

做完这一切之后，刘整又派人去找到远近闻名的最有文采的大状元许彪孙，请对方为自己起草一封投诚书送去忽必烈那边。

谁知，这许彪孙外表虽是个手无缚鸡之力的文人，但内心却是个铁骨铮铮的血性男儿，一听刘整准备请自己为其写投诚书给忽必烈送去，当场发飙："就算你今日砍了我这只写字的右手，我也绝不会替你刘整写一个字的。"

来人一听许彪孙居然说出了这种话："那得咧，既然都这样了，那也就没什么好谈的了，那我们也甭跟你客气了……你自己选吧！是让我们动手杀了你，还是你自己来呢？"

许彪孙知道自己包括妻儿今天都活不了了，于是一仰脖，道："不用你们各位费事，我自己来。"说罢，反手将院门一关，回屋就与自己的妻儿们服毒自尽了。

于是在南宋景定二年、蒙古中统二年（1261）六月，刘整以泸州十五郡三十万户投向忽必烈的怀抱。

而当时从来没有被外敌攻破过的神臂城，也因为刘整这次的反水投降蒙古军队，遭到了有史以来的首次失陷。

事后，消息很快便传到了临安城的皇宫内，宋理宗赵昀一听刘整投靠了忽必烈顿时震怒，当场用文明的"三字经"将刘整的祖宗十八代都挨个问候了一遍，直到自己快背过气的时候，才对身边的人又道："泸南之变，宜急措置！"

根据《宋季三朝政要》一书中记载，依照当时宋理宗赵昀的命令，四川制置使俞兴率大批南宋军队从长江上游的嘉州（今四川省乐山市一带）快马加鞭，火速赶到神臂城，将其团团围住，昼夜不停地对其进行攻打。

待在城头上的刘整见南宋军队来势汹汹，完全是不想让自己活着走出城的架势，于是赶紧一面派人从城内的密道出去找蒙古人救援，一面将自己多年来积攒下来的金银财宝、翡翠玛瑙，全部分给了手下的将士们，以此来鼓舞士气。

但人要脸，树要皮。

刘整毕竟是从金朝投靠到南宋，再从南宋投靠到蒙古人的"反复之人"，心里多少有些底气不足，于是凭险死守，并且命令手下部将屯达率兵堵截。

不久之后，正在城外带兵攻城的俞兴突然发现远处有大批蒙古军队赶来增援，于是立刻命手下部将带兵前去拦截，双方战在一处，打得难解难分。

而此刻，在城内焦急地等待着蒙古军来救援的刘整见城外一片混乱，心知救兵来了，便带着手下从暗道中悄悄出了城，与蒙古军一同前后夹击，将俞兴一方团团围困，杀了俞兴一个措手不及，最终除了主将俞兴一人逃出来，抢了一条小舟，逃回了重庆外，其余南宋士兵全部被消灭。

就这样，蒙古军队以泸州神臂城为基点，不断向周围扩张，占领了四川地区大大小小总计六十多座城池，而依然在南宋控制下的城池只有二十多座了。

根据《昭忠录·金文德条》中记载："尔后，叛军将宋军士兵的尸体乱七八糟地扔到江边，草草掩埋，形成一座坟形石磊。当地人称之为'万人坟'。"

随后，俞兴战败的消息很快就传到了临安城内，南宋朝野先是震惊，随后便派出了刘整之前的上司吕文德率兵再次去进攻泸州。

据南宋豪放派词人、江湖诗派诗人、诗论家刘克庄在《后村先生大全集·卷53·收复泸州奖谕宣制两阙立功将帅诏》中的描述，当时吕文德吸取俞兴全军覆灭的教训，以"水陆并进，雨雪载涂，或筑堡以逼其城，或巡江以护吾饷，或出奇以焚其积粟，或进锐以剿其援师"。

在南宋一方人马一波又一波的攻击下，蒙古军队虽顽强抵抗，但最终还是败下阵来，伤亡极其惨重，几天几夜没有食物，导致军心崩溃。

当时的刘整见大势已去，城破只是时间问题，担心南宋军攻破城门后自己会有危险，于是趁着月黑风高之际，与身旁几名心腹深一脚浅一脚地从暗道中逃出了城，之后一路向北而去。

南宋景定三年、蒙古中统三年（1262）正月，吕文德收复泸州。

尽管泸州最终被成功收复了，但是吕文德因为嫉妒刘整从而将其逼到投降忽必烈，引来了蒙古军队占领了泸州神臂城，给南宋带来的损失却是不可估量的。

同年，刘整在北方入朝觐见忽必烈，授行中书省于成都路、潼川路，仍兼都元帅。

刘整一见到忽必烈便当场为其出了攻打南宋的计策。

由于当时南宋军擅长守城，加之四川多以丘陵及水泽地区为主，而蒙古骑兵在这些地方并不占优势，所以在双方对战的时候，蒙古一方经常遇到很大的困难。

刘整认为："攻蜀不若攻襄，无襄则无淮，无淮则江南唾手下也。"

于是，他建议忽必烈，先取襄阳，再取荆楚，进而平定江淮，直逼临安，以灭亡南宋。

除此之外，他还提出蒙古士兵善于骑射和陆地战，但不擅长水战，因此应当加强水军建设，并在战争中注意利用水军的优势。

忽必烈采纳了刘整的建议，当下便封刘整为夔府（今重庆市开州区、万州区以东地区）行省兼安抚使，赏赐金虎符、金银符。

从此刘整便一直在蒙古效忠，直到六十三岁去世，被赠龙虎卫上将军、中书右丞，谥号"武敏"。

别看刘整在南宋那里官做得并不是很大，但他投降蒙古之后对南宋朝廷却造成了不小的影响，这一事件也成为南宋历史上的一个重要转折点。

首先，刘整是南宋的重要将领，他的投降使南宋失去了一位有才华的军事家；刘整熟悉南宋的军事防御体系和战术，他向忽必烈提供了关于南宋的重要情报，并建议采取新的战略，这对蒙古军队的进攻起到了积极的作用。南宋因此失去在军事上的一些优势，防御能力受到削弱。

其次，便是加剧了南宋朝廷内部的问题，使其已经发展到像一颗烂苹果一般无药可救了，如奸臣当政、将领之间的矛盾等。他身上发生的这些事情，极有可能在别人身上也发生过，而且可能引发了其他将领和士兵的不满和不稳定情绪，进一步加剧了南宋内部的矛盾和动荡。

当然，尽管南宋的最终灭亡是很多因素所造成的，但刘整的投降在一定程度上加速了南宋的灭亡。他的战略建议和军事才能为蒙古军队的进攻提供了支持，使忽必烈能够更加有效地打击南宋。

第九章　悬崖边上的稻草

一、蒙宋襄樊一战

根据当时刘整的建议，蒙古军队再一次南下包围了南宋管辖内的襄樊城（又称"襄阳"，今位于湖北省辖地级市）。

襄樊城位于南阳盆地的南端，居汉水上流，三面环水，一面靠山，西临关陕，东达江淮，跨连荆豫，自古以来便是控扼南北交通的要道。

南宋时期，这里成了抵御北方蒙古进攻的一个重要军事据点，凭借坚固的城池和有利的地形，成为南宋军事防御体系中的关键一环。

早在东汉末年的三国时期，魏、蜀两个地方政权在这里就发生过一次大战，史称"襄樊之战"。

东汉建安二十四年（219），"武圣"关羽从南郡引军北上，包围了曹魏的襄阳与樊城。

当时曹操派于禁与庞德领七军救援曹仁，却不巧遭遇了汉水泛滥，使得于禁等人被水灾所困，关羽便利用这个时机，乘机乘船而攻，迫使于禁等人最终投降，由此关羽威震天下。

然而，当时的蜀汉却因为局势发生变化，东吴吕蒙白衣渡江偷袭荆州，没能攻克襄阳，功亏一篑。

那一战不仅导致了关羽的败亡，同时也是魏、蜀、吴三分天下格局的重要转折点。

而这第二次襄樊之战便是在这一回蒙古南下进攻南宋的时候。

对于这一战，相信只要是看过金庸老先生的武侠小说《射雕英雄传》就会非常熟悉。

但在真实的历史中，蒙古（元朝）长期攻打襄阳，其中比较重要而且持续时间也比较长的一次是从南宋咸淳三年、蒙古至元四年（1267）开始至南宋咸淳九年、元朝至元十年（1273）襄阳城沦陷。

因为它就是该书中所提到南宋末年，蒙古围困襄阳城的那一战，也是彻底决定南宋命运的一战。

从南宋端平二年、蒙古窝阔台七年（1235）蒙古正式南下攻打南宋开始，一直到南宋咸淳九年、元朝至元十年（1273）年襄阳守将吕文焕投降蒙古，蒙古算是正式拿下了襄樊。

在此之前的南宋端平三年、蒙古窝阔台八年（1236）蒙古大军南下并一度占领了襄樊战略要地。但当时的蒙古兵并没有看出自己占领的地方有多么重要。

南宋嘉熙三年、蒙古窝阔台十一年（1239）。

刚刚升任京湖安抚制置使的孟珙，全面主持京湖地区（京西南路、荆湖北路，合称"京湖"地区。"京湖"地区是南宋与金对峙的前线地带之一，战略位置十分重要）的防务工作，再次赴襄，三战三捷，克樊城复襄阳，但最终因蒙古军队对襄樊的破坏导致襄阳城防体系已经是残破不堪，再加上人员、物资等都严重短缺，经过了再三的考虑之后，孟珙不得已作出弃守襄樊的决定。

宋淳祐十一年、蒙古蒙哥元年（1251），南宋将领高达在与蒙古军队的战争中取得了一定的胜利，使得汉江南北的局势得到了稳定和肃清。

至此，被放弃几乎十二年的襄樊又逐渐恢复了往日的生机。

也就是从这时候开始，襄樊逐渐与合川钓鱼城一样，成为南宋的一根"定海神针"。襄樊抵御蒙古的数次南侵，在蒙宋整整长达三十八年的战争中，坚挺了六年的时间。

在此之前，南宋因为有长江作为天险，而且又善于水战，所以不论是之前的金朝还是后来的蒙古都无法将它彻底攻灭。

蒙古人是生长在马背上的游牧部族，因此天生善于骑射，弓马娴熟。自崛起之后，一直不断向四周扩张，在欧亚大陆上先后灭掉了十个国家，占据了广袤的土地。

但是长期以来，能征善战的蒙古却有一个很致命的缺点，那就是不善水战。

在之前所有的战役中，蒙古人几乎没有遇到过特别大的阻碍。他们长驱直入，快马加鞭，来去如风，令人闻风丧胆，因此并没有显示出他们的缺点。

可是现在对战南宋就不一样了。

一道宽阔而蜿蜒的长江阻拦住了他们的去路。

当年，金朝多次南侵计划，也都是因为长江的阻隔和金朝一方自身水师的水平实在太拉胯而不得不退缩搁浅。

而到了蒙古窝阔台和蒙哥南侵的时期，也同样陷入了这个困局，蒙古多次因为水战不利而不得不绕开长江，选择迂回南下攻击，费时、费力又费钱，从而也耽误了最佳的战机。

因此，蒙古若想完成终极大一统目标，就必须越过这条横在南北之间的天堑。

所以此前，蒙哥为了进攻南宋，不仅多线进攻，而且绕道云南，先拿下了大理国，在战略上，使南宋陷入了腹背受敌的两难境地。

要不是后来蒙哥战死钓鱼城，以及右丞相文天祥上书表示当务之急应该全力造战船、兴水师，南宋能撑多久谁也说不好。

但是，让南宋打死也想不到的是，向来不善于水战的蒙古人，在刘整的提议下居然也开始悄悄地发展自己的水师了。

经过一番努力之后，蒙古最后造出了战船五千余艘，并训练出了七万多名强劲的水兵将士，从而彻底告别了之前水战积弱的历史。

光有战船不行，还得有一套行之有效的战略部署。

为此，忽必烈认真总结了窝阔台、蒙哥时期南侵的失败教训，结合自己先前与南宋交锋的经验，取其精华，去其糟粕，终于制订出一套十分周密的攻宋计划。

首先，全力拿下长江重镇襄樊，之后再顺着长江而下直取南宋的都城临安。

只要襄樊这颗钉子拔了，临安城也必将是囊中之物，而至于合川钓鱼山上的钓鱼城则可以放到最后再去处理。

不得不说，忽必烈的确是个善于用兵的军事家，这个战略部署抓住了重点。

而经过了先前的钓鱼城保卫战，南宋一方自然也知道襄樊的重要性，不仅在此招兵买马，还建设防御体系，时刻准备对抗南下的蒙古大军。

南宋咸淳三年、蒙古至元四年（1267）秋，经过了五年的精心准备，忽必烈终于派出大军南下进攻南宋襄樊，至此长达六年的襄樊之战正式拉开了序幕。

当时蒙古一方派出的将领是速不台之孙、都元帅兀良合台之子兀良哈·阿术和南宋降将刘整。

阿术带领着大批兵马呼啸着自北南下，直攻襄阳的荆南（今湖北省荆州市）。

在《元史·卷一百二十八·列传第十五》中记载："四年八月，观兵襄阳、遂入南郡，取仙人、铁城等栅，俘生口五万。"

很快，阿术便占据了安阳滩，并在此处设下了埋伏，打算出其不意地歼灭前来救援的南宋军队。

毫不知情的南宋军队，在主将吕文焕的带领之下，大批人马刚一到这里，便被早已埋伏好的蒙古军队包围了，双方展开了激烈的拼杀。

虽然南宋一方殊死抵抗，但由于在人数和装备上都不及蒙古军队，最终还是败下阵来，被对方斩杀五万余人。

蒙古在训练水兵、制造战船、增强战士们的水上战斗力的同时，还特意针对南宋善于守城和精通水战的特点采取了一系列应对的手段。

当时阿术命手下人在襄阳外修建了鹿门堡、白河口等防御体系和城堡，将襄阳城牢牢困住，目的就是为了要将南宋一方的水陆方面的联系阻隔开来，使得援军无法入内支援。

南宋咸淳四年、蒙古至元五年（1268）十一月，为了突出重围，打破蒙古军队的包围圈，吕文焕派出襄阳城内的一支军队去攻击蒙古军，不料却被强悍的蒙古军队吊打，使得这支南宋军死伤惨重。突破重围的计划宣告失败。

前线战况十分吃紧，襄阳危在旦夕，远在千里之外临安城内的南宋皇帝自然也不能坐视不理。

此时，南宋在位的皇帝已经从宋理宗赵昀换成了太子赵禥，也就是宋度宗。

宋理宗赵昀后半生沉迷于享乐，致使朝政腐败，最终在浑浑噩噩中度过了一生，留下了一大堆烂摊子让他的侄子宋度宗赵禥来收拾。

而宋度宗赵禥又是个天资不足、好酒贪杯之人。

他上台之后，虽也曾立誓要改革，并出台了一系列措施，却最终并未能改变南宋的命运。

当他听说襄阳的情况之后，本来想交由手下大臣们去处理，但又怕大臣们对他知情不报，暗地里与蒙古签订一系列不平等条约，于是决定还是由他自己处理。

可他自己的能力又实在有限，根本无法处理这种既棘手，又关系到江山安稳的大事，最后不但事情没有处理好，反而弄得自己心烦意乱，乱发脾气，到头来等于什么也没有做。

看到形势不妙，被困在襄阳城内的南宋守军们也是个个情绪低落。在这期间，他们也试图自救，多次出城与蒙古军队以命相搏，想要反包围，解鹿门、白河被蒙古军队围城之困境，却因为南宋士兵们长期被围，城内的粮草早已消耗殆尽，加之士气和体力也都早已被耗尽，最终还是被蒙古军队所击败。

不得不说，阿术是一位出色的军事家，在与南宋军队的交战中，他不仅展现出了卓越的军事指挥才能和其军队的强大战斗力，也让宋军的救援行动遭受重大挫折。

在取得了阶段性的胜利之后，阿术便继续采取行动，修理战船以确保水军装备的良好状态，训练水军来提升水军的作战能力，并且建造圈城这种防御工事，其目的就在于要进一步对襄阳进行围困，增加襄阳城所面临的军事压力，试图从心理上彻底压垮城内那些宋军，从而加强对襄阳的控制和攻击态势。

南宋咸淳六年、蒙古至元七年（1270）七月，连续多日的大雨导致汉水水位大幅上升，这对蒙宋之间后续的军事行动带来了一定的影响和变数，南宋朝廷内部的努力在这时候显得格外苍白而无力。

与此同时，远在千里之外的襄阳城迎来了两名南宋将领范文虎与夏贵，结果都被阿术打败，同时还生擒南宋兵丁共五千余人，缴获战船百余艘，阿术可谓是大获全胜。

在取得胜利之后，阿术并没有得意忘形，而是继续采取行动，使得自己的部队始终保持在最佳的亢奋状态，随时为下一场战斗做准备。

他一边修理战船，训练水师，建筑圜城这种防御工事，其目的就是为了能进一步对襄阳形成威胁和围困，增加襄阳城所面临的军事压力，试图全方位地加强对襄阳的控制和攻击态势；一边从心理上威胁到了襄阳内的南宋守军。

随后，南宋将领范文虎又与另一名南宋将领来兴国在此率南宋水军来解襄阳之围。

当时，他们率水军来解襄阳之围，并率百艘战船攻直百丈山（今湖北省襄阳市山峰），试图打破襄阳被围困的局面，结果还是被阿术打了个落花流水。

阿术利用汉水水位大幅上升的机会，命手下人将汉水江水改道，引至夏贵、范文虎一方的南宋军队处，自己则隔岸观火，按兵不动。

这个时候他绝不会贸然出兵，而是一定要等待一个最佳的出兵时刻，将眼前这些赶来救援襄阳城的南宋军队一网打尽。

结果可想而知，反应不及的夏贵与范文虎手下的南宋将士们被这奔涌而来的江水溺死、淹死的不计其数，场面可怖至极，到处都漂着泡得发胀的尸体。

剩下没有死的南宋军也个个是惊恐万分，哪还有心思去理会面前的蒙古敌军，纷纷溃散，场面顿时乱作一团。

而就在这时，阿术则趁着南宋军队慌乱的时机，带兵突然出动，对其进行猛烈攻击，打得对方措手不及，不到片刻工夫，战场就变成了蒙古一方的屠宰场，尸骨成山，血流成河。

这一战，再次显示出阿术是一位有着卓越军事指挥才能的蒙古将领。

在他英明的领导和指挥下，军队在实战中得到了最好的锻炼，战斗力变得更加强大，成功挫败了南宋方面的解围和进攻企图，让南宋的救援襄阳行动再次遭受重大失败。

时间一晃，便来到了南宋咸淳七年、元朝至元八年（1271）。

这一年，年仅十七岁的意大利青年马可·波罗随着父亲、叔叔以及十几名水手，拿着教皇的复信和礼品，乘坐着从威尼斯港口出发的商船漂洋过海，一路向东，历时四年终于来到了神秘的东方大国。

在这里，年轻的马可·波罗将会见到一个与他之前认知完全不同的新世界。

因为这是一个极其强大、地域辽阔且包容性很强的国家。

他将会见识到这里宏伟的城市、繁华的商业、发达的交通以及宫廷的奢华，并将他的所见所闻都铭记于心，带回到欧洲，向见到的每个人诉说这个古老而美丽的东方大国的风土人情。

而就在这同一年里，在燕京城内的忽必烈取《易经》"大哉乾元"之义，将国号由"蒙古"改为"大元"，"乾元"意为天地万物起源，寓意着伟大的开端，从大蒙古国皇帝变为大元皇帝，"大元"国号正式出现，忽必烈成为元朝的首位皇帝。

到了第二年的二月，他又将原先的燕京中都改为"大都"，并宣布将其定为首都。

与父辈们相比，忽必烈的统治观念早已发生了翻天覆地的变化，正一步步按照中原汉地的统治模式完善自己的政权，欲要开创一个新的时代。

而远在千里之外长江以南的临安城皇宫内，南宋皇帝宋度宗赵禥也似乎也已经开了天眼，看到了南宋朝廷后续的剧情，知道自己这皇帝也做不了几天了，于是便自暴自弃式地每日花天酒地，声色犬马，不理朝政。

而和他有一拼的则是朝中实际掌控大权的奸相贾似道。

自从上次"鄂州和议"贾似道隐瞒不报之后，便完全改变了对蒙古的态度，成了"媚蒙派"的代表。加之南宋咸淳元年、蒙古至元二年（1265）四月，他就已经被拜为太师，封魏国公，被皇帝喻为"周公"，大

233

权在握，因此到了这时候，正是结党营私、排除异己的关键时刻，他根本没有心思去关心什么去和蒙古人打仗的事情，更别谈去管远在千里之外的襄阳会不会沦陷的问题了。

"钓鱼城都扛过来了，襄阳想必最后也能自救。就算一个襄阳最后没有坚挺住，倒下了，还有千千万万个长江岸边的城池在那里耸立着，怕什么呢？"

于是，在这种思想下，贾似道利用手中的权力，封锁了一切有关襄阳战事的消息，严禁传到宋度宗赵禥的耳朵里。

"若有人敢泄露，格杀勿论！"

但这世上哪里会有不透风的墙呢？

越是保密的事情，往往泄露得越快。

虽然，贾似道下了死命令，但在襄阳城被围困的第三年，宋度宗赵禥还是听到了一些风声，于是便将贾似道叫来，当面质问他。

可贾似道居然从一开始就没打算说实话，到了这会儿自然也不会向宋度宗赵禥吐露半个字，于是继续扯谎说道："蒙古兵早已经退去了，现在襄阳城依旧在我们手里控制着，城中的百姓也照常生活，这种虚假的谣言是谁传给您的？"

宋度宗赵禥道："是皇后寝宫中的一个宫娥告诉我的。"

贾似道哀叹了一声道："妖言能害死人啊！……皇上！……"说着双眼眼眶便是一红，紧接着"扑通"一声，跪倒在宋度宗赵禥面前，当场痛哭了起来。

不得不说，贾似道的演技真是好，说哭就哭，说跪就跪，一点儿也不含糊，而且声泪俱下，令人无不佩服。

宋度宗赵禥毕竟还是年轻，一见贾似道哭得如此伤心，他的心便立刻就软了下来，心想："看来真是错怪他了。"

"唉，别哭了，算朕错怪你了，爱卿，快起来。"说罢，宋度宗赵禥便将已经哭成泪人似的贾似道扶起。

但贾似道的表演到这还没有结束。

眼见面前的宋度宗赵禥已经开始相信自己了，贾似道便见缝插针地立刻说道："如今皇上您贵为天子，不仅受命于天，还掌管着天下苍生的生死，因此也会有很多小人借此机会在您身边使坏。您日理万机，忙着江山社稷，自然不会有心思去分辨身边到底哪些是好人，哪些是小人，可如此一来，便给了那些小人以可乘之机。"

宋度宗赵禥听贾似道说得很有道理，频频点着头："爱卿说得是啊！"

贾似道说道："老臣愿意做皇上您的护卫，替您铲除这些妖魔邪祟。"

当天晚上，贾似道便将那名多嘴的宫娥杀了。

而远在千里之外的襄阳城此刻正处于被蒙古人围城的困苦中。

蒙军将领阿术在襄阳城外的四周修建起了一座又一座的坚固碉堡，将襄阳城与外界完全隔离开，使得整个襄阳城整日都笼罩在蒙古军队的威胁之下，这让城内的南宋守军们的心理压力倍增，几乎接近崩溃。

此刻的他们就像是被父母遗弃的孤儿一般，无依无靠，孤立无援。

在南宋咸淳九年、元朝至元十年（1273）。

不知不觉，襄樊被困已有五六年之久。

外援断绝，粮草已尽，在元军的长期围困下，襄阳城内的物资和兵力都面临着巨大的压力。

而在这一年的三月，元朝军队抓住了时机，在主帅阿术的指挥下，正式对襄樊城的外城发起进攻。

南宋这边的将士们一见蒙古人开始攻城了，虽有心抵抗，但明显也是强弩之末，有心而无力。

而城外南宋副将张贵、张顺，率轻舟百艘、敢死士三千赶往襄阳救援。

据《宋史》一书记载："张贵既抵襄，襄帅吕文焕力留共守。贵恃其骁勇，欲还郢，乃募二士能伏水中数日不食，使持蜡书赴郢求援。北兵增守益密，水路连锁数十里，列撒星桩，虽鱼虾不得度。二人遇桩即锯断之，竟达郢，还报，许发兵五千驻龙尾洲以助夹击。"

当时南宋的副将张顺和张贵率领着一百只船，这些船上装满了军衣等物资，从上游赶来支援襄阳。

然而，他们在途中遭到了元军的攻击。

阿术指挥元军对张顺、张贵的船队进行了猛烈的攻击，张顺在战斗中不幸战死，张贵则成功逃入襄阳城内。

张贵的到来给襄阳城带来了一线希望，但元军的围困仍然没有解除。

不久之后，张贵乘船顺流东下，准备去寻求外援，不料中途又遭阿术与元帅刘整的伏兵袭击，双方便又展开了一场血淋淋的厮杀，可张贵一方人数毕竟不占优势，最终张贵被阿术擒获，其余士兵则全部被杀。

在这一年的正月，因为阿术屡获战功，忽必烈给他加封官职为同平章事。到了十二月，阿术率领元军成功攻克了樊城，襄阳城在坚守了六年之后，最终于咸淳九年、元朝至元十年（1273）的二月被元军攻破。

宋朝守卫襄阳的将领吕文焕为了城内军民们的安危，不得不出城向阿术代表的元朝投降。

这一举动标志着元军在元宋两大阵营的战争中取得了重要进展，算是挽回了一部分当年蒙哥战死钓鱼城之后所损失的战机，从而也进一步削弱了南宋的防御力量。

二、奸相贾似道被刺

南宋咸淳十年、元朝至元十一年（1274）。

在元旦这一天，温暖而柔和的阳光洒在大都那宏伟庄严的正殿金顶之上。

忽必烈高坐在金銮殿里那张象征着无上权力的宝座上，接受着下面文武百官三跪九叩的朝贺。

"吾皇万岁万岁万万岁！……"

那一刻，整个天地都仿佛在为这个新的王朝的诞生而欢呼。

自此，元大都这座城市开始承载起一个庞大政权的荣耀与梦想。

而与此同时，襄樊失守的消息很快便传到了长江以南的临安城内，传到了贾似道的耳朵里。

更不巧的是，正在这个节骨眼上，宋度宗赵禥因酒色过度驾崩于福宁殿，遗诏由年仅四岁的太子赵㬎即位，后世称之为宋恭帝，由宋理宗赵昀的皇后谢道清临朝听政，辅佐幼主。

如此双重打击让年迈体弱的贾似道倍感压力。

此时，作为南宋最高学府的太学院内也不安定了，血气方刚的学子们都纷纷表示，在这种国难当头的时候，丞相贾似道应该亲自出征才对。

眼见事态愈演愈烈，再发展下去就无法控制了，作为丞相的贾似道迫不得已才在临安开设了都督府，装模作样地招兵买马，准备亲征前线督战。

但实际上，这时候的贾似道又怎么可能去前线呢？去了不就是送死吗？

因为在那里，有他畏惧的一个人——刘整。

他知道刘整现在在忽必烈那里混得不错，也知道对方洞悉南宋的所有缺点，襄樊失守就是最好的证明，因此磨叽了很久也没有动身的意思。

然而，等到了第二年，也就是元朝至元十二年（1275）正月的时候，刘整却因为受命率军出击淮南，因为与人争攻被人阻拦未成，因而当夜愤郁而死于安徽无为城（今安徽省芜湖市无为县）下，享年六十三岁。

远在临安城的贾似道听闻刘整死亡的消息后显得非常高兴，在屋子里手舞足蹈地大声叫道："我得到上天的帮助了。"

于是，当下便立刻奏表临朝听政的谢太后，要求出师，抽调各路精锐的军队出发，装载金银布帛等物资的船只，船头船尾相连长达一百多里。

等浩浩荡荡的部队到达了安吉（今浙江省湖州市安吉县）时，贾似道所乘坐的船陷在堤堰中，将领刘师勇派一千人下水用尽了吃奶的劲儿拉船也不能拉动，于是就换了别的船离开。

后来到了芜湖（今安徽省芜湖市）时，贾似道为了安抚元朝，将军中的所有元朝俘虏遣返回去，并送荔枝、黄柑作为见面礼给当时元朝的丞相伯颜，以此来向对方示好，并让伯颜以及随行的将领兼翻译官宋京到军中进行商谈。

其间，贾似道低三下四地再三请求伯颜，希望能够按开庆年间的约定，南宋向北方元朝缴纳岁币称臣。

但伯颜却将脑袋摇得跟拨浪鼓似的，怎么也不答应："先前的时候，我朝宪宗（蒙哥）皇帝战死于合州钓鱼城，当时因为事发突然，我朝内部上下一片混乱，而世祖皇帝又因为急着要北还与叛军阿里不哥作战，所以就急急忙忙、草率地和你们谈了条件。如今，叛军阿里不哥已降，我朝局势已定，因此之前的谈判内容也应该修改一下，或者直接作废，重新再谈才是，而不是继续延续之前的协定。"

面对伯颜居高临下的态度，贾似道也是无话可说。

他虽然卑鄙无耻，却没有胆量，也不敢拉下老脸，去卖主求荣。

于是，这场谈判便没法继续谈了，众人不欢而散。

伯颜对这样的结果倒是无所谓的态度，因为他手里现在有足够的筹码来压制贾似道。

而反观贾似道就不同了。

他急于要和伯颜达成协定，否则就只有开战，而一旦两军打起来，遭殃的肯定是南宋。

因为以南宋目前的实力，根本无法与强悍的元朝对抗。

然而现在，他最担心、也最怕的终究还是来了。

元宋的这一战是在所难免，非打不可了。

当夜，夏贵从合肥率领军队来与贾似道会合。

一见到贾似道，夏贵便立刻从袖中拿出一本本朝的编年史书给对方看，并说道："我大宋国自太祖皇帝开国到此时此刻为止，前后一共历经三百一十五年。"

他说到这里突然停止不说了，只是默默盯着贾似道，似乎是在等贾似道的反应。

其实，他这句话的意思就是想告诉贾似道，宋朝能延续这么久的时间并不容易，因而不希望在他这一代就毁了。

而贾似道当然也明白他这样做的用意。

但是贾似道却什么也没有说，只是默不作声，低垂着头而已。

到了这个节骨眼上，他还能说什么呢？

当时督诸路军马有十三万，加上夏贵所部数万，总数共有十五六万，贾似道将其中七万精锐拨付给随行部将孙虎臣管辖，驻扎在丁家洲（今安徽省铜陵市东北二十里长江滨），并在此严阵以待，随时准备与元军开战。

而夏贵以战船两千五百艘横亘江中，贾似道自己则屯兵鲁港（今安徽省芜湖县西北鲁港乡），表面上是为大部队的后援，实则是计划着随时准备走为上策，抛下整支部队，自己开溜大吉。

而元朝宰相伯颜一方出师时领兵二十万，中途又为鄂州分兵出去四万余人，因此手中实际掌控的兵马约有十六万。

可以说，当时双方按照表面兵力来看，是不相上下的。

但贾似道本人对于元宋双方的这一战并没有信心。

因为跟随他的部将孙虎臣根本没有什么能力，缺乏战场指挥与领兵的经验，只是因为依附于他贾似道，所以才能顺风顺水，扶摇直上，而如今担负此重任，实在后果难料。

说话间便来到了这一年的二月十六日。

在伯颜的率领之下，元军水陆并进，用最短的时间抵达丁家洲，占据了有利地形开始部署军队，并在两岸架起了新式大炮，等待伯颜的命令，做好了随时与南宋开战的准备。

二十日，元宋的战斗拉开了帷幕。

元军一开始就用两岸的炮和弓弩狠狠地猛击宋军的阵营，宋军被打得晃动起来，几乎就要崩溃失败了。

元军则趁着这个势头冲了下来。

当时数千艘战船就像流水一样乘着风直直地前进，战船乘风破浪，直接突破宋军阵营。

宋军的先锋姜才率领手下将士奋力与元军展开厮杀，双方你来我往，打得难解难分。

然而，谁也想不到，就在这个节骨眼上，那个胆小如鼠的孙虎臣居然趁着两军打成一锅粥的时候，趁机登上了姜才爱妾所乘坐的船，想要乘船逃跑，并怒狠狠地吼道："快，开船！"

姜才的爱妾与众仆人本来就被两军的厮杀场面吓得不轻，此刻一见孙虎臣如此凶神恶煞的模样，更是吓得魂都没了。

而就在这时，孙虎臣的恶劣行径被岸边奋勇杀敌的南宋将士们看到，于是大声呼喊着："步军统帅孙虎臣要逃跑啦！步军统帅孙虎臣要逃跑啦！……"

南宋的全军将士们顿时就像热锅上的蚂蚁一般，混乱不堪，哪还有什么心思与元军作战。

将领夏贵一看这混乱的场面，心知这一战南宋必败，便当下率先逃跑了。

与此同时，孙虎臣一看乘坐姜才爱妾的船逃跑是不可能了，便赶忙跳下船，奔向鲁港逃去。

众人一见带头的将领都逃了，自己干吗还要在这里傻乎乎地等做蒙古人的刀下亡魂呢？于是也跟着逃窜。

然而，伯颜可没打算放过这些南宋兵，于是下令对其进行剿灭。

最后，这场战争演变成了猎手的猎场，元军紧紧追杀了南宋逃兵十多里，一路走来，血流成河，遍地都是尸骨，堪比人间炼狱。

南宋最终在这场战役中付出了惨痛的代价。

二月的某个夜晚，作为逃兵的孙虎臣来到了贾似道的中军大帐，并将南宋失利的消息说给了贾似道近前的护卫听。

之后，这护卫便去见了贾似道，将孙虎臣的话一字不落地转述给了贾似道。

贾似道一听前线全军溃败，吓得整张脸瞬间变色，当即对着帐外大喊道："虎臣失败了！"命令召见夏贵来商议事情。

一听贾似道在大叫，孙虎臣的心便开始七上八下、忐忑不安起来。

他担心一会儿夏贵当着贾似道的面将自己在两军阵前如何逃跑的详情说出来。

于是，一入贾似道的营帐，孙虎臣便立刻跪倒在地，捶着胸口哭泣地对贾似道说道："我的士兵没有一个听命令作战的，因此一看到蒙古人时就吓破了胆。"

夏贵一听他这话，觉得十分好笑，但当着贾似道的面又不好意思笑出来，便也垂头丧气地说道："我曾经浴血奋战抵挡蒙古人，只可惜当时蒙军人数太多，是我军的数十倍，所以最终……"

贾似道皱着眉头说道："那现在有什么计策来解决呢？"

夏贵说："各军已经吓破了胆，我们现在根本无法与元军作战，但是，只要您进入扬州，在那里召集溃散的士兵，让他们保护皇上和谢太后，而我则死守淮西。"

于是，当天夜里，夏贵解开船离去。

随后，贾似道也和孙虎臣乘着一条船逃往了扬州。

第二日，战败的士兵布满江面顺流而下，贾似道派人上岸挥舞旗帜召唤他们，但众人都不来。

不仅如此，还有士兵用恶语指着他谩骂。

贾似道见状，心知自己现在已失去了民心，形象全毁，于是发布檄文命令各郡到海上迎接皇帝，上书请求迁都。

各郡守在这时都已经逃跑了，贾似道则领随行的部下也一同进入到扬州。

南宋军队在前线溃败的消息很快便传到了皇宫里，朝野上下顿时炸开了锅。

与贾似道向来意见不合的丞相陈宜中这时候终于等来了弹劾贾似道的机会。

陈宜中，字与权，号静观，又号仲萧，永嘉（今浙江省温州市永嘉县）人，南宋末期宰相。

陈宜中出生于贫寒之家，但自幼聪颖，进入太学后因写得一手好文章而得到赞誉。

他曾因联名上书攻击丁大全而被取消太学生资格，并被发配到地方。

丁大全倒台后，陈宜中在丞相吴潜的奏请下得以还临安。

南宋景定四年、蒙古中统四年（1263）廷试，他名列第二，在贾似道的提携下先后任绍兴府推官校书郎、监察御史等职。

但陈宜中注定与贾似道在官场上是政敌。

在贾似道初为丞相时，有意拉拢陈宜中，但后来两人因为政见不合产生了矛盾。

陈宜中曾参劾陈元凤，导致其被革职。

贾似道担心陈宜中会对自己不利，于是想除掉他，因此陈宜中和贾似道在朝廷中积怨很深。

这一回，贾似道犯下了这么大的错误，陈宜中又怎么会轻易放过呢？

于是陈宜中便在朝会上当众上表请求谢太后下旨诛杀贾似道。

谢太后说道："贾似道为三朝辛勤效力，怎能忍心因为一朝之罪，就失去对待大臣的礼数呢？"

很明显谢太后是站在贾似道一边的，无论如何都想留着贾似道的命，所以也只是罢免了贾似道的平章、都督之职，让他担任祠官。

到了这一年的三月，谢太后迫于压力，又废除了贾似道那些不顾百姓生活的政令，放回了那些被流放贬谪的人，恢复了之前被贾似道谗言加害的南宋名臣吴潜、向士璧等人的官职，诛杀了他的幕官翁应龙，而贾似道的幕僚廖莹中、王庭也相继自杀了。

潘文卿、季可、陈坚、徐卿孙这些与贾似道在政坛上有矛盾的人，到这时纷纷上奏章弹劾他。

四月，工部侍郎高斯得再次在上朝的时候，上奏请求谢太后诛杀贾似道，但是依然没有被准许。

而远在扬州不敢回京的贾似道在听说朝中众大臣现在都在弹劾自己，心里实在意难平，于是也上奏朝廷为自己辩解，保全自己。

于是谢太后在权衡利弊之后下令削去了贾似道的三级官职。

但贾似道仍然居住在扬州不敢回京。

五月，左丞相兼枢密使、都督诸路军马王爚指责贾似道既没有做到尽忠，又没有做到尽孝："本朝权臣稔祸，未有如似道之烈者。缙绅草茅不知几疏，陛下皆抑而不行，非惟付人言之不恤，何以谢天下！"

谢太后这才下诏让贾似道回来守丧。

七月，官至右丞相，参知政事、平章军国兼知枢密院事黄镛与历任太常博士、秘书郎兼著作郎王应麟两人请求把贾似道迁到邻州，但谢太后没有同意。

王爚不服，于是在退朝之后，他入宫拜见谢太后说道："本朝的权臣酿成灾祸，没有一个像贾似道这么严重的。官员和百姓不知道上了多少奏章，陛下都压制不施行，这种不顾及众人言论的行为如何向天下人交代啊！"

谢太后虽然很想保住贾似道，但被王爚这么一说，顿时也是哑口无言，最后迫不得已才把贾似道迁到婺州（今浙江省金华市境内）。

婺州当地人一听说贾似道要来了，便立刻自发地组织起来写露布（一种写有文字并用以通报四方的帛制旗子）驱赶贾似道。

显然，此时的贾似道已经是臭名昭著的"大人物"了。

监察御史孙嵘叟等人都认为处罚太轻，不停地向谢太后进言。

谢太后都快被朝中这些大臣烦死了，但又怕得罪了他们，自己与皇帝这孤儿寡母会遭遇政变，于是只好又将贾似道迁到建宁府。

这时候，国子祭酒、赣州兼浙西提刑兼侍讲翁合上奏说道："建宁可是名儒朱熹的故乡，就算是小孩子也大概知道方向，听说贾似道要来就觉得恶心，何况是见到他本人呢！"

当时，国子司业（古代官位名）方应发暂时代理直舍入院，封还了诏令，请求把贾似道流放到广南；中书舍人王应麟、给事中黄镛也这样说，都没有被准许。

侍御史陈文龙请求顺从众人的言论，侍御史陈景行、监察御史徐直方以及同为监察御史的孙嵘叟、俞浙等人这时都上表朝廷，希望能定贾似道的罪。

谢太后也是有心无力了，于是才开始贬谪贾似道为高州团练使，让他到循州安置，并抄没他的家。

俗话说：人倒霉的时候，连喝凉水都塞牙缝。

这句话用在贾似道的身上也同样适用。

因为就在他被贬官、抄家的时候，他的另一个政敌又找上门来了。

太祖赵匡胤的十世孙、燕王赵德昭的九世孙、宋理宗赵昀的同母弟福王赵与芮向来痛恨贾似道，于是招募能杀死贾似道的人，将贾似道送到贬所。有个叫郑虎臣的县尉欣然愿往。

贾似道被贬离京时，侍奉他的妾还有数十人，郑虎臣把她们都赶走，夺去贾似道的宝玉，撤去轿盖，让他在秋日中暴晒。他还让轿夫唱杭州小调戏谑贾似道，将贾似道的罪行一一唱出，而且每到一处，郑虎臣都命人张贴告示，列举贾似道的罪状。

行至漳州木棉庵（今福建省龙海市九龙岭下，为佛教建筑）时，郑虎臣在墙上看到了吴潜南行时所题的字，便借此机会嘲讽贾似道："贾团练，吴丞相何以至此？"

其实，这个时候的郑虎臣是故意用这种话来刺激贾似道，希望贾似道能因羞愧而自我了断，自己也就算完成任务了。

但谁知，贾似道是个非常惜命的人。

他宁愿在羞愧中煎熬，也不愿自杀，所以在郑虎臣的冷嘲热讽中，他选择当一个聋哑人。

可他贾似道愿意做一个聋哑人继续活着，郑虎臣却宁愿他做一个死人。

于是，在八月炎热的某一天里，郑虎臣终于忍不住向贾似道摊牌了。

他对贾似道说道："实话和你说吧！其实我是受了福王赵与芮之命要在半路上取你性命的，但看你年事已高，这一路走来也是不易，如果真就这么杀了你，我郑虎臣倒真有些于心不忍，不如你自刎吧，也省却了我的麻烦。"

贾似道一听郑虎臣这番话，立刻将头摇得跟拨浪鼓似的说道："皇上与谢太后答应准许我不死……除非你们有谢太后和皇上的诏书下令让我死，我二话不说马上就去死，否则我是绝对不会死的。"

郑虎臣一看贾似道如此冥顽不灵，只得仰天长叹一声，喃喃自语地说道："我为天下人杀贾似道，虽死无憾！"说完便将贾似道杀死。

而与此同时，远在临安城皇宫内的礼部左侍郎兼监察御史孙嵘叟与同僚王应麟同时上奏说贾似道家藏乘舆服御物，有反叛的迹象，请求谢太后和皇上下旨将他斩首示众。

墙倒众人推，破鼓万人捶。

贾似道得势的时候，朝中这些大臣们人人都像花蝴蝶一般向他身上扑，恨不得给他鞍前马后，端茶倒水。

而如今贾似道倒台了，这些人立刻便换了一副嘴脸，个个凶神恶煞，恨不得将贾似道锉骨扬灰。

谢太后明知道孙嵘叟、王应麟二人这是在落井下石，可也没有办法，于是只好诏令派人审问贾似道。

但万万没有想到的是，还未等到审问的人见到贾似道，贾似道就已经死在了路上。

曾几何时，在南宋的朝堂之上，贾似道曾经是一个权倾朝野的权臣，而当他死的那一刻，对于南宋王朝来说就像是一块巨石投入了平静的湖面，激起了千层浪花，久久不能平息。

一方面，贾似道的死让南宋朝廷陷入了一片混乱。

他生前的那些党羽们顿时失去了一座靠山，开始为了自己的利益而互相争斗，使得整个朝廷内部的政治斗争更加激烈，在国家的治理方面也同样变得更加举步维艰。

另一方面，贾似道的死对南宋的百姓们来说也是一种解脱。

他活着时的专横和腐败早已引起了民众的不满，因此他的死亡使得南宋的黎民百姓对未来看到了一线希望，希望南宋朝廷能够恢复到过去那种欣欣向荣的繁荣景象，迎来崭新的一面。

但可惜的是，贾似道的死并没有改变整个南宋气数将尽、走向灭亡的命运。

南宋朝廷依然面临着来自北方元朝的威胁，国家的财政状况也依然一天比一天严峻，形势不容乐观。

在这个风雨飘摇而又动荡不安的时代里，南宋王朝仿佛一叶漂荡在江水中央忍受着狂风骤雨拍打，又不停摇晃的小舟，随时都有可能沉没水底。继续前行，对它来说成为一个未知数，真是可叹而又可悲。

三、末期的悲惨时局

忽必烈在稳固了北方的统治之后，他那如鹰隼般锐利的目光，紧紧地锁定在了宛如长江般壮阔的南宋身上。

当襄樊城被攻破，阿术领命率领大军如旋风般转移至淮东之地，他就像一只盘旋高空、虎视眈眈的雄鹰，在扬州城下不断游弋，似乎随时准备给南宋致命一击。

岁月匆匆，转眼间便来到了南宋咸淳十年、亦是元朝至元十一年（1274）的元月。

这一年阿术入朝觐见，他态度坚决、言辞恳切地恳请忽必烈出兵平定江南地区，并且详细地阐述了他自己关于灭南宋的战略部署。

那是一幅充满智谋与决心的宏伟蓝图，忽必烈随即诏令朝中大臣们开会商议，一时间，朝堂之上众说纷纭。

众大臣们各抒己见，有的发表着对南宋用兵的优势，有的则担忧着元军可能面临的困难。

其中汉将史天泽也同阿术一样，极力主张应该把握时机，快速平定南宋政权。在几番激烈的商讨和深思熟虑之后，忽必烈最终还是接纳了阿术、刘整等人的恳切建言，决定全面进军南下，消灭南宋，这一决定如同惊雷一般，在历史的天空中炸响。

同年三月，忽必烈调遣数十万大军，兵分三路如汹涌的潮水般向南宋扑去。

一路是以伯颜、史天泽（但不久后史天泽便因病返回）、阿术、降将吕文焕组成的行省荆湖军，他们从江汉之地攻入；一路是以将领合答、降将刘整、汉将董文炳等组成的行省淮西军（八月改为行枢密院）。

当时，出征的大军驻扎在正阳（今河南省驻马店市的正阳县），目的是"向南逼近长江，截断宋军东西的通道"。

因为正阳地理位置较为关键，处于淮河流域，它可以有效地控制周边地区，并且对南宋构成军事上的压力和威胁。

而从军事角度来看，正阳是一个进可攻、退可守的据点，便于元军实施战略行动，使其能够在军事行动中发挥重要作用，成为元军进攻南宋整体战略部署中的关键一环。

除此之外，忽必烈当时则是将淮东的元军交付给大将察罕统一指挥调度，以配合其他两路大军进攻南宋。

到了这一年七月，宰相伯颜等诸位将领向忽必烈陛辞，忽必烈对伯颜提出要求，希望他能以宋朝大将曹彬为榜样，不要喜好杀戮抢掠："朕希望你成为朕的曹彬。"

随后，伯颜与阿术统领中路大军夺取鄂州、汉阳等地，接着沿长江一路东下，又拿下黄州（今湖北省黄冈市黄州区）、蕲州（今湖北省蕲春县蕲州镇）、江州（今江西省九江市）、安庆（今安徽省安庆市）、池州（今安徽省池州市）等地。

在南宋德祐元年、元朝至元十二年（1275）的二月，元军在丁家洲（今安徽省铜陵市）与宋朝宰相贾似道的大军激战中获胜，大败宋军，收降了当时南宋境内的太平州（今安徽省马鞍山市及芜湖市辖境）、滁州（今安徽省滁州市）等地，随后攻克建康（今江苏省南京市），更是不费一兵一卒就让镇江投降。

进入到秋天以后，阿术又在镇江的水面上，如同战神一般击败了宋将张世杰等人所率领的南宋水军部队。

至此，南宋军队彻底失去了与元军正面交战作战的能力，南宋的命运在风雨中飘摇不定，仿佛随时都会被这场风暴彻底席卷而去……战场上硝烟弥漫，喊杀声、金戈交鸣声不绝于耳。

阿术身先士卒，他目光如炬，在江南的土地上肆意驰骋，所到之处，元军士气大振，而反观南宋军队则是人人闻风丧胆……

蒙古人那如洪水猛兽般的进攻，让偏安一隅多年的南宋王朝再也无法安宁。

与此同时，这一年的六月初一，南宋临安城内忽然天有异象，发生罕见的日食，整个天空瞬间被黑压压的乌云所笼罩。

在中国的封建时代，这种日食现象往往被赋予了各种象征意义和解读。

而对于一个王朝的统治者来说，出现日食现象往往意味着是上天的一种警告，意味着当时的政治、社会等方面出现了问题或将要面临某种变故，说得再通俗一点儿就是"不祥之兆"。预示着该王朝即将发生或正在发生灾祸与动荡，从而引发民众的不安与惊恐。

所以当南宋的民众们看见这日食现象之后，纷纷惊恐不安："大祸将至，大祸将至！……"

谢太后为了应和这怪异的天象之变，更是为了安抚人心，不顾周围群臣的反对，毅然决然地削减了自己的"圣福"头衔。

此时的丞相王爚年老多病，已无力承担重任，而大臣中陈宜中和留梦炎这两个人则是庸庸碌碌、懦弱无能之辈，毫无长处可言，他们每日坐在朝堂之上，不是争论不休就是相互攻讦，把朝堂弄得乌烟瘴气。

而在战场之上，南宋将领张世杰在焦山（今江苏省镇江市京口区）与元军的战争又遭遇了惨败，使得南宋朝廷在面对北方元朝时彻底失去了站起来的勇气。

当时，元军于丁家洲之战后便如汹涌的潮水般乘胜追击南宋军队，一举攻占了建康，紧接着，镇江（今江苏省镇江市）、常州（今江苏省南部）等地也纷纷沦陷。

南宋朝廷在这危急存亡之际，犹如热锅上的蚂蚁，为了保卫都城，也顾不上分析当下的实际情况，慌忙调兵遣将，加强都城临安城外围的防御工事。

主战将领张世杰，这位无畏英勇的将领，被任命为保康军承宣使、总都督府诸军，肩负起拯救摇摇欲坠南宋江山的重任。

他毅然率军北上，心中满怀着坚定的信念，誓要在这乱世之中杀出一片天地，挽回那岌岌可危的局势，保卫南宋最后剩下的这半壁江山。

他毫不犹豫地果断将麾下兵马分成三路向北挺进。

一路大军如旋风般席卷而过，成功收复了常州，城中百姓看见城头的南宋旗帜再次升起，并飘扬在空中，无不欢呼雀跃。

另一路则势如破竹地将广德（今安徽省广德市境内）收回了。

如此一来使得南宋将士们士气大振。

随后他们继续乘胜追击，恨不得一口气将北方的汴京等地也收回来。

可命运总爱捉弄人，老天似乎已经对南宋彻底失望，也不愿再给它任何喘息的机会。

之后的战役南宋军队连连失利，而这样的形势犹如一把重锤，重重地击打着众人的心。

但张世杰并未气馁，他重整旗鼓，及时调整作战策略，率领士兵乘坐战船如钢铁洪流般冲向金山（今江苏省镇江市润州区）。

在那波涛汹涌的江畔，他与殿前都指挥使张彦约定，让张彦自常州率兵火速赶往京口（今江苏省镇江市京口区丹徒镇），要像一支利箭一般射进敌人的心脏；同时也与扬州的抗元名将两淮制置司事李庭芝相约，让其领兵从瓜洲（今江苏省扬州市邗江区瓜洲镇）出击，直插敌军腹地。

这三路大军约定好要在此地与犯境的元军进行一场生死决战，一决高下。

可以说，当时张世杰的部署十分周全，几乎是毫无破绽，但不知为什么，他的心中还是有一种隐隐的挥之不去的不安感觉。

某一个夜深人静的晚上，张世杰提着灯笼独自一人站在船头甲板上，目光如炬地凝视着江面远方那片黑暗处发呆，江风吹得他的战袍"猎猎"作响。

他在内心中暗自发誓，一定要让元军见识到他麾下南宋军队的实力，让蒙古人为自己的侵略行径付出惨重的代价。

与此同时，各路军队也都在紧张地筹备着，士兵们个个磨刀霍霍，眼中燃烧着战斗的火焰。

他们知道，这一战不仅仅关乎着整个赵家江山的命运，同时也关乎着万千百姓的生死，所以他们一定要全力以赴。

他们每一个人都在胸中憋着一口气，准备在疆场上奋勇杀敌，为了荣誉，为了家园，更为了那不屈的信念……

说话间时日已至，然而张彦与李庭芝二人却迟迟未能现身。

眼看约定出兵的时间即将到来，张世杰无奈之下，只得与平江都统刘师勇以及孙虎臣率领着舟师，陷入了孤军迎战的境地。

七月初一的这一天，张世杰集结了麾下所有水军战船，其数量号称万余艘之多。

他们以十艘船为一舫，用铁索相互连接，将碇石沉入江中，就这样横列在焦山的南北江面之上。

看到这里，你一定会觉得这一幕很熟悉，思索片刻之后，也一定会恍然大悟地拍案说道："这不是'赤壁之战'中的'火烧战船'吗？"

一点儿没错，张世杰当时用的就是三国时期赤壁之战中曹军曾经用过的那一招。

因此，想必各位看官也都知道"火烧战船"的结局是怎样的。

赤壁大战孙刘联军最后采用火攻之计大破曹军，导致曹操麾下的大量战船被烧毁，军队损失惨重，只能灰溜溜地率残部北退。

所以说，历史不仅是惊人的相似，也是在不断地重复。

而张世杰以十艘船为一舫，用铁索相互连接的这种法子也必定会失败。

除了这项决策外，张世杰当时还规定，除非有特定的号令，否则不得起碇。

张世杰之所以会这样规定，完全是抱着孤注一掷的决心，要与元军展开一场殊死之战。

而与此同时，元朝荆湖行省平章政事阿术则将战船聚集在瓜洲江岸，右丞相阿塔海、参知政事董文炳二人也把战船停泊在南岸的西津渡，等待着南宋军船的出现。

不一会儿，南宋的军船果然出现了。

阿术眼前一亮，立刻遣万户张弘范领兵一千余人乘着船向西攻打殊金沙，牢牢地控制住了上游的江路。

部署完之后，阿术又率领诸将领登上了南岸的石公山（今江苏省苏州市吴中区太湖中的岛屿，属于吴中区金庭镇南端）进行观察。

他们望见南宋军队的水师战船云集，旌旗遮天蔽日，甚是壮观。

然而，那些战船却被铁索相互连接，行动极为不便。阿术目光敏锐，立刻就想到了当年赤壁之战中诸葛亮、周瑜等人采用火攻之计大破曹军，于是决定实施火攻之策，并谋划了以两翼夹攻、水陆并进的作战方法，试图突破南宋军的防御。

张世杰站在船头，面色凝重，心中既有对局势的忧虑，又有拼死一战的决绝。

他深知此次战斗的艰难与关键，稍有不慎，便可能万劫不复。

　　而刘师勇和孙虎臣等将领也都紧紧握着手中的兵刃，目光中透露出坚定与勇气。

　　与此同时，南宋士兵们也十分紧张，他们心中虽有恐惧，但更多的是对家园的守护之情。

　　战船上顿时弥漫着紧张的气氛。

　　而元军这边，阿术等人精心策划着进攻的步骤，他们犹如一群即将扑向猎物的猛兽，充满了攻击性。

　　随着战鼓声的响起，元军开始了行动。

　　火船如离弦之箭般冲向南宋军的战船，火势迅速蔓延开来。

　　这一幕使得南宋军队始料未及，一时间众人便陷入了混乱之中。

　　然而，他们并没有轻易放弃。

　　张世杰大声呼喊着，指挥着士兵们奋力扑火，试图保持战船的队形。

　　但火势凶猛，加上元军的两翼夹攻和水陆并进，南宋军渐渐难以支撑。

　　在激烈的战斗中，南宋将士们的鲜血染红了江水，喊杀声震耳欲聋。

　　南宋军的战船一艘接一艘地被元军摧毁，士兵们或落水，或死，或伤，或逃。

　　刘师勇挥舞着大刀，纵身一跃，跳到元军的一艘战船上奋勇地砍杀，但终究是寡不敌众。

　　孙虎臣也竭尽全力地指挥着手下将士们与元军战斗，但这时候局势已难以逆转，南宋军队一方败局已定。

　　眼前的这一幕幕血淋淋的惨状使得统帅张世杰的心中充满了无尽的悲愤与无奈。

　　他知道，这一战他们已经失败了，但他的勇气和决心依然未减。

　　在最后一刻，他依然带领着残部顽强抵抗，直至战斗的最后一刻。

　　但此刻，南宋军队已溃不成军，还活着的士兵自然也都是军中胆子最小的那一批人，因此到了这会儿纷纷成了热锅上的蚂蚁，选择逃跑求生。

元军这时则乘胜追至焦山，获黄鹄、白鹞（指的是当时宋军中特定的战船型号或编队名称）等船 700 余艘，最终大获全胜。

这场战役的胜负，不仅取决于宋元双方的军事力量和战略战术，还与当时的政治、经济、文化等因素密切相关。

元朝在当时已经成为一个强大的王朝，其政治制度、经济实力和文化影响力都远远超过了南宋。

此外，元朝在军事上也采取了一系列有效的措施，如加强军队训练、提高武器装备水平等。

相比之下，南宋则面临着一系列内部问题，如政治腐败、经济衰退、社会动荡等。

这些问题严重影响了南宋朝廷的军事力量和战斗力，使得南宋在与元朝的战争中始终处于劣势状态。

面对如此毫无希望的局势，大臣陈宜中直接于该年七月，不辞而别地离开临安城，逃到了远离前线的南部沿海地区，并且厚颜无耻地要求朝廷在这一地区给他安排职务。

之后，谢太后多次召见他，他都不来。

谢太后在百般无奈之下只好给陈宜中家中的老母亲写信，希望她能劝劝陈宜中回到朝廷中。

说话间一晃，时间便来到了十月。

在这期间，谢太后已经给陈宜中的母亲写了数十封信，而陈宜中的母亲也一直在劝陈宜中回朝廷，陈宜中这才不情不愿地回到朝堂。

太学生对陈宜中的逃跑行为进行了强烈的抨击，指责他畏首畏尾、胆小怕事，是一个言过其实的两面派，是和贾似道一样的误国之臣。

而事实也的确如此。

陈宜中在国家危难之际担任要职，但他的行事风格却摇摆不定，在和与战之间犹豫不决，无法作出果断的决策。他口头上常常喊出各种豪言壮语，听起来慷慨激昂，但实际上却懦弱怕事，缺乏与元军决一死战的勇气和才能。

而南宋末年的局势却已经被这些混日子的官员弄得像一个身体孱弱多病的老人，情况越发危急，眼看离亡国不远了。

谢太后非常着急，于是又写信去召集夏贵等将领，下令让其出兵去前线抵抗元军。

在信中她言辞恳切地说道："吾与陛下之安危，汝等可不顾，然岂可不报先帝之恩德乎？"

可即便如此，夏贵等将领们却基本上都变成了聋哑人，很少有回应谢太后的，基本是按兵不动，观望着当前的局势。

可他们越是这样，待在宫廷之中的谢太后就越是心急如焚。

她满面愁容地在宫内来回踱着步，不知该如何是好："这些忘恩负义的小人，平日里将仁义道德挂在嘴边，说的比唱的还好听，可到了这关键时刻，一个个反而都成了缩头乌龟。"

同一时刻，宰相王爚气若游丝地躺在床上，不停地唉声叹气。

现在，他对南宋朝廷的未来充满了绝望："难道，这一切真的是天意？"

眼看着南宋的局势是一阵不如一阵，一天不如一天，谢太后的心里也是焦急万分。

然而，被谢太后十多封亲笔信请回来的陈宜中却没有任何有效的作为，每日依旧和留梦炎在朝堂上吵得喋喋不休，完全不顾及朝堂之外那越来越严重的危机。

谢太后每天都盼望着能出现一个有能力并且有责任的将领，能够带兵去对抗北方的元军，可每次等来的都是失望。

宫廷里的气氛越来越压抑，似乎离末日降临已经越来越近了。

朝野内外，每个人都充满了不安和恐惧，不知道未来究竟会走向何方。

日子就这般浑浑噩噩地一天天过去，南宋的局势每况愈下，不堪入目。

谢太后在这样的日子里越来越憔悴，仿佛在短短的几天之内就苍老了十多岁。

她经常站在皇宫内的窗前，双眼发呆地凝视着远方天边，似乎是在期盼着能看到一丝希望的曙光。

皇宫之外的世界，战火依旧在继续，百姓们生活在水深火热之中。

原先热闹非凡的城镇也变得萧条而冷落，街道上每个角落都弥漫着绝望的气息。

随着时间的推移，南宋的命运如同风中残烛，摇摇欲坠，但是谢太后依然不肯放弃最后一丝希望，苦苦支撑着这个即将崩塌的王朝。

可是，因为长期的战争，不仅导致整个南宋陷入混乱的局面中，花在军费上的开支也如同无底洞般让谢太后忧心忡忡。

为了应对这艰难的局面，谢太后苦思冥想之后毅然决然地采取行动，对慈元殿提举及以下的官员进行裁减，试图从庞大的官僚体系中节省开支，那些每月如流水般被索要的钱财也被大幅削减。

之前，贾似道因为在战场上遭遇了溃败，激起了南宋朝野上下以及民众的愤怒之情。

陈宜中见状，立刻上书请求给贾似道定罪。

然而，谢太后却有着不同的考量，她言道："贾似道为三朝兢兢业业、辛勤付出，不能只因这一时的失败就全然不顾对待大臣应有的礼数。"

于是，谢太后先剥夺了贾似道的官职，而后才依法对其进行贬谪，最终使其走向死亡的结局。

当京城的官员们听闻元军即将兵临城下时，他们中的许多人展现出了人性的弱点，纷纷选择躲避隐藏或直接逃离。

面对这种局面，太后展现出了坚定的决心和威严，她下令在朝堂显眼之处张贴榜文。

该榜文言辞犀利地指出："我们的这个朝廷到如今已然历经了三百多年的风雨，在这漫长的岁月中，每一代帝王对待士大夫们向来是不薄的。而如今，我和继位的君主遭遇了家中如此众多的灾难，但你们这些身为大臣的人，竟然没有一个能提出有效的策略来拯救这艰难的时局。在朝内，有人竟敢背叛自己的官职、离开应有的位次；在朝外，有人竟敢丢弃官印、放弃守护的城池，只知逃避灾难、苟且偷生。这样的行径，还能算得上是人吗？又有何颜面去地下见先帝呢？要知道，天命尚未改变，国法依旧存在。所以，凡是在职守着的官员，尚书省要立刻给予他们升职一次，以作鼓励；而那些有负国家、选择逃跑的人，御史必须严密监察并及时上报。"

这一番话，在当时犹如警钟长鸣，在朝堂之上久久回荡。

第十章　流亡朝廷的悲壮

一、忽必烈改制

恩格斯曾经在《反杜林论》中留下了一段发人深省的话："比较野蛮的征服者，在绝大多数情况下，都不得不适应征服后存在的比较高的'经济情况'；他们为被征服者所同化，而且大部分甚至不得不采用被征服者的语言。"

这段话犹如一把钥匙，精妙地打开了对不同社会制度与生产方式的洞察之门。

当我们将目光投向忽必烈统治时期的元朝，便会看到一幅波澜壮阔且又复杂交织的历史画卷。

忽必烈逐步巩固对北方的统治后，首当其冲要做的当然就是改革。

然而，在历经长期南北征战之后，虽已基本实现大一统，但此时的元朝却呈现一片满目疮痍之景。

战争对经济的破坏极其严重，人口伤亡惨重，数量与质量都大幅下降。

要知道，当时蒙古族的游牧本性使其只知掠夺而不事生产，生产力水平极为低下。

而随着蒙古在军事上的不断扩张，他们将游牧地区的旧俗也原封不动地带到中原地区，这对中原地区的农耕经济造成了难以估量的冲击。

在征战过程中，蒙古军队每到一处便施行残酷屠杀政策，致使尸骨遍野、荒凉至极，不仅被征服地区的经济遭受巨大损失，当地的文化与人才也遭遇严重流失，给中原地区带来了无尽的灾难。

想要改变统辖下的这片辽阔而又百废待兴的疆域，是一项浩大而艰巨的工程。

然而，蒙古现有的统治机构落后且效率低下，若沿用旧法进行建设，无疑是新瓶装旧酒，难以推动发展。

而且，蒙古族原有的游牧生产方式与中原地区的经济发展格格不入。

好在忽必烈与蒙古前几任君主都不同，他极具远见卓识，敏锐地意识到中原文明的先进性，深知要想让元朝奔腾向前，改革是势在必行的。

加之，当时他身边又有像刘秉忠这样极具才能的汉臣谋士，在为其出谋划策。

于是，在这些汉族官僚谋士的鼓动和影响下，忽必烈决心汲取中原地区的先进社会制度和生产方式，来一场大刀阔斧的改革。于是一场改革在政治、经济等诸多方面拉开帷幕。

政治方面，面对原有政治统治机构的落后与辽阔疆域之间的巨大反差，忽必烈依照中原王朝体制构建新的政治架构。在中央设立中书省、枢密院、御史台三大系统，设置宣政院。中书省行使宰相职权，下辖吏、户、礼、兵、刑、工六部，是最高的行政机关；枢密院总领全国军事；御史台负责纠察百官；宣政院管理全国宗教事务和西藏地区。在地方设行中书省，总隶于中书省，加强对地方的统治；山东、山西、河北及内蒙古部分地区由中书省直辖，称为"腹里"。在澎湖设巡检司，管辖澎湖、琉球（今台湾省及琉球群岛）地区，隶属于福建泉州路同安县（今福建省厦门市）。设立通政院主管驿站事务，建立驿站制度负责传递公文和管理交通；同时实行"兵农分治"制度，避免地方长官集军、民之权于一身；"罢世侯，置牧守"，废除军阀兵权世袭制。

他深知，要统治中国，不能仅依靠蒙古本族力量，必须大力任用深明治国之道的汉人官僚和官员，但又不能完全依赖汉人幕僚施政。

当然，一说到这里，各位看官就会不自觉地想到，当年的蒙古统治者吸收了金朝民族分治政策，创设了"四等人制"，将各族人民划分为蒙古、色目、汉人和南人四个等级。

但是，近些年来，也有些相关历史专家提出质疑，认为所谓的"四等人制"实际在正史中并没有明确的文字记录，因此认为属于后来者伪造或者是野史记载。

对此，笔者不做任何"去伪存真"的主观性论述与评价，只能说仁者见仁，智者见智。

但毋庸置疑的是，在元朝初期的统治制度确实对当时的各个民族融合起到了一定促进作用，但同时也为日后民族矛盾的爆发埋下隐患。

忽必烈推行的这一系列政治改革，极大地加强了中央集权，巩固了封建国家的统治，加强了对边远地区的开发管理，实现了更大范围的大一统局面，在一定程度上促进了民族间的交流与多民族国家的发展。

经济方面，他一改蒙古原有的游牧方式，确立"农桑立国"的国策方针。

在此之前，由于半个世纪的不断战乱，北方耕地遭受严重破坏，处于凋敝状态。

忽必烈制定一系列政策促进土地恢复，严禁蒙古贵族强占民田或废耕田为牧场，将黄河南北的荒田分给当地百姓耕种，组织军民在边疆屯田。

他还建立了指导农业生产的行政机构，包括劝农司、大司农司等，专管全国农桑水利，任命八位劝农官员开展支持农业经济的计划，挑选精通农业的人员帮助农民耕作，极大地促进了农业生产和土地的有效利用。

他还完善农业法规，规定劝课农桑赏罚之法，将管理农事、农桑兴废作为考核、察举赏罚地方官吏的重要指标，重视技术指导，命司农司编纂《农桑概要》推广先进科学技术。

除此之外，值得一提的是，忽必烈在商业方面也成就斐然。

与许多皇帝不同，忽必烈对商人、商业行为毫无偏见，这种态度极大地促进了贸易活动的发展。

在他执政期间，元朝的商业活动极为繁荣，对外贸易也十分兴旺，不仅促进了国内经济的发展，积累了财富，还加强了对外交流。

忽必烈的经济措施使当时的北方经济在改革初期逐渐全面恢复，使得疆域管辖下原本落后的生产力得到较大提高。

对于如此庞大的政权而言，要确保行政的顺利进行和物资供应的流畅，交通必须要强大。

秦朝时期，政府修建过一条"高速公路"，名为"秦直道"。秦直道南起甘泉（今陕西省咸阳市淳化县凉武帝村），北通九原郡（今内蒙古自治区包头市南郊麻池古城），横贯陕西、甘肃、内蒙古三省区，全长700多公里。这条道路大体南北相直，因此被称为"直道"。

它是秦国统一六国后，为了巩固北陲边防、防御北方草原的匈奴侵扰而命令大将蒙恬率师督军修筑的一条军事要道，同时也为促进商贾贸易和文化交流发挥了重要作用。

秦直道是中国古代交通史上的一项伟大工程，同时也是有史以来，世界上最早的高速公路之一。

在秦直道的修建过程中，当时的古人展现出了卓越的工程技术和智慧。

他们采用了特殊的施工方法，如使用"熟土"铺路，即将黄土炒过或磨碎后用火烤焦，以去除土壤中的养分，使其更加坚固耐用。秦直道的宽度也非常可观，最宽处达 60 米左右，最窄处也有 20 米左右，可以同时并行七乘马车，相当于现在的两个 8 车道。

久居中原的忽必烈自然知道历史上曾经的这条秦直道，同时也深知交通对其统治的重要性。

当时，他也想像秦朝时期那样修一条属于元朝的"高速公路"，而且一定要比秦朝的那条更好，也更实用。

于是，在和大臣们朝会商议之后，忽必烈下令修复旧有道路，在道路两旁可栽种的区域都种上树用来夏天遮阳，并每隔一定距离修建驿站。

这些驿站除了接待旅行的官员和外宾外，还可用作商旅客栈。

二十多万匹马分发给各驿站用于邮政。

为保证大都的粮食供应，他还修复和开通了大运河，使大米能经运河从中国中部运往都城。

在他执政期间，中国已具备较为完备的邮政系统，他的贡献不言而喻。

此外，为应对饥荒，他恢复了国家控粮的政策，建设了粮仓，在丰年收购余粮贮藏于国仓，以在荒年粮食短缺时发挥作用。

他的都城最后共建有五十八个这样的粮仓，可储存大量粮食。他还要求建立"慈善粮仓"（义仓），在灾荒年粮食歉收、谷价上涨时开仓免费分发谷物，救济饥民，为鳏寡孤独者提供粮食。

忽必烈的一系列政策成功治愈了统辖地区长达几十年的战争创伤，这充分展现了他的卓越才能。

在灭亡了南宋政权之后，他保留了宋朝的机构和全部行政官员，并努力争取当时任职官员们的个人效忠。

当然，这些都是后话，这里咱们暂且放下不表。

在多年的不断尝试中，忽必烈在中原的农耕、定居文明与蒙古原有文化特色文明之间找到了一个微妙的平衡支点，维持了两种不同文明间的和谐共处。

通过忽必烈的不懈努力，元朝最终成为一个不仅疆域辽阔，还能兼容各种民族力量，经济、文化都得到较大发展与交流的大国，为后世的发展奠定了坚实的基础。

这段历史如同一座璀璨的丰碑，见证着忽必烈的雄才大略与元朝的辉煌历程。

以上这些都是南宋咸淳七年、元朝至元八年（1271）忽必烈正式下诏改国号为"大元"，元朝建立之后，对内采取的措施，而在对外政策上，他则继续将兵锋直指那个在长江以南偏安一隅的南宋。

南宋一直是包括他在内的几代蒙古君主的一块心病，只有消灭掉了南宋，他的大元王朝才算是真正的圆满统一了。

二、无德懦夫

襄樊之战犹如一道惊雷，彻底击垮了南宋的脊梁。

而元军在此战中大胜宋军后，气势汹汹地直逼南宋首都临安（今浙江省杭州市）。

谢太后心急如焚，她派遣大臣陆秀夫等人前往元军营地。

陆秀夫，字君实，亦字实翁，别号东江，楚州盐城（今江苏省盐城市建湖县）人，南宋末年政治家，抗元名臣。

他出身名门，五岁入学馆读书，得到很多名师指点，县试、州试、乡试皆高居榜首。

陆秀夫于南宋景定元年（1260）中进士，官至左丞相。他致力于匡扶宋室，抗击蒙古，与文天祥、张世杰并称"宋末三杰"，先后拥立宋端宗赵昰和宋末帝赵昺，最后崖山兵败，背赵昺跳海而亡。

后人搜集陆秀夫的著作，整理成《陆忠烈集》，其忠烈壮举，为后人铭记缅怀。

清朝康熙皇帝为陆公祠写下匾额：忠节不磨。

董必武也赞叹陆秀夫：义士争传陆秀夫。

当然，这些都是后话，这里笔者就不再赘述了。

但可以从这方面看出，陆秀夫是当时南宋在危难之际时整个宋朝廷中为数不多的能够倚重的大臣。

因此，谢太后才会让他去和元军谈判请求和谈。

但是元军却毫不留情地拒绝了他们的请求。

此时，元朝军队的铁蹄已经无情地进入了常州的土地。

面对元军的强势，陈宜中率领公卿大臣们一同上奏谢太后请求迁都，希望能够避开元朝军队的锋芒。

然而，谢太后却坚决不同意，她心里自然清楚迁都的风险和困难。

陈宜中见太后不允，便痛哭流涕地再三请求："如今朝廷的实力根本无法抵御凶猛的蒙古铁骑，而且按照目前对方的进军速度来看，过不了多久就会兵临城下，打到临安城来，倘若太后您依旧固执己见，不肯迁都，到时候您与天子就只能做蒙古人的刀下鬼魂，那么咱们这自太祖以来三百余年的江山可就真要亡国了。"

谢太后一听陈宜中说得也十分在理，虽心中还是不情愿，但无奈之下，只好勉强答应了他的请求。

第二日，准备出发的时刻即将到来，马车已经准备好，然而陈宜中却突然失踪了。

时间如流沙般在一分一秒地流逝，眼看天色渐渐西沉，但陈宜中却始终没有出现。

谢太后愤怒不已，就差不顾母仪天下的端庄形象，当着一众宫娥、太监的面，用"三字经"去问候陈宜中的十八代祖宗了。

"我一开始就不打算迁都，是你们这些大臣们多次请求我才同意迁都的，难道是在欺骗我，逗我玩儿吗？"

说完，她便摘下头上的簪子和耳环狂怒地扔在地上，然后转身回了自己的寝宫关上房门，不让群臣进入。

大臣们在门外苦苦哀求，希望能够得到她的接见，但她却紧闭宫门，不为所动。

在她看来，陈宜中这样明目张胆地放她鸽子就是在戏弄她，让她这个母仪天下的太后脸上无光，丢尽了脸面。

最终，这次迁都的计划，被迫取消了。

而这一切的背后，其实是陈宜中对迁都计划的失算。

他原本以为谢太后的动作不会这么快，一定会等一切都安排妥当之后才会进行迁都。

但万万没有想到的是，谢太后的行动远远超出了他的预期，使他始料未及。

而且，他当时也没有充分考虑到谢太后的立场和感受，更没有想清楚后续的安排，只是一时兴起，张口就来，结果就造成了这样不愉快的局面。

这个失误导致了谢太后的误解和愤怒，也让整个局势变得更加复杂。

到了当天深夜，陈宜中心里也觉得实在过意不去，但又不敢自己进宫当面和谢太后解释，便派了一个仆人进宫去见了正坐在寝宫内生闷气的谢太后替他解释。

这仆人也是战战兢兢地来到谢太后的寝宫，并且格外顺利地见到了谢太后。

此时的谢太后正在生闷气，本来是不打算见任何人的，但一听小太监回报说是陈宜中派来的人，这才答应让其破格进入了寝宫，听听对方如何解释。

结果，这仆人一张口就编了一个估计连他自己都不一定会相信的谎话。

他告诉谢太后，陈宜中之所以白天没有来是因为头天夜里受了风寒病了，无法下床，又怕谢太后责怪，因此提心吊胆了一天，到了夜里心里实在过意不去，就派了家中的下人来替他向谢太后道歉。

这话一听就是在胡说八道，谢太后听了后，气得脸都没有血色，双手也在不停地发抖，半天没说一个字。

"什么夜里受了风寒，第二天下不了床了？为什么早不受风寒、晚不受风寒，偏偏要在这时受？这分明就是没把我这太后放在眼里！"

面前这仆人一看谢太后这副冰冷的表情，心中顿时十分害怕，担心自己小命不保，但是又不敢就这样起身就走，于是吓得就像一只虾米一样蜷缩着跪在地上，连大气也不敢喘。

但人生就是这样，你越是怕什么，越是来什么。

就在这仆人提心吊胆的时候，谢太后已经命人将他拖出宫门斩首，之后又让人将他的人头用一个雕工十分精美的木盒装起来，送到陈宜中府中，并且转告陈宜中："若再有第二次，你的人头就会放在这木盒之中。"

转眼间，时间便来到了第二年正月。

元军一路势如破竹，打得南宋军队是退无可退，眼看就要打到临安城了，谢太后为了守住赵氏的这片江山基业，不得不再次派人去向蒙古人求和。

而由于上一回被陈宜中放了鸽子，后又听陈宜中派的人进宫编的一段谎话，使得谢太后耿耿于怀。

于是，这一次她便有意命陈宜中出使元军军营，并且约定要以臣子的礼节相见。

由于上一次放了谢太后的鸽子，陈宜中一直担心会遭到谢太后的报复，没想到报应这么快就来了，因此他感到非常为难，找各种理由推辞。

谢太后急得哭出了声，说道："只要能够保存国家，称臣也没什么可计较的。"陈宜中十分害怕与元军碰面，他担心谈判不成，元军一怒之下将自己杀死。

但太后下的命令，他又不敢违抗，于是便别别扭扭、不情不愿地前往元军大营进行谈判。

陈宜中最初与元朝丞相伯颜约定在军中会面，但刚行至半路的时候他却反悔了，于是没有如约前往，而是选择了逃跑。

显然，他这一次又放了伯颜的鸽子。

但伯颜可不像谢太后那样轻易地饶过他。

当时，伯颜率领着蒙古大军向皋亭山（今浙江省杭州市上城区）发起了进攻。

一看蒙古人已经打到了临安城，谢太后便知道陈宜中那边谈判谈崩了，于是立刻派人二次去谈。

二月，元军进驻钱塘（今浙江省杭州市钱塘县境内），临安城陷入了危急之中。但此刻，满朝文武都吓破了胆，纷纷选择了逃跑，只有陆秀夫、苏刘义、张世杰、文天祥等几个忠肝义胆的人留了下来。

其中，苏刘义乃是苏东坡的后人，第八传孙苏迈之子苏箪的后裔。

理宗景定初年（1260），苏刘义跟随吕文德在鄂州作战，因战功数次得到升迁，因而被南宋朝廷开始重用。

因此，当得知他留下来，没有选择逃跑时，谢太后很是感动。

同年的二月，元军进驻钱塘，临安城陷入了危急之中。

为了保全临安，谢道清派遣左丞相吴坚等人前往元大都，将降表呈交给元世祖忽必烈。

但忽必烈的态度很坚决，根本不给南宋任何希望，他就是要一口气将其彻底"清除"。

三月，元军攻破临安，掳走了宋恭帝等南宋君臣，并将他们押往大都。

至此，南宋基本宣告灭亡。

三、兵败被俘，丹心永存

南宋朝廷求和无望，无奈之下，年仅五岁的小皇帝宋恭帝赵㬎只得投降。

而此时，宋度宗赵禥的杨淑妃在国舅杨亮节的全力护卫下，带着她的儿子，也就是宋朝的二王（益王赵昰、广王赵昺）匆忙出逃。

他们一路辗转，最终在金华（今浙江省金华市）与大臣陆秀夫、苏刘义、张世杰、文天祥等成功会合，并派人召回了陈宜中。

随后，赵昰被晋封为天下兵马都元帅，赵昺为副元帅。

然而，与此同时，元军统帅伯颜并未停止追击的脚步，对二王穷追不舍，二王只好继续奔逃至福州（今福建省福州市境内）。

而谢太后这时正患病在床，由元军监视，暂时留在临安。

不久后，刚满七岁的赵昰登极称帝，史称宋端宗，改元"景炎"，尊生母宋度宗的杨淑妃为杨太后，加封弟弟赵昺为卫王，张世杰被任命为大将，陆秀夫担任签书枢密院事，陈宜中为丞相，文天祥则为少保、信国公。

此时，维系南宋江山的重任就落到了他们的肩上。

当然，除了陈宜中这种一到关键时刻就习惯性掉链子的小人外，其余像张世杰、陆秀夫、文天祥等人自然都是诚心诚意，并且自愿担负起保卫南宋江山的责任。

当时，陈宜中在主持国政期间，由于陆秀夫长期在军队中任职，对军务了如指掌，所以每当遇到事情，陈宜中都会征求陆秀夫的意见，然后再去办理。而陆秀夫也全心全意地为陈宜中出谋划策，知无不言，言无不尽。

然而，好景不长，陈宜中与陆秀夫之间因为某些事情产生了矛盾。

之后为了打压陆秀夫，陈宜中这个小人竟然指使谏官上奏弹劾陆秀夫，并将其罢免。

张世杰得知此事后非常气愤，便找到陈宜中，对其进行了严厉的责备。

他说道："现在都什么时候了，你还搞官僚主义那一套，动不动就让台谏官弹劾别人。"

他接着说道："现在我们这几人中只有陆秀夫善于用兵，你将他替换掉了，找谁来顶替他的位置？难道是你自己吗？蒙古人打来的时候，你敢身先士卒去跟蒙古人拼命吗？"

陈宜中当然没有胆子去和蒙古人拼命，因此听了张世杰的话后，感到非常惶恐不安，于是赶紧召回了陆秀夫。

而另一头，在听说了赵昰称帝后，元朝便加快了剿灭宋朝的步伐。

宋端宗景炎二年、元朝至元十四年（1277），福州沦陷，濒于没落崩溃的南宋朝廷被元朝军队追歼，于是只能被迫继续向南流亡到了泉州（今福建省泉州市境内）。

危难之际，张世杰便向当地的泉州市舶司（是中国在宋、元及明初在各海港设立的管理海上对外贸易的官府，相当于海关）提举市舶使兼商人蒲寿庚请求借船，却遭到对方无情的拒绝。

"你们和蒙古人打仗和我没有任何关系，我只是个商人，因此不想参与其中，也不想得罪蒙古人，你们另想办法解决吧！"

这蒲寿庚号海云，宋末元初泉州（今属福建省）人，官至福建行省中书左丞，祖先为大食（阿拉伯）人，原居广州，后徙居泉州。

南宋末年，蒲寿庚任泉州提举市舶使，正式成为掌管海外贸易的官员。

然而，身为南宋官员的他，却在这危难之际说出了这样一番让人无法接受的言辞，实在让张世杰感到世态炎凉，痛心不已。

但更让他想不到的是，蒲寿庚嘴上说的不想参与其中，可却早已投靠了蒙古人。

原来，早有叛意的蒲寿庚一看南宋气数已尽，便索性投降了元朝。

张世杰得知情况后，恨不得扑上去一口将蒲寿庚的鼻子咬下来。

只可惜他有重任在身，不能再次多做停留。

于是，在情急之下只得抢夺船只带着二王以及太后等人出海，流亡广东。

当时，宋端宗赵昰等人原本打算逃到雷州（今广东省湛江市雷州市），岂料遭遇台风，帝舟倾覆，宋端宗赵昰差点溺亡，还因此患上重病。

左丞相陈宜中建议带宋端宗赵昰前往占城（今越南南部地区），一来可以躲避元朝军队的追杀，二来则可以在当地养精蓄锐，招兵买马，等到时机成熟再杀回来。

这个建议听起来十分在理，于是便得到了宋端宗赵昰以及杨太后等人的同意，之后他自己则先行前往，为宋端宗赵昰等人勘查情况。

但过了很久之后都没有陈宜中的消息，于是二王多次派人召其回来，也不见其踪影，最后才得知他竟然一个人逃到了暹罗（今泰国境内），并死在了那里。

恰逢此时，宋端宗赵昰因落水染病，不久后便崩逝，后由其七岁的弟弟卫王赵昺继位，年号祥兴。

赵昺登基后，左丞相陆秀夫和太傅（太子的老师）张世杰护着赵昺逃到了崖山（今广东省新会南50公里处），并在此建立了据点，继续顽强抵抗元军。

与此同时，在广东和江西两省坚持抗元的文天祥，由于得不到流亡朝廷的支援，只好率领残兵撤退到循州（今广东省境内），并驻扎在南岭（指湖南省、江西省与南方的两广"广西、广东"相连的群山区域）。

然而，在这个艰难的时刻，他面临着内忧外患的双重压力。

在内部，一些将领如黎贵达等人则暗中秘密策划杀文天祥，想拿着他的项上人头去投降蒙古人，但这个密谋还没有实施就已经走漏风声，被文天祥知晓了。

内部不安定的因素对文天祥的抗元事业构成了严重威胁。

为了维护队伍的团结和士气，文天祥当机立断，不多废话，将黎贵达等人擒获并处决。

随后，元朝至元十五年、南宋祥兴元年（1278）三月，文天祥率领军队进驻丽江浦（又名长沙港，今广东省汕尾市海丰县）。

六月，他们进入船澳（今广东省惠东县南沿海地区）。

在这个过程中，文天祥展现出了卓越的军事才能和领导能力。

他巧妙地运用当地的地形和战术，使元军难以捉摸。

与此同时，文天祥还积极与各地的抗元力量联系，共同抵抗元军的入侵。

然而，就在这个时候，文天祥的军队中却突然爆发了瘟疫。

当时，军队中数百名士兵因此丧生，兵力大减。

更不幸的是，文天祥唯一的儿子和他的母亲也在这时因感染疾病而相继离世，这对文天祥来说又是一个沉重的打击。

十一月，文天祥进驻潮阳县（今广东省潮汕地区，广东东南沿海，紧靠北回归线一带）。

在这里，他遇到了一伙强大的敌人——潮州盗贼陈懿、刘兴。

这两人多次叛附无常，给当地人民带来了巨大的灾难。

文天祥决定采取果断行动。

他亲自率领军队攻打陈懿，将其赶走，并抓住了刘兴，将其处死。

文天祥的这一行动，不仅为当地百姓除去了一害，也展示了他坚定的抗元决心和勇气。

十二月，文天祥在南岭一带活动时，不幸被元军的侦察兵发现。

元军汉军将领张弘范率领军队，暗中勾结陈懿的党羽，对文天祥的军队进行了围剿。

文天祥在五坡岭吃饭时，张弘范的军队突然出现，这让文天祥及麾下的士兵们措手不及，只能纷纷作鸟兽散，忙躲进了道旁的树林之中。

文天祥在混乱中匆忙出逃，但最终被元军千户汉军将领王惟义所擒获。

至此，南宋流亡朝廷陆地上的抗元主要力量全部覆灭。

而文天祥被捕后，并没有向蒙古人服软，他展现出了顽强的意志和高尚的气节，拒绝了元军的劝降，宁死不屈。

"辛苦遭逢起一经，干戈寥落四周星。山河破碎风飘絮，身世浮沉雨打萍……"

这首《过零丁洋》是文天祥被捕后，在过零丁洋（今广东省珠江口外）时所作的诗作。

虽然最后文天祥在元军的监狱中度过了几年直至不屈就义，但他的这首诗中所饱含的那种沉痛悲凉，既叹国运又叹自身，又将家国之恨、艰危困厄渲染到极致的精神激励着无数后人。

四、崖山海战

元朝至元十六年、南宋祥兴二年（1279）正月，张弘范率领元军开始攻破崖门（今广东省江门市新会区南部），浩浩荡荡地陆续抵达崖山，对南宋流亡残余政权形成了三面包围的态势。

面对如此巨大的压力，张世杰日夜苦思破敌之策，但始终没有想出好的办法。

这时候，他身边有幕僚向他建议应先占领海湾出口，以保障向西撤退的路线。

这主意乍听起来是不错，但张世杰的队伍士气本就不是很高，为防止士兵逃亡，他果断否决了这一建议，并下令将陆地上的宫殿、房屋、据点尽皆焚毁，来一个"破釜沉舟"，彻底断了自己及部下们的后路。

除此之外，他还下令将千余艘南宋军船只以"连环船"的方式用大绳索一字形连贯在海湾内，并且将赵昺的"龙舟"放置在军队中间。

元军先是以小船载着茅草和膏脂等易燃物品，乘风纵火冲向宋船。

然而南宋军队的战船皆涂有泥层，并在每艘船上横放一根长木，成功抵御了元军的火攻。

元朝水师一看火攻未能奏效，便立刻利用自己一方水师的优势封锁了海湾，又以陆军断绝了南宋军队打水和砍柴的必经之路。

如此一来，南宋军队只能靠着自身携带的军粮度日。

但这些军粮也仅仅够维持十余日左右，而且因为没有清水饮用，所以南宋的士兵们当时只能喝海水。

要知道，长期饮用海水会对人体健康产生严重的影响，因为海水中含有大量的盐分，饮用海水会导致人体摄入过多的盐分，从而使身体失去更多的水分导致脱水。并且，长期饮用海水会导致肾脏损伤与疾病，引起消化不良、腹泻等问题。

而且高浓度的盐分可能会对神经系统产生影响，导致头痛、头晕、疲劳等症状。

而当时的南宋士兵们就因为喝不到清水，只能喝海水，最后导致大家呕吐、腹泻不止，有的甚至昏迷不醒。

张世杰见状也是非常着急。

人只要一着急就容易考虑不周，考虑不周就容易出大错。

而张世杰也是如此。

由于张世杰心急，便在没有计划周全的情况下，贸然率领麾下的苏刘义和方兴日两位将领与元军展开激战。

却不料在元军那边，张弘范早已趁乱擒获了张世杰的外甥韩某，并用其向张世杰三次招降。

好在张世杰意志坚定，最终张弘范招降策略无果。

元朝至元十六年、南宋祥兴二年（1279）二月初六日癸未。

这一日，张弘范准备发动强攻，元军中有将领提议先用火炮，而张弘范认为火炮会打乱南宋军队战船的一字阵形，使其容易撤退，于是没有同意。

次日，张弘范将其军队分成四支，刚好来应对南宋军队战船的东、南、北三面，每一面皆驻有一支军队。张弘范自己则率领一支军队与南宋军队的一只战船相距一里有余，并以奏乐作为整个部队总攻的讯号。

首先，元军北军乘潮进攻宋军北边，结果失败，元军将领李恒等假意顺潮而退。

这时，元军佯装奏乐，南宋军队听到后误以为元军正在宴会，便稍微放松了警惕。

到了正午时分，张弘范的水师从正面突然发起进攻，接着用布遮蔽预先建成并埋下伏兵的船楼，以鸣金为进攻讯号，各伏兵手持盾牌俯身隐藏，在箭雨之下驶近宋船。

当两边船舰接近时，元军鸣金撤布展开交战，一时间连续攻破七艘南宋战船。

南宋军队遭遇大败，元军一路攻打到南宋军队方阵中央。此时的张世杰早已看清大势已去，于是抽调精兵，并已预先和苏刘义带领余部十余艘船舰斩断大索拼死突围。

赵昺的船处于军队中间，四十三岁的陆秀夫见已无法突围成功，便毅然决然地背起了当时年仅八岁的宋末帝赵昺投海自尽，随行的十多万军民见状悲伤不已，也纷纷相继跳海殉国。

顿时海面上漂浮着十余万具尸体，惨状至极。

元朝至元十六年、南宋祥兴二年（1279）三月十九日，崖山海战落下帷幕，南宋王朝就此正式宣告灭亡。

与此同时，张世杰率领水军余部成功突围后，来到了海陵山脚下。

然而，不久之后，陆秀夫背着宋末帝赵昺跳海共同殉国的消息传了过来，这个噩耗让张世杰悲痛欲绝。

此时，飓风再次袭来，部下纷纷劝他上岸暂避。

但张世杰却俯视着在风浪中飘摇的宋军残船，坚定地拒绝了暂避的建议。

"已经无济于事了，咱们大家还是一起共甘苦吧！"

他本希望奉杨太后之命再寻找南宋赵氏后人为主，以图日后东山再起，但杨太后在听闻宋末帝赵昺的死讯后顿时放声大哭起来。

母子连心，这一幕让旁人看了也受不了。

最后，悲痛的杨太后也赴海自杀，张世杰只好将其尸体打捞上来，并葬于海边。

此刻，张世杰绝望地仰天叹息一声，说道："我为赵氏江山尽心尽力，一君身亡，又立一君，如今又身亡。唉！……我在崖山没有殉国，是希望在元军退去后，能再立新君。然而，国事发展到如此地步，或许这就是天意吧！"

不久后，对复国感到无望的张世杰在大风雨中毅然决然地堕身入海……

崖山海战之后的一天，海上漂浮着的数万具尸体已经将整个海面覆盖。

陆秀夫的尸体被当地百姓找到并安葬起来，而小皇帝赵昺的尸体则被元军寻得。

只见这眉清目秀的小儿身穿龙袍，头戴皇冠，身上还挂着一块玉玺。

元兵先将玉玺从小儿的身上取下，将尸体留在了原地，回大营交给将领张弘范让其来确定身份。

"有玉玺在身，必然就是宋国的小皇帝了。"

张弘范确认这小儿应该是宋末帝赵昺，于是再次派人将赵昺的尸首抬回来。

然而，这时赵昺的尸体却已下落不明。

据传言，是被当地百姓偷偷埋葬在了广东深圳赤湾村里，至今仍存。

崖山海战后，宋室覆灭。

元将张弘范命人在崖山岩壁上刻下了"镇国大将军张弘范灭宋于此"十二个大字。

等到了明朝成化二十二年（1486）的时候，御史徐瑁对这十二个字深恶痛绝，命人除去，欲改书"宋丞相陆秀夫死于此"九字。

而明代著名的哲学家、教育家、书法家、诗人，明代心学的奠基者，被誉为"圣代真儒""圣道南宗"的陈白沙先生认为南宋亡时死者达十数万，不独陆秀夫，宜书"宋丞相陆秀夫负帝沉此石下"，但因争辩不下，终未刻成。

还有传说称，当时陈白沙先生到崖山凭吊时，在碑首加上一个"宋"字，成为"宋镇国大将军张弘范灭宋于此"。（但此传说不实，因为陈白沙知晓张弘范虽属元朝汉将，但从未做过宋将。）

等到了新中国成立初，原来凿字的奇石被航道部门炸毁。

1964 年秋，田汉同志书写"宋少帝与丞相陆秀夫殉国于此"十三个行草大字，刻在近岸的奇石上。

　　最终，这块具有重大纪念意义的碑石得以重新竖立。

　　这段波澜壮阔的历史，不仅见证了南宋的覆灭，也展现了无数仁人志士的不屈与悲壮。

第十一章　最终落幕时

一、城塞最后的坚持与抵抗

元朝的大统一具有极为深远且重大的意义。

它一举终结了自唐朝末年以来（涵盖五代十国、宋、辽、金、夏）国内南北几百年的分裂割据，以及多个政权并立的政治局面，从而奠定了元、明、清三朝长达六百多年国家长期统一稳固政治的格局。

不仅如此，这大一统进程还极大地促进了国内各族人民在经济以及文化层面的多方交流，推动了边疆地区的深度开发，更进一步强化了中国统一的多民族国家的巩固与持续发展。

然而，在国防问题上，古代王朝向来存在着重塞防而轻海防的现象，这种情况直至南宋时期才稍有改变。

由于当时"襟江带海"这一独特的立国形势，再加上北方蒙古政权在水上军事力量方面的迅速增强，南宋朝廷对此相应采取了一系列的举措，如极力壮大水军、大规模兴造战船、积极开发武器、完善布防体系以及实现统一指挥等。

经过数十年的精心经营，南宋朝廷成功构建起了一支强大的水上军事武装以及一套相对完善且有效的江海防御体系。

在崖山之战前，中国的水军力量逐步壮大，拥有强大的舰队和先进的武器，人们的目光也开始由陆地逐渐转移向大海。

但可惜的是，崖山海战之后，这种趋势却悄然发生了逆转。

中国人再次将注意力回归到陆地上，从而致使中国水师力量再度被削弱。

而且，当时蒙古人规定南宋的降军部队只允许驻扎在长江以南，其士兵平时不允许骑马和射箭，训练及守防时所用武器也全部是木质的，唯有战时才会临时发放铁质武器，而一旦战争结束又会再次换成木质兵器。

这种做法，显然是对这些已经投降元朝的南宋军队的提防。

如今在广东省四邑一带的多个村庄，聚居着当年随南宋朝廷南下的太宗派与魏王派皇室幸存的后裔，比如台山斗山镇浮石赵氏、新会古井镇霞路赵氏、新会三江赵氏以及珠海斗门昆山赵氏等。

关于当年的崖山海战至今仍然存在诸多争议点。

就战斗地点而言，崖山位于现今新会区崖门镇，银洲湖水从这里出海，同时也是潮汐涨退的出入口。

此地东有崖山，西有汤瓶山，两山之脉向南延伸入海，犹如门户束住水口，故而又名崖门。仅从地势来看，两山夹一海，地势险要，易守难攻。南宋流亡政权在此设立根据地以抵御敌军，从纯军事角度似乎是明智之举的选择，但如果综合当时的实际情况来看，恐怕也并非如此。

当时流亡的南宋朝廷人数，较为可靠的说法是"犹计二十万"。

就此，有研究者指出，在宋代的募兵制下，军队移屯往往会携带家眷，在国之将亡的极端情况下，这种情况想必会更加普遍。

所以在这二十万人中，纯军队人数应当只有几万人。

而这二十万庞大人群的后勤工作本身就是一个重大问题。

在福建和广南东路各地相继被元军占领的形势下，后勤供应只得仰仗海南岛。

几百年前，海上交通不如陆上和内河安全，存在供应中断的风险比例较高，一旦如此，这二十万人将不战自毙。

如今，崖山港历经沧海桑田的变迁，因泥沙淤积已变成陆地，我们已无法目睹当年的海港风貌。

但可以想象，在当时的技术条件下，南宋军船只能屯驻和停泊在崖山西北的港内，不可能将船队停泊在崖山东南面向大海之处。

而西北的港内虽有南、北两个出入口，但"其北水浅，舟胶，非潮来不可进"，在退潮时实际上只能有一个出入口，这很明显对军事上的进退和机动方面造成了极大影响。

因此，选择崖山作为据点和基地，着实令人有些迷惑不解，难以置信。

倘若追踪一下南宋流亡政权在广东沿海的移动路线，会发现另一个令人费解的现象。

当时南宋流亡朝廷曾一度在更南方的湛江海面硇洲岛上驻扎，如今岛上仍留存有宋廷修建的行宫、书院等遗址。

由此可以推测，如果不是有长期驻扎的打算，南宋流亡朝廷绝不会在师老兵疲的状态下，还大兴土木。

但南宋军队在此驻扎不久后就掉头北返，前往崖山。

从行军路线上看，这是迎向元军追兵的"逆行"之举，而且从季风的角度来看，也是逆流、逆风，纯属送死的行为。

现今崖山战役的精确范围已难以确切考证，但大致推算，应该是位于今广东省江门市新会区南约五公里处，在南海与银洲湖相接的地方，也就是指以古井镇官冲村一个无名小丘为中心，北起银洲湖，南至崖门口，方圆数十里的水陆区域。

当地的国母坟极有可能是当年杨太后的陵墓。

在国母坟西南的碗山相传是南宋士兵当年在此做饭的地方。

而离崖山祠约四公里处，屹立于崖门对开海面的崖门奇石附近，则相传是张世杰用来作缆葰以大索将千多艘宋军船只一字形连贯起来的地方，也是陆秀夫背赵昺跳海和张弘范灭宋后在石上大书"镇国大将军张弘范灭宋于此"的十二字之处。

有学者指出，当时元军方面，张弘范军先到东北出口，却发现"其北浅，舟胶，非潮来不可进"，这表明仓促之中，元军的战前侦察也并不充分。

但他们占据了西南出口，这样一来，一是切断了宋军的退路，二是切断了海上的补给，瞬间对宋军造成了致命威胁。

而狭窄的海湾又不利于船舰数量较多的南宋军施展。

为了生存，实际上也只能先与张弘范军决战。

后人根据水文情况推算，认为完全可以利用潮涨之机，让一部分战船从东北出口驶出，再绕到西南，对元军实施腹背夹攻。

但张世杰顾虑军队屡战屡败，士气不振，未能先发制人，这被认为是一个关键的败笔。

此时，南宋军"舟中粮犹可支半年"，但张弘范截断宋军水道，致使宋军"食乾饮咸者十余日，皆疲乏不能战"。

八天后，李恒舰队占据了崖山港的东北出口，完成了对宋军的南北合围。

在武器使用方面，根据史料记载，此次海战的兵器主要是"弓弩、火、石"，元军一方一度利用俘获的乌蛋船"载草灌油，乘风纵火"，但并不成功。

于是，最终决定战斗走向的就变成了单纯的刀剑砍杀和弓弩互射。

然而，南宋军队以哀兵决死之态迎战，虽然在人数和舰船数量上占据优势，但面对元军的追击部队，依然战败。

在战舰数量上，南宋军队"大舶千余"，虽然不可能全是战船，但元军只有四百二十艘参战，大舰数量更是不如南宋军队。

崖山之战后，陆秀夫背着八岁的小皇帝赵昺投海自尽，以死殉国。他的事迹被后人传颂，成为中国历史上的一段佳话。

而在彻底消灭南宋之后，忽必烈心中依旧有一处心病，那就是合川钓鱼山上那座屹立不倒的钓鱼城。

只要钓鱼城一天还存在这世上，他就会寝食难安。

为了拿下这座如钉子般坚硬难拔的小小山城，忽必烈可谓是煞费苦心。

其实，在进军襄樊的时候，他就派兵顺势南下对四川地区的几座山城又发动了牵制性的进攻。

除了沿江那几个山城和川东部分州县外，元军竟然一口气就占领了四川三分之二的地盘，对钓鱼城形成了步步紧逼、咄咄逼人的攻击态势。

就在南宋咸淳十年、元朝至元十一年（1274），元军攻陷襄樊之后的第三年，也就是南宋德祐二年及景炎元年、元朝至元十三年（1276）的正月，元军在南宋都城临安城下会师。

此时的钓鱼城守将已经从先前的王坚换成了张珏。

张珏为了牵制元军南下，还是不断出击抵抗元军。

同年的六月，张珏派王立等人一举夺回泸州城，接着又收复了夔州和涪州。

到了十二月，张珏改任重庆制置使，钓鱼城就由他的部下王立接着守卫。

南宋景炎二年、元朝至元十四年（1277）四月，钓鱼城这座独悬在嘉陵江畔钓鱼山之上的小山城，再度成为梗在蒙古军队咽喉中的那块硬骨头。

想当年，陆秀夫背着年幼的大宋皇帝在崖山蹈海身亡之后，钓鱼城上那面"宋"字大旗依然骄傲地高高飘扬了长达三年之久，真正实现了"独钓中原"的豪迈壮举。

时间一晃便来到了南宋祥兴二年、元朝至元十六年（ 1279 ）。

这一年大旱，钓鱼城遭遇了严重的粮荒，而此时重庆也失守了，其掎角之势瞬间丧失，钓鱼城变成了一座名副其实的孤城。

然而，就是在这样艰难的情况下，钓鱼城依旧经历了鏖战二百余场，在长达三十六年的坚守后，钓鱼城最后一位守将王立最终决定投降。

但这可不是普通的投降，而是一次附带了苛刻条件的体面投降：不降旗、不收兵器、不改县志。

显然，这样的条件，基本就是打算要将钓鱼城变成"自治区"了。

但令人想不到的是，忽必烈竟然同意了王立所提出的这些苛刻条件，并且信守了承诺，将蒙哥那残忍的屠城遗嘱抛到了九霄云外。

就这样，蒙古军队以一种相对和平的方式，扫除了这最后一丝顽强的抵抗。

而一直被供奉在钓鱼城忠烈祠中的王立牌位，在后世却引发了持续不断且异常激烈的争论，而争论的焦点无非就是王立当年的投降元朝行为。

一些人认为他为了保护城中百姓的生命而选择投降，是一种人道主义的表现；而另一些人则认为他的投降违背了忠君之道，是对南宋的背叛。

但无论如何，王立的投降标志着南宋末年的结束，也为忽必烈统一中国奠定了基础。

而当时，在当得知钓鱼城陷落的消息时，远在元朝大都监狱中坐牢的文天祥悲痛欲绝，痛哭不止。

他连夜搜集杜甫的诗句来哀悼那宁死不降的张珏、王安节，感慨着

"气敌万人将，独在天一隅。向使国不亡，功业竟何如"。

百年之后，明代的冯衡在其诗作《钓鱼城》中如此赞叹道："宋祚奄奄一线长，鱼山高处壮城隍。三江送水开天堑，千嶂排云控蜀疆。余玠有谋资珀璞，蒙哥无计屈王张。英雄事业昭青史，庙食何人为表彰。"

如今七百四十多年时间悠悠而过，钓鱼山山下的江水依旧静静地日夜奔流不息，但钓鱼城已不再仅仅是一个以山景、石刻闻名的所在。

这里处处都渗透着历史上那些民众誓死守城的深刻痕迹。

钓鱼城古战场遗址至今依旧保存得十分完好，主要的景观包括城门、城墙、皇宫、武道衙门、步军营、水军码头等遗址，还有钓鱼台、护国寺、悬佛寺、千佛石窟、皇洞、天泉洞、飞檐洞等诸多名胜古迹以及元、明、清三代遗留下来的大量诗赋辞章、浮雕碑刻等珍贵文化遗产。

青山依旧在，几度夕阳红。

当如今的我们漫步于钓鱼城，踏在当年激战过的城墙上、兵营中，仿佛仍能听到那往昔金戈铁马的声音，听到"上帝之鞭"蒙哥大汗那无奈的扼腕叹息。

站在那沧桑斑驳的城门前，无不为"独钓中原"而心生慨叹。

那坚强不屈的精神并不会因为一座城池的陷落而泯灭，它将万古长青，永远被后人铭记。正如那诗句所云："钓鱼城何处？遥望一高原。壮烈英雄气，千秋尚凛然。"

二、钓鱼城得以坚守的多重因素

要说钓鱼城为什么能坚守这么久，那自然是有多重因素在其中。

从蒙古军初入四川的南宋宝庆三年、金朝正大四年、西夏宝义元年（1227）算起，直到元朝至元十六年、南宋少帝（赵昺）祥兴二年（1279）钓鱼城守将王立降元为止，南宋军队坚守整个四川长达半个世纪，其中坚守钓鱼城就有三十六年。

从军事角度看，宋军在川蜀的防御那是相当成功的，这成功背后自然是有多方面的原因。

在宪宗蒙哥汗即位，也就是南宋淳祐十一年、蒙古蒙哥元年（1251）以前，蒙古人的征服方向主要是中亚、南俄、东欧以及中国华北地区，还没开展对南宋地区的全面征服。

而蒙哥即位之后，派出了自己的弟弟旭烈兀西征波斯，又派另一个弟弟忽必烈总理漠南军国事务，从蒙哥的这两次派遣便可以看出，这两处地方是当时世界上最富庶的区域。

当然，从蒙哥的这种安排上也可以看出，他是想让忽必烈在管理中原地区的同时，震慑住长江以南的地区，以便自己日后能够快速出兵去征伐。

南宋淳祐十二年、蒙古蒙哥二年（1252），他授命忽必烈等人远征云南，就是要从侧翼包围四川。

值得注意的是，蒙哥时代及之前蒙古人征南宋，采用的是金降将的策略，就是先取四川，顺流东下，以平江南。

在这种战略下，四川始终是主要战场，长江中游与云南、两淮都是策应，所以南宋宝祐六年、蒙古蒙哥八年（1258）蒙哥亲自率军进攻川蜀。

而钓鱼城能顶住蒙哥的大举进攻，得益于孟珙、余玠建立的"藩篱三层"的山城防御体系。

第一层是最外围的小城，起到警戒、阻滞的作用；第二层是主要防御地带，其中钓鱼城就是中坚力量；第三层则是以重庆府为中心的后方地带。

这种山城防御体系，被台湾学者黄宽重称为"南宋赖以生存的王牌"。

南宋宝祐七年、蒙古蒙哥九年（1259），蒙哥死在钓鱼城下，忽必烈在夺得大汗之位后，采纳了南宋降将的建议，从而改变了进攻策略，不再以四川作为突破口，而是以长江中游作为突破口。

南宋咸淳九年、元朝至元十年（1273），困守襄阳的南宋军守将吕文焕出降，随后元军一路势如破竹，到了元朝至元十三年、南宋德祐二年及南宋景炎元年（1276）南宋就灭亡了。

可地处四川钓鱼山上的钓鱼城却是直到元朝至元十六年、南宋祥兴二年（1279）才降元，可谓是足足为南宋王朝坚守到了最后一刻。

钓鱼城之战具有世界史的意义，因为不仅仅是因为蒙哥汗死在这儿，更大的影响是笔者在前文中提到过的，它阻止并暂时停止了蒙古人向东、向西征服的脚步。

有学者指出，对于大蒙古国这样一个草原游牧政权来说，大汗的选立是其得以延续的重中之重，例证之一就是蒙古第二次、第三次西征或因窝阔台之死或因蒙哥之死而结束。

综上所述，南宋军队在战术上取得成功的原因有两个：

一、钓鱼城和川蜀地区的坚守：南宋军队在钓鱼城和川蜀地区进行了顽强的抵抗，成功地抵御了蒙古军队的进攻。

二、蒙古的征服计划和战略：蒙古当时采用的征服计划和战略存在一些问题，导致他们在南宋的进攻中遇到了困难。

因此，南宋军队战术上的成功是多种因素共同作用的结果。

三、钓鱼城之战的几个影响

钓鱼城之战绝对是古代历史上的一个奇迹。

在当时，它不仅阻挡了北方南下的蒙古人，同时拯救了当时的欧洲，使其可以延续至今。

那么，一个小小的钓鱼城为什么能坚守这么久呢？

对于这个问题，钓鱼城历史研究学者池开智先生认为，钓鱼城的城塞军事功能可以说是非常完善。

它凭借险要地势筑城，城和塞融为一体，防御阵地坚固得很，还有田地、池塘、树林可以供长久驻守，而且以城塞为点，以江河为线，形成了点线结合、网状分布的防御格局，再以重庆为大本营，以钓鱼城为屏障和支柱，既有层次配备、重点部署，又有一定的战略纵深。

如今，当我们站在钓鱼山前，看着三江合流，感觉这里曾经历史的风云变幻，就像一条咬住钩的巨鱼拼命挣扎，搅得波浪滔天。

千百年之后的今天，那曾经的翻天巨浪早已平息，就如同江水中的鱼儿般顺着水流悄悄地游走；那渐渐远去的刀光剑影，也早就消失在汩汩流淌的长河之中。

再说这钓鱼城之战的影响力，那也是不可小觑。

近些年来，重庆市钓鱼城的考古发掘工作一直在推进，特别值得一提的是对钓鱼城"一"字城遗址的发掘工作。

在这之前，史学界对于北"一"字城到底存不存在一直有争议，可新的考古发掘成果证实了北"一"字城确实是存在的，它的南、北"一"字城能把整个钓鱼山半岛封闭起来，形成一个完整的防御体系。

所以说，钓鱼城是中国古代冷兵器时代乃至世界城堡防御的典范，一点儿也不夸张。

遥想当年蒙古大军南侵的时候，南宋很多两面临水或者一面临水的城市很快就被攻陷了，唯独钓鱼城是为数不多能让蒙古军队久攻不下的城市。

它三面环水，有内外三层防御体系，半岛上修建的防御体系一直延伸到江心，可以有效防御江上的进攻。

而且，钓鱼城的外围防御体系和主城墙之间形成夹角，能形成交叉火力点，让防御更加有效。

除此之外，钓鱼城内水位也比较高，水源丰富，这也为长久性的防御提供了基本物质条件。

因此，对于钓鱼城之战的意义，得分几个部分来看。

对南宋来说，钓鱼城之战的胜利有效阻击了蒙古大军，给南宋带来了宝贵的喘息机会。

当蒙哥汗"意外"身亡于钓鱼城之后，蒙古内部便引来了一片混乱。

忽必烈和幼弟阿里不哥之间展开了长达几年的汗位之争。

而与此同时，在外征战的旭烈兀当时已经攻陷了叙利亚大马士革，正打算进军北非，在听到兄弟争夺汗位后，就立刻带着蒙古军的主力东归，只留下了一小部分部队在当地驻扎。

主力东归后，这批留在西亚的蒙古部队后来在埃及遭遇了当地军队的围歼，最终惨败，而这一战的失败对当时在他乡作战的蒙古军队的整体锐气也有很大影响。

蒙哥汗死后，蒙古人的战略部署也发生了变化，王室成员把所有的注意力都放在了汗位争夺上，这也间接牵制了当时蒙古军远征俄罗斯和欧洲的军力。

所以从一定程度上说，钓鱼城的坚守在当时对于蒙古大军而言，不仅是拖延了他们南下的步伐，让南宋灭亡的时间往后推迟了三十六年，也同时影响了蒙古人在欧洲、在北非的战局。

随着如今全球化的推进，我国现在对钓鱼城的研究也被注入了更多全球史的目光。

钓鱼城在世界历史格局中所处的地位越来越受到学界的关注。

而且从笔者自身角度去看，钓鱼城作为防御体系的典范，可以和世界上其他的军事城堡进行比较，这样能推动军事史的研究，还能取得许多新的成果。

四、钓鱼城和同一时期其他军事城堡

与钓鱼城同一时期，世界上还有着不少著名的军事城堡，它们在战争中发挥着自己独特的作用，从而抵御了外敌的侵略。

骑士堡位于今天的叙利亚境内，是一座坚固的"十字军"城堡。它最早由库尔德人掌控，后来被医院骑士团控制，医院骑士团进行了大规模的扩建和改造。该要塞有两道城墙，有复杂的开阔地与壕沟构成的防御体系，沟上只有一座桥梁。外墙上筑有雉堞，角落上和每面墙的中部均建有方形的塔楼，构成了外部防线。内墙里面有厅室、库房与小教堂。

骑士堡因其坚固的防御体系和重要的战略位置而著称，被誉为"世界上现存的最重要的一个中世纪城堡"。

德瓦尔堡位于巴基斯坦乔里斯坦沙漠的边缘，由印度贾扎尔默人建造。这座城堡由三十九个巨大的圆形堡垒围绕，是一座颇具规模的防御体系的要塞，保护了中亚到南亚的贸易路线安全。

奥西尼堡位于意大利，是由教皇尼古拉斯三世奥西尼在公元14世纪修建。它是文艺复兴时期最引人注目的军事建筑之一，具有典型的自给自足型防御堡垒的特点。它三面依山势筑起高墙，形成第一道防线，四角修有高低错落的塔楼，之间以垛墙相连，居高临下，易守难攻。在公元1400年，锡耶纳大军进攻奥西尼，但围攻长达四年之久，最终还是无功而返。

这些军事城堡跟钓鱼城一样都在军事历史上扮演了重要的角色，它们都是利用各自地形优势或者建筑特点来对敌人进行防御，并发挥了决胜作用。钓鱼城与之不同的是钓鱼城充分利用山体，城内水源四季不绝。钓鱼城采用"依山水为营"的防御理念，加上独特的地理位置和防御体系以及丰富的历史文化背景，直到现在我们再次站在钓鱼城脚下，钓鱼城虽然已饱受历史沧桑，但当看到这座伤痕累累的城池时，我们仍然为这座当年坚固的城池构造而赞叹，也为当年军民一心联合抗蒙的热血历史所感动。

宋末元兴年谱

南宋开禧二年、金朝泰和六年（1206）：韩侂胄发动北伐，失败。

南宋嘉定元年、金朝泰和八年（1208）：宋、金订立嘉定和议。

南宋端平元年、金朝天兴三年、蒙古窝阔台六年（1234）：南宋与蒙古联军攻克蔡州，金朝灭亡；南宋"端平入洛"，被蒙古军大败。

南宋宝祐二年、蒙古蒙哥四年（1254）：蒙古灭大理。

南宋宝祐六年、蒙古蒙哥八年（1258）：蒙古蒙哥汗亲征南宋。蒙哥汗分路大举攻宋，亲自领军入蜀。

元朝至元十二年、南宋德祐元年（1275）：意大利旅行家马可·波罗沿着丝绸之路到达大都。

元朝至元十三年、南宋德祐二年及南宋景炎元年（1276）：元攻占南宋都城临安（今浙江省杭州市），赵㬎投降，后人写诗讥讽道："当日陈桥驿里时，欺他寡妇与孤儿。谁知三百余年后，寡妇孤儿亦被欺。"

元朝至元十三年、南宋景炎元年（1276年6月）：赵昰在福州被拥立为帝，是为宋端宗。

元朝至元十五年、南宋景炎三年（1278）：赵昰去世，赵昺继位，是
为宋怀宗。

元朝至元十六年、南宋祥兴二年（1279）：崖山海战，宋朝覆灭，元
朝统一中国。

参考资料

专著资料：

［1］（元）脱脱，等.辽史［M］.李锡厚，刘凤翥，主持校注.北京：中国社会科学出版社，2021.

［2］（元）脱脱，等.金史［M］.傅乐焕，张政烺，点校.程妮娜，主持修订.北京：中华书局，2019.

［3］（元）脱脱，阿鲁图，等.宋史［M］.中华书局编辑部点校.北京：中华书局，1985.

［4］（元）曾先之.文白对照十八史略（第5卷）［M］.王明辉，郭鹏，注译.北京：中国画报出版社，2017.

［5］（清）毕沅.续资治通鉴［M］.北京：线装书局，1999.

［6］（明）陈邦瞻.宋史纪事本末［M］.北京：中华书局，2015.

［7］（清）毕沅.续资治通鉴·宋纪·卷一百七十［M］.北京：中华书局，1957.

［8］秦进才.中国帝王后妃大辞典［M］.石家庄：河北人民出版社，1998.

［9］［波斯］阿老丁·阿塔蔑力克·志费尼.世界征服史［M］.南京：江苏教育出版社，2005.

［10］蒙古秘史［M］.特·官布扎布，译.呼和浩特：内蒙古人民出版社，2020.

［11］［法］伯希和.圣武亲征录——成吉思汗战纪［M］.韩百诗，注.尹磊，译.上海：上海古籍出版社，2022.

［12］唐荣尧.西夏史［M］.银川：宁夏人民出版社，2011.

［13］温海清.元史［M］.上海：上海人民出版社，2015.

［14］黄国东.中国帝王故事画选［M］.上海：上海人民美术出版社，2012.

［15］剑楠，崔永晨.中国历代帝王［M］.长春：吉林大学出版社，2011.

［16］陈世松.余玠传［M］.重庆：重庆出版社，1982.

［17］［波斯］拉施特.史集［M］.余大钧，周建奇，译.上海：商务印书馆，1983.

［18］宽重.南宋史研究集［M］.台北：新文丰出版公司，1985.

［19］郑振铎.晚清文选［M］.上海：上海书店出版社，1987.

［20］刘子健.两宋史研究汇编［M］.台北：台湾联经出版事业公司，1987.

［21］林天蔚.两宋史事质疑［M］.台北：台湾商务印书馆，1987.

［22］屠寄.蒙兀儿史记［M］.上海：上海古籍出版社，1989.

［23］邹元初.中国皇帝要录·理宗赵昀［M］.北京：海潮出版社，1991.

［24］时惠荣，沈道初，沈震海.中国的皇帝·隋·唐·五代十国·北宋·南宋［M］.南京：南京大学出版社，2000.

［25］王云石.中国古代刀马人物图谱［M］.天津：天津人民美术出

版社，2005.

［26］中国古籍总目编纂委员会．元史［M］．上海：上海人民出版社，2015，1.

［27］宋乃秋．成吉思汗传［M］．北京：中国戏剧出版社，2007.

［28］阿勒得尔图．大地行者［M］．呼和浩特：内蒙古教育出版社，2007.

［29］［波斯］志费尼．世界征服者史（上）［M］．何高济，译．北京：商务印书馆，2011.

［30］［苏联］瓦西里·扬．蒙古人的入侵三部曲之成吉思汗［M］．陈弘法，译．北京：中国书店出版社，2012.

［31］刘利华．长生天·称汉［M］．北京：新华出版社，2017.

［32］林猹．苍狼秘史·铁血岁月［M］．武汉：湖北辞书出版社，2009.

［33］［英］康恩·伊古尔登．征服者成吉思汗1：瀚海苍狼［M］．游懿萱，程道民，译．长沙：湖南人民出版社，2014.

［34］［法］欧梅希克．蒙古苍狼世人崇敬的蒙古之王——成吉思汗［M］．王柔惠，译．桂林：广西师范大学出版社，2006.

［35］［日］井上靖．苍狼［M］．冯朝阳，赖育芳，译．北京：人民文学出版社，2002.

［36］《国学经典文库》丛书编委会．元太祖成吉思汗［M］．北京：现代出版社，2018.

［37］萨仁图娅．风云千年：成吉思汗诗传［M］．沈阳：辽宁民族出版社，2011.

［38］《走遍中国》编辑部．内蒙古［M］．北京：中国旅游出版社，2014.

［39］李广生．中国历史之谜［M］．天津：百花文艺出版社，2002.

［40］金泽灿.成吉思汗全传［M］.呼和浩特：远方出版社，2013.

［41］朱清泽.成吉思汗评传［M］.北京：解放军出版社，2014.

［42］［美］斯塔夫里阿诺斯.全球通史：1500年以前的世界［M］.吴象婴，梁赤民，译.上海：上海社会科学院出版社，1999.

［43］唐唯目.钓鱼城志［M］.重庆：重庆出版社，1983.

［44］郑敬东，池开智，位光辉，冯懿.十三世纪全球视野下的中国钓鱼城［M］.北京：高等教育出版社，2017.

［45］黄如一.钓鱼城保卫战［M］.贵阳：贵州教育出版社，2016.

［46］［法］雷纳·格鲁塞.蒙古帝国史［M］.龚钺，翁独健，译.北京：商务印书馆，1999.

［47］［法］费尔南·布罗代尔.菲利浦二世时代的地中海和地中海世界［M］.唐家龙，译.北京：商务印书馆，2013.

［48］萧启庆.内北国而外中国［M］.北京：中华书局，2007.

［49］车吉心.中国皇帝全传［M］.济南：山东教育出版社，1991.

［50］李玲九.中国皇帝故事通览［M］.济南：山东人民出版社，1993.

［51］郑敬东.钓鱼城与世界十三世纪史学术研讨会论文集［M］.沈阳：东北大学出版社，2016.

［52］郭艳红.文献文苑经典集成［M］.汕头：汕头大学出版社，2015.

［53］贾明，贾纳.贾氏春秋：第3编　历史人物［M］.南京：江苏凤凰文艺出版社，2017.

期刊资料：

［1］刘大松.中国史上七"南京"［J］.中学历史教学研究，1996，（1）：9.

［2］刘坤新，罗忠青.从南宋理宗继位之史实看潜邸旧臣的"翊戴之功"［J］.铜仁学院学报，2017，19（1）：81–85.

［3］王曾瑜.天地有正气　凛烈万古存——写在文天祥诞辰770年之际［J］.求是，2006，（11）：50–51.

［4］胡昭曦.论宋理宗的"能"与"庸"［J］.中国史研究,1998,（1）.

［5］刘长东.宋代五山十刹寺制考论［J］.宗教学研究,2004,（2）：100–108.

［6］张金岭.宋理宗与理学［J］.四川大学学报（哲学社会科学版）,2001,（2）：76–84.

后　记

在七八百年之前的四川钓鱼山之上，有那么一座看上去平淡无奇的城池。

然而，这座毫不起眼的小山城却神奇地成为左右历史发展走向的关键所在。

南宋末年，在这个风云变幻的时代里，局势诡谲且动荡不安。

钓鱼城犹如一座坚毅无比的堡垒，稳稳地屹立在风雨飘摇的乱世之中。

在这里，智慧与勇气展开了一场惊心动魄的激烈交锋。

每一块城砖都承载着往昔的传奇，似在默默向世人倾诉曾经发生的一切。

剽悍的蒙古铁骑如狂风般席卷而来，他们带着那种睥睨天下、不可一世的嚣张气焰，狂妄地扬言要将一切踏平。

万万没有想到，钓鱼城却宛如一道坚不可摧且难以逾越的强大屏障，倔强地挺立着。

在这片土地上，守城的将士们凭借着钢铁般的顽强意志和超凡卓越的战略谋划，与强大的敌人展开了一场堪称殊死的激烈搏斗。

要知道，这绝非仅仅是一场单纯的军事对抗，其意义远超于此，它紧密关乎着一个民族的生死存亡，关乎着历史的重大转折。

当我们深入探究元兴宋灭这一重大历史事件的缘由时，便会发现从政治、军事、经济以及社会等多个层面进行剖析是何等的必要。

首先，从政治角度来看，南宋政权在当时内部已然呈现出了触目惊心的严重分裂态势，统治效能更是低到谷底，这无疑成为其自身走向覆灭的核心关键因素。

遥想南宋末年，政治领域简直是弊病丛生，腐败如癌细胞般疯狂蔓延到朝野上下，权臣们肆意弄权，将朝局搅得混乱不堪，这一系列问题都让整个社会如置身于剧烈动荡的风暴之中。

与此同时，蒙古在一代天骄成吉思汗的引领下，恰似那喷薄而出的旭日，蓬勃而强劲地发展着，对南宋的统治自然而然构成了难以抵御的巨大威胁。

再来看军事方面，蒙古所展现出的优势显著得令人震惊，这无疑成为他们能够成功终结南宋的关键因素。

蒙古人凭借其剽悍无比的强大骑兵部队以及那出类拔萃且令人惊叹的统率才能，在战场上如旋风般所向披靡，杀得敌人无处遁形。

而当时可怜的南宋守军则由于长期被战火所笼罩，陷入无尽的纷扰之中，导致战备物资长期极度匮乏，将士们的士气也如同泄气的皮球般极为低落。

经济与社会因素同样在南宋朝廷的命运中扮演了不可忽视的角色。

当蒙古将南宋吞并，便毫不留情地开始推行高压政策，对南方地区进行了一系列的经济剥削与把控，这直接导致了南方经济如大厦倾倒。

不仅如此，当时元朝还大规模地实施移民政策，将原先在北方生活的众多蒙古人和其他少数民族如潮水般迁徙至南方定居，从而使得南方原本的民族结构和生活样态发生了翻天覆地的改变。

当然，宝剑有双锋，凡事都有利有弊。

当时的元朝统治者所施行的这一系列政策，在某种程度上也确实起到了一定的积极作用。

在元朝建立后，尽管存在对南方的剥削行为，但他们设立行省、郡县制度，大力推行汉式官员任命制度等举措，无疑都是为了强化对地方的统治与管理。

而且，元朝还对宋朝的文化和学术遗产予以保留，这让南方民众在一定程度上逐渐接受了元朝的统治。

而钓鱼城之战则是元兴宋灭过程中的一次重要战役。

钓鱼城位于当时南宋国境的西面，是南宋的重要防线。

在钓鱼城之战中，蒙古军队与南宋守军进行了长期的激烈战斗。

钓鱼城易守难攻，城内又有源源不断的资源补给，这使得蒙古军队攻打钓鱼城变得异常困难。

此外，钓鱼城守军团结一致，士气高涨，这也是他们能够长期坚守的重要原因之一。

然而，最终钓鱼城还是被蒙古军队收服了。

当然，关于钓鱼城之战的具体过程和细节一直以来都存在很多种说法，其中一种说法是，当时蒙哥汗在战斗中身负重伤，不久后便不治身亡，这也导致了蒙古军队的撤退，至此钓鱼城之战算是告一段落。

可虽然钓鱼城之战的结果对元兴宋灭的进程产生了一定影响，但它使得当时南宋的防线也受到了一定程度上的削弱，为元朝最终灭亡南宋奠定了基础。

通过了解当年那场惊心动魄且波澜壮阔的战役，我们仿佛能更加清晰地触摸到那段历史的脉络，更加深刻地理解了元兴宋灭这一历史转折的原因及深远意义。

南宋军民在极其艰难的条件下，依然坚守着自己的信念和尊严，这种精神将永远激励着我们这些后人。

他们的英勇事迹告诉我们，在面对困难和挑战时，我们应该坚定自己的信念，勇往直前，相信只要我们团结一心，就一定能够战胜一切困难。

总的来说，钓鱼城之战让我们现代人对历史有了更深刻的认识，也让我们从这段历史中学到了许多宝贵的人生经验。

同时，我们也应该了解历史，从历史中吸取教训，以史为鉴，珍惜当下。

白玉京

2024 年 6 月于苏州